브랜드 세계화의 성공 조건

브랜드 세계화의 성공 조건

전략적 마케팅과 조직 역량

한충민 지음

초판 1쇄 발행 2009년 7월 29일 **초판 2쇄 발행** 2010년 9월 29일
발행인 김종량 **발행처** 한양대학교출판부
주소 133-791 서울 성동구 행당동 17번지 **전화** 02)2220-1432~4 **팩스** 02)2220-1435
홈페이지 www.press.hanyang.ac.kr **전자우편** presshy@hanyang.ac.kr
출판등록 제4-7호(1972년 2월 29일) **인쇄처** 미르P&P

ISBN 978-89-7218-365-5 03320

브랜드 세계화의 성공 조건

전략적 마케팅과 조직 역량

한 충 민

한양대학교 출판부

지난해 하반기 이후 전 세계적으로 불어 닥친 세계 경기의 불황은 우리에게 커다란 시련인 동시에 기회이다. 글로벌 경쟁력을 확보하고 있는 기업에게는 경쟁 기업들을 퇴출시킬 수 있는 절호의 기회가 될 것이고, 전통적인 관습에 얽매여 새로운 역량 개발에 소홀하였던 기업에게는 엄청난 위협이 될 것이다.

지난 90년대 말의 IMF 금융위기 이후 많은 기업들이 글로벌 경쟁력을 높이고자 노력하였다. 대표적인 기업으로 삼성전자를 들 수 있다. 삼성전자는 글로벌 경쟁력을 제고시키고자 고통스러운 기업 구조조정과 혁신적인 기업 변신을 꾀하였다. 구조 조정과 혁신의 방향은 "생산이 주도하는 기업"에서 "R&D와 마케팅이 주도하는 기업"으로 변신하는 것이었다. 이와 같은 기업 혁신의 큰 방향 중의 하나는 브랜드 경영의 채택이었고, 브랜드 세계화를 추진하는 것이었다.

이러한 기업 혁신 노력은 여러 기업에 확산되었고, 상당수의 기업들이 변신에 성공한 것이 사실이다. 따라서 우리 기업들이 그동안 추진해온 브랜드 세계화 노력을 정리하고 평가할 필요가 있다. 구체적으로 우리 기업들이 브랜드 세계화를 위해 어떠한 전략을 추진하였고, 브랜드 경영을 위해 어떠한 역량을 배양하고자 노력하였는지 정리할 필요가 있다. 이를 통해 우리의 브랜드 세계화 노력을 재조명하고 미래의 브랜드 세계화 방향에 대한 교훈을 얻을 수 있을 것이라고 저자는 생각한다.

저자가 1995년에 『브랜드 세계화』라는 제목으로 첫 번째 서적을 출간하였다. 그 후 기업들의 브랜드 세계화 방향도 상당히 변하였다. 따라서 저자가 그동안 집필한 내용을 바탕으로 기업들의 브랜드 세계화 노력에 관한 그동안의 변화를 다시 한 번 정리하고자 『브랜드 세계화의 성공 조건: 전략적 마케팅과 조직 역량』이라는 제목으로 집필하게 된 것이다.

저자가 주장하는 점은 기업이 브랜드 세계화에 성공하기 위해서는 적절한 사업 및 마케팅 전략과 함께 브랜드 세계화를 실행하기 위한 조직 역량이 뒷받침되어야 한다는 점이다. 이러한 주장은 본문 내용과 함께 사례에서도 지적될 것이다. 이 책의 내용은 기본적으로 저자가 기업과 정부 수출 관련 기관들과의 접촉과 협력 경험 그리고 학술적 활동을 통해 습득한 지식을 정리한 것이다.

이 책은 크게 3개 영역으로 구성되어 있다. 제 1부에서는 우선 브랜드 세계화와 관련 기본적인 전략적 지침 내용을 소개한다. 구체적으로 브랜드 세계화의 전략적 의미와 브랜드 세계화를 추진하기 위해 필요한 전략과 역량 개발에 관한 내용을 정리한다. 제 2부에서는 우리 기업의 브랜드 세계화 사례를 소개한다. 본 서적에서는 기업 사례를 특정 주제별로 정리하였다. 특히 다양한 기업들이 경주한 노력을 특정 사안별로 상호 비교가 가능하도록 집필하였다. 마지막으로 제 3부에서 브랜드 세계화를 꾀하는 기업들에게 도움이 될 수 있는 주제를 상당히 구체적이고 때로는 학술적인 분석을 통해 소개한다.

이 책은 기본적으로 이론적인 교과서가 아니고, 기업에게 실무적으로 도움이 될 수 있는 내용을 중심으로 집필되었다. 이와 함께, 실무에서 흔히 사용되는 마케팅과 국제경영 용어도 쉽게 해설하려고 노력하였다. 이 책은 다음과 같은 기업 또는 기관 그리고 그러한 주제에 관심을 가진 실무자나 학생들에게 도움이 될 수 있다고 믿는다.

- 브랜드 세계화를 시도하는 전통적인 수출 기업
- 국내 시장에서 성공한 브랜드를 해외 시장에 도입하고자 하는 기업
- 상당 기간 진행하여 온 브랜드 세계화 노력을 재조명하고자 하는 기업
- 브랜드 세계화를 한 단계를 높이고자 글로벌 역량을 배양하고자 하는 기업
- 마지막으로 브랜드 세계화를 지원하는 정책 당국

이 책이 나오기까지는 많은 분의 도움이 있었다. 우선, 한양대학교 출판부 직원 여러분께 깊은 감사를 드리고, 사례 조사를 위해 억척같은 끈기와 노력으로 끝까지 기초 조사를 마무리한 한양대학교 경영학부 학생과 대학원생들에게 경의와 찬사를 보낸다.

2009. 7.

행당동 연구실에서 저자

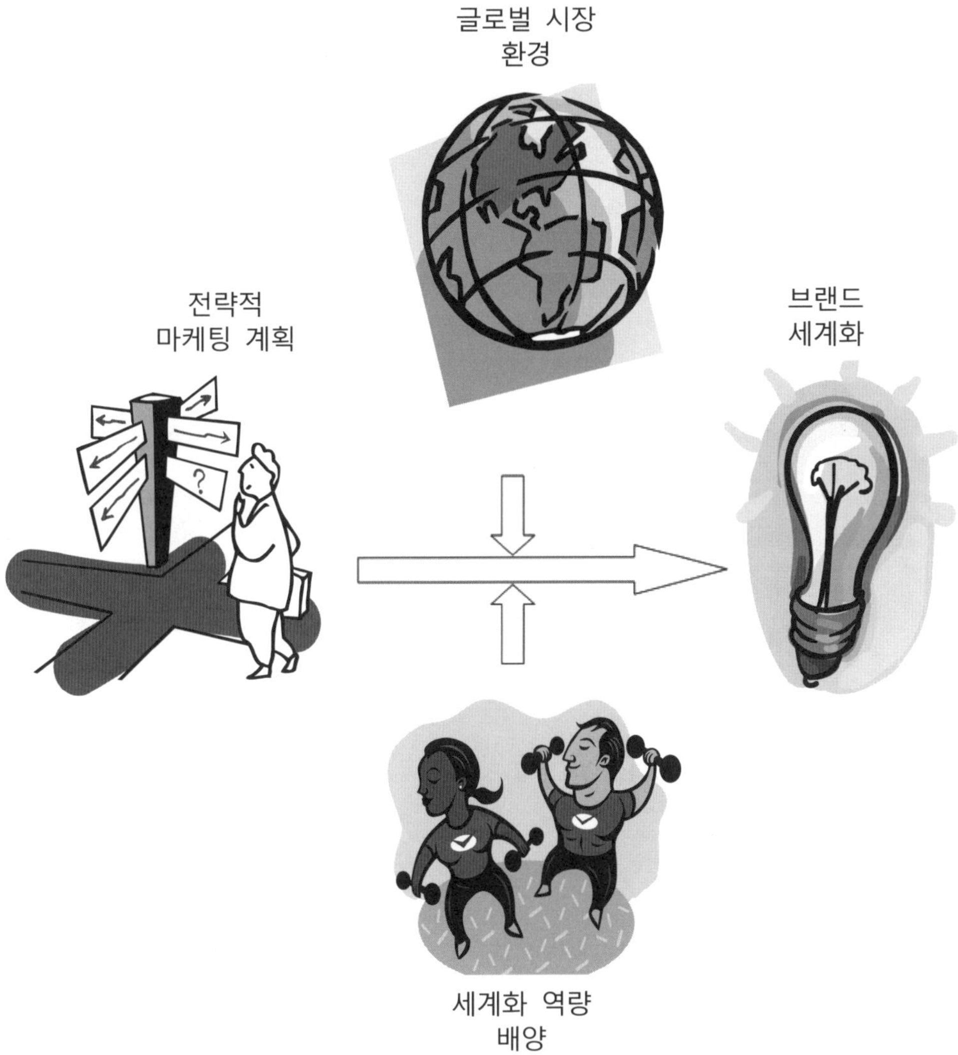
글로벌 시장
환경
전략적
마케팅 계획
브랜드
세계화
세계화 역량
배양

차 례

머리말 • 4

제1부 **총론: 전략적 지침**——11

I. 브랜드 세계화의 전략적 의미

1. 브랜드 세계화의 필요성 ······ 13
2. 세계 시장의 글로벌화와 브랜드 세계화 ······ 22
3. 브랜드 경영과 기업 가치 ······ 29
4. 파워 브랜드의 기본 조건 ······ 34
5. 브랜드 세계화의 장애 요인 ······ 39
6. 금융 산업의 브랜드 세계화 전략 ······ 47

II. 브랜드 세계화 추진 전략

1. 브랜드 세계화 방향 ······ 57
2. 세계 시장의 이해 ······ 65
3. 브랜드 세계화를 위한 기본 조건 ······ 72
4. 브랜드 세계화를 위한 마케팅 믹스 ······ 80
5. 국가이미지와 브랜드 세계화 ······ 86
6. 그레이 마케팅 ······ 95

7. 인터넷 사업에서의 브랜드의 역할 및 전략 ······ 102
8. 브랜드 세계화 역량 ······ 108

제2부 **한국 기업의 브랜드 세계화 사례** ——— 117

· **삼성전자 LCD패널**-일본
· **삼성전자 LCD TV**-중국
· **삼성전자 휴대폰**-유럽
· **HJC 홍진크라운**-미국/유럽
· **두산 경월소주**-일본
· **LG전자**-중국
· **현대자동차**-중국
· **팬택앤큐리텔**-일본
· **아이디스**-미국
· **진로 소주**-일본
· **LG전자**-영국
· **SK ZIC**-중국
· **NC소프트**-일본
· **이마트**-중국
· **미스터피자**-중국

1. 브랜드 정체성 = 핵심 경쟁우위 ······ 119
2. 브랜드 포지셔닝 ······ 129
3. 브랜드 세계화를 위한 제품 전략 ······ 143
4. 브랜딩 전략 ······ 152
5. 시장 진입 전략 ······ 164
6. 브랜드 세계화를 위한 전략적 제휴 ······ 171
7. 브랜드 촉진 전략 ······ 176
8. 브랜드 유통 전략 ······ 190
9. 현지 브랜드 경영 체제 ······ 198

제3부———213

특별주제1: 중소기업의 공동 브랜드 전략

1. 공동브랜드 사업의 내용과 유형———215
2. 공동브랜드 사업의 경제성 평가———218
3. 공동브랜드 사업 운영에 따른 문제점———223

특별주제2: 브랜드 세계화 결정 요인에 관한 실증적 분석

1. 서언———229
2. 조사방법 및 조사업체의 특성———230
3. 고유 브랜드 수출 비중———236
4. 한국 수출업체의 브랜드 이미지를 결정하는 요인———240
5. 결론———253

특별주제3: 아시아 기업의 브랜드 세계화 사례

1. 일본 기업의 브랜드 세계화 전략———263
2. 대만의 브랜드 세계화 사업———269
3. 기타 아시아 국가의 브랜드 세계화 사례———278
4. 브랜드 세계화 성공 요인 - 종합 평가———293

특별주제4: 브랜드 세계화 역량 평가
–한국과 독일 자동차 업계 역량 비교

1. 의사결정의 집중화———297
2. 글로벌 시장 지향성———298
3. 글로벌 인적자원관리———299
4. 현지 마케팅 역량———300
5. 글로벌 통합 역량———302
6. 물리적 자산———304
7. 시장 기반 자산———306
8. 인적 자산———307

제1부
총론: 전략적 지침

제 1부에서는 우리 기업이 브랜드 세계화를 추진함에 있어 유익한 전략적 지침이 되는 내용을 소개한다. 우리 기업에게 공통적으로 적용될 수 있는 좀 더 원론적이고 일반론적인 내용이 다루어진다. 물론 기업의 사례가 소개되지만, 특정 내용과 관련된 사례만 논의된다. 좀 더 구체적이고 생동감이 있는 기업 사례는 제 2부에서 소개된다.

제 1부는 2개 영역으로 구성되어 있다. 첫 번째 영역에서는 브랜드 세계화의 전략적 의미에 관한 내용이 다루어진다. 좀 더 브랜드 세계화가 우리 기업에게 전략적으로 필요한 이유가 무엇이며, 전략적으로 어떠한 의미가 있는가에 관한 내용이 논의된다. 두 번째 영역에서는 브랜드 세계화를 집행하기 위해서 기업들이 숙지해야 하는 전략과 조직 역량 개발에 관한 내용이 소개된다.

I. 브랜드 세계화의 전략적 의미

1. 브랜드 세계화의 필요성

우리 기업이 브랜드 세계화를 해야 하는 이유는 무엇인가? 첫째는 수출 기업에게 해당하는 이유로 결국 기업이 성장하기 위해서는 기존의 수출 방식인 OEM 방식 즉 주문자 상표 부착 방식으로는 한계가 있기 때문이다. 두 번째는 국내에서 브랜드 사업을 하던 기업들에 해당하는 이유로 국내 시장으로는 기업 성장에 한계가 있기 때문이다. 우선, 수출 기업의 브랜드 세계화에 대한 이유를 살펴보자.

우리나라의 해외 수출은 대부분 OEM 방식으로 시작되었다. 기술과 마케팅 능력이 부족한 우리 기업들에게는 OEM 수출이 당연할 수밖에 없다. 왜냐하면 OEM 주문자가 생산 기술을 제공하고 생산되는 제품을 판매해 주기 때문이다. 따라서 우리 기업은 생산에만 전념하고 선진 기술을 배울 수 있는 장점이 있게 되는 것이다.

그러나 OEM 수출이 늘어남에 따라 OEM에 따른 문제점이 발생하기 시작한다. 가장 큰 문제점 중의 하나는 OEM 주문자가 값

싼 임금을 찾아서 중국과 동남아 국가로 수입선을 바꾸는 것이다. 세계 수출 1위를 차지했던 우리 운동화 제조 산업의 수출이 이제는 겨우 명맥만 유지하고 있는 것이 OEM 수출의 한계를 보여주는 좋은 예가 된다. 후발 개도국에 비해 비교 우위가 떨어지는 우리 기업들이 이러한 바이어(buyer) 이탈에 대응하기 위해서는 OEM 수출을 가급적이면 줄이고 자사 브랜드 개발에 노력해야 함은 당연한 일이다. 이러한 당연성에도 불구하고 아직도 상당수의 우리 기업들은 OEM 수출을 고집하고 있는 형편이다.

OEM 수출, 무엇이 문제인가?

OEM 수출은 여러 가지 면에서 문제점을 가지고 있다. 첫째, OEM 방식에 의한 생산만으로는 수출 채산성에 한계가 있다는 점이다. 그 이유는 크게 두 가지 이유에서 비롯되는 것 같다.

첫 번째 이유는 우리가 동남아 국가들과 OEM 주문 생산에 있어 경쟁 관계에 있기 때문에 국내 생산비용의 상승에도 불구하고 가격 인상을 요구하기가 어려운 실정이라는 점이고, 두 번째 이유는 가격 협상에 있어 생산업자인 우리가 절대적으로 불리한 위치에 있기 때문이다. OEM 주문 생산 계약이 파기되는 경우, 바이어에 의해 엄청난 생산 시설을 가지고 있는 한국 측이 당연히 불리한 입장이 된다. 한편 고유 브랜드 수출시에는 OEM 바이어의 마진을 흡수함에 따라 수출 가격 인상이 가능하며 이에 따라 채산성도 좋아질 수 있다.

두 번째로 지적될 수 있는 OEM 브랜드 수출의 문제점은 기술 전수의 한계성이다. 생산 기술이 취약했던 과거에는 OEM 주문에 따른 기술 전수가 유익한 것이었으나, 전수되는 기술이 근본적으로 조립 기술이기 때문에 현재 우리가 필요로 하는 설계 및 핵심 기술의 전수에는 한계가 있다. 더구나 OEM 수출에 오랫동안 안주해 왔기 때문에 자체 기술 개발을 소홀히 하는 부작용까지 나타나게 되었다.

셋째, OEM 방식에 오래 의존하게 되면 상품 기획, 광고, 유통 등의 마케팅 역량을 배양할 수 있는 기회를 상실하게 된다. 현재 우리 제품의 현지 소비자 가격이 FOB 가격의 3~4배나 되는 경우가 많은데, 이것은 우리가 자체 유통, 마케팅 역량이 없기 때문에 수출원가의 2-3배 되는 부가가치를 그대로 상실하고 있다는 것을 의미하는 것이다. 더구나 OEM 방식에 오랫동안 의존하다 보면 거기에 그대로 안주할 가능성이 더욱 높아지게 된다.

넷째, 장기적 관점에서 볼 때 OEM 브랜드 수출에 의한 부메랑 효과도 상당한 것으로 보인다. 한 예로 선진국의 수많은 의류 브랜드들은 우리의 OEM 생산에 의해 성장한 브랜드인데 현재 중・저가 시장에서 우리의 최대 경쟁 브랜드가 되어 있다. 기타 문제점으로는 수주의 불규칙성과 동남아 제품과의 차별화 부족을 지적할 수 있다.

이상의 문제점을 정리하면, OEM 방식에 의한 수출만으로는 안정적인 시장 기반이 구축될 수 없고, 마케팅 부문에서의 부가가치 창출도 불가능하기 때문에 장기적 관점에서 볼 때 자사 브랜드의 개발이 반드시 필요하다는 점을 알 수 있다. 마지막으로, OEM 수출의 한계는 아래의 기아 자동차 수출에서 잘 나타나 있다.

지난 1986년 12월 기아 자동차 프라이드는 일본의 마쯔다(Mazda)

사의 기술, 기아의 제조, 미국 포드(Ford)의 판매로 계획되어 1987년 4월부터 북미 지역에 OEM 방식에 의해 Festiva라는 이름으로 수출되었다. 하지만 Festiva는 OEM 수출 자체가 가지고 있는 문제점 즉, 수출 채산성의 한계, 기술 전수의 한계, 마케팅 기술 배양 기회의 상실, 이미지 개발의 어려움 등 여러 가지 문제점이 노출되었다. 이를 구체적으로 살펴보면 다음과 같이 열거해 볼 수 있다.

첫째, 수출 가격에서 채산성을 확보하기가 어려웠다. 포드사는 가격 선정에 있어서 역산하여 수입 주문 가격을 산정함에 따라 수입 가격을 무리하게 낮추려 하였다. 하지만 이는 기아 자동차의 생산비용으로부터의 접근에 따른 가격 산정과 큰 차이를 보임으로써 마찰을 빚었고, 포드사는 주문 물량을 낮추는 등의 압력을 가하였다.

둘째, 현지 시장 정보를 수집하는데 많은 어려움이 있었다. Festiva의 판매는 포드사의 유통망에 전적으로 의존함에 따라 판매에는 전혀 접근할 수 없었고, 이는 현지 소비자의 요구, 취향 등을 파악할 수 없게 한 직접적인 이유가 되었다.

셋째, 선진 시장의 판매 노하우를 취득하기 어렵다는 것이다. 기아 자동차는 포드를 통하지 않고서는 현지 시장에 접근할 수가 없어 선진 판매기법 습득이 매우 어렵게 되었다.

넷째, 독자적 이미지 구축에 한계가 있었다. Festiva는 포드사의 이름으로 판매되므로 비록 우리나라에서 생산된 물품이나 기아에 대한 현지 소비자의 인지도는 낮다고 볼 수 있다. 이러한 문제 때문에 기아는 고유 브랜드인 세피아의 수출을 위해 Festiva를 생산했던 업체임을 소비자에게 알림으로써 기아의 이미지를 높이려는 노력하기도 하였다.

위에서 살펴본 바와 같이 기아 Festiva의 OEM 수출은 여러 가지 문제점을 가지고 있었다. 물론 OEM 수출에 다른 장점이 없었던 것은 아니었다. 고정된 생산 물량의 유지로 안정된 경영에 이바지했다는 점과 포드사의 유통망 이용으로 고유 브랜드 수출보다는 상대적으로 판매망을 안정되게 확보할 수 있다는 장점이 있었다. 기아는 이러한 이점에도 불구하고 위에서 언급한 OEM에 따른 문제점 때문에 90년대에 들어 OEM 수출을 대폭 줄이고 본격적으로 고유 모델과 브랜드 수출에 전력을 가하기 시작하였던 것이었다.

브랜드의 역할

브랜드란 판매자가 상품이나 서비스를 경쟁자들로부터 차별화하기 위하여 사용하는 독특한 이름이나 상징물(로고, 등록 상표, 포장 디자인 등)을 의미한다. 이처럼 브랜드는 소비자에게 제품 생산자를 알려줌으로써 유사 제품을 공급하려는 경쟁자들로부터 소비자와 생산자를 보호한다.

고대에도 벽돌과 같은 제품에 이름을 표시하여 제조자를 나타내고자 한 증거가 있다. 중세 유럽의 상인조합(guild)도 고객들에게 제품에 대한 확신을 주고 생산자를 법적으로 보호하기 위해 브랜드를 사용하였다. 16세기 초의 위스키 제조업자들은 불에 달군 쇠로 위스키 나무통 위에 제조자의 이름을 찍어 출하함으로써 소비자들에게 제조자가 누구인지를 알리고 가격이 낮은 다른 제품으로 대체되는 것을 방지하였다. 1835년 'Old Smuggler'라는 스카치 브랜드가 출시되었는데, 이는 특수 증류처리 기술을 사용하는 밀주업자들이 쌓아 온 품질에 대한 명성을 이용하기 위한 것이었다.

한편 브랜드는 오래 전부터 시장에서 역할을 해 왔지만, 실제로 브랜드가 중요한 요소로 인식되기 시작한 때는 20세기 후반기부터라고 할 수 있다. 사실 차별화된 브랜드를 만들기 위한 노력은 현대 마케팅의 한 중요한 특성이다.

또한 영향력 있는 브랜드를 구축하는 데에는 엄청난 비용과 어려움이 뒤따른다. 따라서 기업들은 막대한 비용을 들여서라도 좋은 브랜드를 사려고 하는 경우가 많다. 예를 들어, 거대한 다국적 기업 필립 모리스(Philip Morris)사는 미국의 유명한 유제품 회사인 크라프트(Kraft)사를 장부 가격의 6배가 넘는 130억 달러에 매입하였고, RJR Nabisco그룹 산하의 브랜드들은 통틀어 250억 달러 이상의 가치가 있는 것으로 평가되었다. 이러한 평가들은 실제 대차대조표상의 가치와는 비교가 안될 정도의 높은 수준이다.

브랜드 가치에 대한 더욱 분명한 예로 상표 사용권 허가 즉, 라이센싱(licensing)을 들 수 있다. 한 예로 썬키스트(Sunkist)사는 타 회사들의 수백 가지 제품에 자사 브랜드를 쓰게 하고 사용료로 수천만 달러 이상의 수익을 올리고 있다. 라이센싱의 효과에 관한 예로, 립튼(Lipton)사는 자사 과일 스낵 제품의 주 경쟁 브랜드인 재너럴 밀스(General Mills)의 fruit corner와 경쟁하기 위해 선키스트 상품을 이용한 Sunkist fun fruits을 내 놓았다. fruit corner는 제품 컨셉트를 "진짜 과일과 재미가 이 하나에 모두 담겨 있어요(real fruit and fun reolled u in one)"라고 하였는데 반해, 립톤사는 썬키스트의 유명도를 이용하여 제품 컨셉트를 한마디로 전달하는 효과에 힘입어 경쟁 브랜드를 압도하였다.

유명 브랜드의 가치가 높은 것은 근래에 와서 브랜드를 구축하는 일이 매우 어렵기 때문으로도 볼 수 있다. 첫째로, 과거에 비해 광고와 유통 비용이 훨씬 높다. 예를 들어 1분이나 때로는 30초짜리 텔레비전 광고도 너무 비싸서 사용하기가 쉽지 않다. 둘째로, 수많은 브랜드가 새로 출현하는 것을 들 수 있는데, 미국 시장에는 어림잡아 매년 3,000개 이상의 새로운 브랜드가 슈퍼마켓에 쏟아져 나오고 있다. 이러한 브랜드 수의 증가는 소비자의 마음을 사로잡고 유통 채널을 확보하기 위한 경쟁을 심화시켰으며, 이로 인해 이미지가 약한 브랜드들은 살아남기 어렵게 되어 가고 있다.

〈표〉 브랜드의 자산 가치

(브랜드가 총 유형 자산 가치에 상당하는 비율)

제품	브랜드의 가치
의류	61
담배	46
식료품	37
화학	34
전기, 전자	22
수송기계	20
1차 금속	1
돌, 유리, 진흙	0

자료: Simon, C. J. and M. W. Sullivan, "The Measurement and Determinants of Brand Equity: A Financial Approach", Working Paper, Univ. of Chicago, 1990.

위에서 살펴본 바와 같이 브랜드는 소비자에게 차별화된 이미지를 심어주는 수단으로 매우 중요하다. 그러면 브랜드가 기업에게 주는 구체적인 가치는 얼마나 될까? 미국 학자 사이몬과 설리번의 연구에 의하면 산업별 브랜드의 자산적 가치는 매우 다르다고 한다(〈표〉 참조).

위의 연구에 의하면 의류 산업에서의 브랜드 자산 가치는 총 유형 자산(공장, 토지, 재고, 현금 등) 가치의 61%에 이른다고 평가되었다. 담배, 식료품 및 화학제품의 경우도 브랜드의 가치가 총 유형 자산 가치의 30% 이상 점하는 것으로 나타났다.

브랜드 자산이란 특정 브랜드와 그 브랜드의 이름 및 상징에 관련된 기업의 무형 자산인데, 이것은 제품이나 서비스가 기업과 그 기업의 고객에게 제공하는 가치를 증가시키거나 감소시키는 역할을 한다. Aaker 교수는 브랜드 자산을 구성하는 요인으로 크게 5가지를 제시하고 있다.

① 브랜드 충성도
② 브랜드 이름 인지도
③ 소비자가 인식하는 제품의 질
④ 브랜드 연상 이미지
⑤ 기타 독점적 브랜드 자산(특허 등록 상표, 유통관계 등)

일반적으로 브랜드는 소비자에게 상당한 가치를 줄 수 있다. 브랜드는 소비자가 제품과 브랜드에 대한 막대한 양의 정보를 해석하고 처리하고 저장하는 데 도움을 준다. 더욱이 소비자가 인식한 제품의 질이나 브랜드 연상 이미지는 사용에 따른 만족도를 높여 줄 수 있다. 보석의 브랜드가 티파니(Tiffany)라는 것을 알게 되면 그것을 착용하는 경험이 달라질 수 있다. 사용자는 실제로 다르게 느낄 수 있다.

이와 함께 브랜드는 기업에도 매우 중요한 가치를 제공하는 자산이 될 수 있다. 첫째로, 브랜드 자산은 새로운 고객을 끌어 모으거나 혹은 이전 고객을 다시 끌어오는 노력에 도움이 된다.

둘째로, 브랜드는 브랜드 충성도를 증대시켜 준다. 브랜드 충성도는 마케팅 비용과 직결되는 것으로, 현재 제품을 사용하고 있는 고객에게 판매하는 비용이 제품 구매 경험이 없는 소비자에게 판매하는 비용보다 훨씬 적게 들 것이다.

셋째로, 브랜드 자산은 가격 할증을 가능케 한다. 일반적으로 소비자들은 유명 브랜드 제품에 대해 높은 가격을 지불할 의향이 있는 것이다.

넷째로, 브랜드는 브랜드 확장을 통한 성장 발판이 되기도 한다. P&G사는 아이보리(Ivory) 브랜드를 확장하여 다양한 세제로 시장에 진출했는데, 만일 아이보리(Ivory)라는 브랜드가 없었더라면 시장 진입에 훨씬 더 많은 비용이 들었을 것이다.

다섯째로, 브랜드는 유통에 대한 영향력을 높여 준다. 소비자와 마찬가지로 유통상과 거래할 때 더 확신을 갖게 된다. 이미지가 좋은 브랜드를 가지고 있으면 매장의 진열 등 유통상으로부터 여러 가지 협조를 얻는데 유리할 것이다.

마지막으로 브랜드 자산은 경쟁자들에게 실제로 보호 장벽이 되는 경쟁적 우위를 제공한다. BMW나 벤츠와 같이 소비자의 마음속에 좋은 품질로 강하게 자리 잡은 경우, 경쟁 브랜드의 품질이 아무리 뛰어나도 소비자에게 그 사실을 믿게 만들기는 쉽지 않을 것이다.

2. 세계 시장의 글로벌화와 브랜드 세계화

지난 한 세기동안 세계 경제의 다양한 분야에 엄청난 변화가 발생하여 왔다. 그 중 가장 격심한 변화를 목격한 분야 중 하나가 국제마케팅 영역일 것이다. 결론부터 말하면, 기업의 마케팅 활동이 빠른 속도로 글로벌화되어 왔으며, 이러한 추세는 21세기에서 더 빠른 속도로 진전될 것으로 예상된다.

따라서 우리는 세계 시장의 주요 추세를 살펴보고, 앞으로 어떠한 모습으로 세계 시장이 전개될 것인지 살펴볼 필요가 있을 것이다. 이에 따라, 우리 기업의 브랜드 세계화가 어느 정도 진행되어야 하는지를 가늠할 수 있을 것이다.

세계 시장의 글로벌화

세계 시장의 글로벌화는 20세기 초 제국주의 국가의 경제 전쟁에서 힘에 의한 국제통상으로 점진적으로 그리고 부분적으로 이루어지기 시작하였다. 이러한 글로벌화는 경제 블록간 투쟁이었던 2차에 걸친 세계대전을 치르고 GATT체제와 WTO체제가 출범함에 따라 힘을 얻기 시작하였고, 최근에는 통신·교통수단의 발달에 따라 빠른 속도로 진전되기 시작하였다. 20세기에 진행되어 왔던 세계 시장의 글로벌화는 여러 가지 요인에 의한 것으로 평가되고 있다. 구체적인 요인은 크게 네 가지로 나누어 살펴볼 수 있다.

① 글로벌 시장 요인

글로벌 시장 요인으로 가장 주목할 만한 변화는 세계 수요의 동질화 현상이다. 이는 세계 각국의 소득 수준이 평준화되어 가고 있을 뿐만 아니라, 특히 통신기술의 발달, 여행의 자유에 따라 각국의 소비자 간의 교류가 늘어감에 따라 각국의 소비자 욕구가 유사해지고 있음에도 크게 연유한 것으로 보인다.

일본 자동차업체가 세계 시장을 진출함에 있어, 이러한 동질화된 소비자의 욕구를 최대한으로 활용하여 성공한 것은 잘 알려진 사례이다. Toyota, Nissan과 Honda는 국가별로 상이한 디자인 등 주변적 요인보다 모든 국가 소비자에게 공통적으로 나타나는 안전성과 경제성 등 기본적인 소비자 욕구에 치중하여 월드카를 개발한 것이다.

② **글로벌 비용 요인**

세계화를 가속화시키는 두 번째의 요인은 비용 요인에서 찾을 수 있다.

구체적으로 살펴보면, 우선 최근 기업의 기술혁신이 급속하게 이루어짐에 따라 기업의 연구개발비 투자가 크게 늘어나게 되었다. 따라서 엄청난 연구개발비를 투자한 기업은 고정투자비용을 회수하기 위해서 세계 시장을 겨냥하는 공격적인 시장전략을 추진할 수밖에 없는 것이다.

예를 들면, 네덜란드계 다국적 기업인 Philips의 경우, 1950년대 재래식 전자교환기 시스템의 개발비용이 약 1000만 불이었으며 예상 수명도 25년이었다. 그러나 최첨단 기술인 디지털 통신시스템을 개발하는 데 소요되는 비용이 약 10억 불로 추정되고 있으며, 이를 회수하기 위해서 8%의 세계 시장 점유율이 필요하다고 한다.

이는 기업이 생존하기 위해서는 기술 개발이 필요하고, 기술 개발에 필요한 재원을 마련하기 위해서는 세계화가 필요하다는 것을 입증하는 사례이다.

기술혁신과 함께 세계 시장에서 경쟁하기 위해서 필요한 것은 규모의 경제를 확보하는 것이다. 규모의 경제가 중요한 이유는 국가 개별 시장들이 크지 않아 국가별로 최적 규모를 달성하기 어렵기 때문이다.

예를 들면, 자동차 제조업체가 세계 시장에서 경쟁하기 위해서는 연 300만 대의 생산규모를 확보해야 한다고 한다. 따라서 이 규모를 확보하지 못한 업체는 공격적인 세계 시장 공략으로 연 300만 대 생산규모를 달성하거나, 그렇지 않으면 주변 기업으로 전락하는 어려움을 겪을 수밖에 없다.

③ 글로벌 경쟁 요인

세계 시장에서 글로벌화되는 또 다른 요인은 경쟁 요인에서 찾을 수 있다. 특히, 경쟁 기업이 세계화전략을 추진하는 경우, 경쟁 기업의 세계화에 따른 경쟁우위 확보를 방지하기 위하여 동반 세계화가 이루어지는 경우가 많다.

예를 들면, 미국의 Goodyear사가 프랑스 타이어시장을 진출할 때 프랑스의 Michelin은 이에 대응하기 위해 미국 시장을 진출한 사례가 이에 해당한다. 우리 기업들도 마찬가지다. LG전자나 삼성전자 중 한 회사가 특정 국가에 진출하면 다른 회사가 이에 대응하여 동반 진출을 하는 경우를 우리는 목격하여 왔다.

④ 글로벌 정부 요인

마지막 글로벌 요인을 정부의 규제와 관련된 것이다.

최근 WTO의 출범과 국가 간의 상호주의에 입각한 통상 협상에서 각종 관세 및 비관세 장벽이 점차로 철폐되어 가고 있다. 이에 따라, 기업의 해외 시장 진입이 훨씬 용이하게 되었다. 물론 최근 각국의 보호주의 정책이 다시 확산되고 있는 조짐을 보이고 있는 것은 사실이다.

우리에게 직접적으로 관련된 부분은 국내시장의 개방일 것이다. 시장개방은 우리나라가 세계로부터 고립하는 정책을 채택하기 전에는 불가피한 대세인 것이다. 언론에서 보도된 바와 같이 외국 기업의 국내 시장 진출을 억제해왔던 무역 장벽, 유통 장벽 그리고 마케팅상의 각종 규제가 철폐되어 왔다. 이에 따라 외국기업들이 국내 기업과 동등한 조건에서 영업활동을 할 수 있게 된 것이다.

이상에서 지금까지 진행되어 오고 있는 세계 시장의 글로벌화와 글로벌 기업의 마케팅 전략을 살펴보았다. 그러면, 향후 세계 시장은 어떠한 모습을 가지게 될 것인가?

향후 세계 시장

향후 세계 시장은 소위 '국경 없는 시장'으로의 통합이 더 빠른 속도로 전개될 가능성이 매우 높다. 그 이유는 세계 경제의 디지털화가 급속히 이루어지는 동시에 정부의 규제 완화 및 정부간 규제 통합이 이루어질 것으로 예상되기 때문이다.

① 세계 경제의 디지털화

세계 경제의 디지털화는 세계 시장의 글로벌화를 가속시키는 원동력으로 작용할 것으로 보인다. 우선 사이버 공간에서 이루어지는 국제 상거래는 거래 비용 면에서 전통적인 방식에 비해 훨씬 더 효율적이다. 예를 들면, 전자우편은 초기 전산 시스템 투자비용 이외에는 변동비용이 거의 들지 않는 초저비용 커뮤니케이션 수단이다. 이와 함께 디지털 제품의 경우에는 제품 운송이 온라인으로 이루어지기 때문에 운송 비용도 제로에 가까운 것이다.

따라서 앞에서 살펴보았던 글로벌 요인 면에서 글로벌화가 더욱 더 빠른 속도로 이루어질 것으로 보인다. 우선, 시장 요인을 살펴보면, 디지털화로 인해 세계 수요의 동질화는 가속될 것이다. 실제, 소위 네트워크 세대들의 소비 패턴과 욕구는 전 세계적으로 통합되어 가고 있다.

글로벌 비용 요인 면에서도 앞에서 지적한 기술혁신은 앞으로도 가속화될 것으로 보여 기업들의 연구개발비 투자는 급격히 늘어날 것이다. 따라서 기업들이 엄청난 연구개발 투자비용을 회수하기 위해서는 글로벌 마케팅을 추진할 수밖에 없을 것이다. 이와 함께 온라인 통신 수단의 발전으로 기업들은 국제간 사내 및 사외 커뮤니케이션 비용을 크게 줄일 수 있어, 글로벌 마케팅에 따른 비용도 크게 축소될 전망이다.

글로벌 경쟁 요인 면에서 살펴보면, 디지털 경제 하에서는 경쟁에도 국경이 없다는 말이 실감이 난다. 이제는 순순 내수 시장이라고 지칭할 만한 시장영역은 일부를 제외하고는 거의 사라질 것으로 보인다. 우리의 60년대, 70년대 시장을 연상시켜 보면, 수많은 지방 기업들이 서울 기업의 공격적인 마케팅에 도산하고 말았던 시장 상황과 매우 유사하다. 예를 들면, 고속도로 개통되고 전화통신 시스템이 전국을 동일 경제권으로 연결시킴에 따라 칠성사이다가 전국 마케팅을 전개하게 되었고, 이에 따라 수많은 지방 소재 사이다 제조업체들이 문을 닫지 않으면 안 되었던 것이다.

② 규제 완화 및 통합

전 세계적으로 정부들은 각종 규제를 완화시키는 동시에 정부 간의 규제 통일을 추진하고 있다. 이러한 추세는 앞으로도 지속될 것으로 예상된다. 이에 따라, 상품이나 서비스의 국제 이동은 큰 장벽 없이 이루어질 수 있을 것이다.

좀 더 구체적으로 살펴보면, 지난 약 15~20년간 진행해 왔던 유럽 시장의 통합을 통해 미래의 모습을 유추해 볼 수 있다. 통합된 유럽 시장에서는 상품, 자본, 인력의 이동을 저해하는 각종 규제를 철폐되거나 정부 규제와 정책이 국가 간에 통일화되어가고 있는 상황이 미래에는 전 세계적으로, 최소한 여러 지역 단위에서 일어날 가능성이 높다.

물론 최근 전 세계에 불어 닥친 금융 위기로 인해 각국에서 각종 보호주의적 정책이 다시 대두될 수도 있다. 그리고 자본의 국제 이동에 대한 규제 및 감시가 확대됨에 따라 기업의 글로벌화가 그 속도가 늦춰질 수도 있는 것은 사실이다.

이상에서 20세기 후반부터 급속히 전개되기 시작하였던 세계 시장의 글로벌화가 당분간 디지털화 그리고 정부 규제의 완화에 따라 가속될 것이라고 전망된다. 물론 글로벌 속도는 다시 주춤할 수는 있다. 따라서 우리 기업들도 이러한 글로벌화 추세에 적극 대응할 필요가 있을 것이다. 이를 위해 다음과 같은 노력을 경주해야 할 것으로 보인다.

우선, 전문화에 노력해야 할 것이다. 지금까지의 백화점식 영업은 해외 시장뿐만 아니라 국내 시장에서도 세계 경쟁을 이길 수 없을 것이다. 기업의 핵심역량을 냉철히 평가하여 전문화된 상품과 차별적인 마케팅 방식의 개발에 노력할 필요가 있을 것이다.

둘째, 디지털 마케팅 수단을 적극적으로 활용할 필요가 있다. 글로벌 경쟁에서 살아남기 위해서 저비용 마케팅 방식을 선택해야 할 것이다. 이러한 방식을 선택하지 않고서는 특히 해외 시장 진출에 큰 어려움을 겪을 것이다.

마지막으로 글로벌 마케팅 능력이 떨어지는 기업들은 국제적인 전략 제휴를 적극 추진할 필요가 있다. 급변하는 기술과 소비자 기호의 변화 그리고 비용 절감에 각고의 노력을 경주하는 세계 경쟁에서 살아남기 위해서 전략적 제휴를 통해 리스크 분산과 규모의 경제 확보에 노력하지 않으면 안 될 것이다.

3. 브랜드 경영과 기업 가치

IMF 금융위기 이후 우리 경제에 불어 닥친 구조조정 및 시장개방으로 기업 경영에 엄청난 변화가 일어났다. 큰 변화 중의 하나는 기업 경영에서의 소위 글로벌 스탠더드의 채택이다. 특히, 기업의 가치는 자본시장에서 평가되며, 기업의 경영은 주주가치 극대화를 위해 초점을 맞춰지는 것이다.

물론 최근의 글로벌 금융 위기로 인해 주주자본주의에 대한 자성의 목소리가 높아지고 있는 것은 사실이다. 이러한 최근 움직임에도 불구하고 글로벌 스탠더드는 우리 경제가 글로벌화를 지속하는 한 지속적으로 확대될 가능성이 높다.

이러한 추세는 마케팅 분야에도 예외가 아니다. 특히, 최근 크게 부각되는 브랜드 경영도 이러한 기준으로 해석되어야 할 것이다. 즉 브랜드 경영은 기업의 가치를 높이는 길이라는 것이다. 따라서 이 장에서는 브랜드 경영의 중요성을 살펴보고, 특히 브랜드가 기업 가치에 미치는 영향을 분석한다. 마지막으로 성공적인 브랜드 경영을 위해서 필요한 기업의 노력을 제시하고자 한다.

브랜드 경영의 중요성

브랜드는 기업에게 어떠한 도움을 주는가? 일반적으로 브랜드는 기업의 매출에 긍정적인 영향을 주는 것으로 알려져 있다. 그러나 브랜드가 이러한 효과를 가지지 위해서는 브랜드 개발, 육성 및 유지에 상당한 비용이 수반되기 마련이다. 결국, 브랜드의 투자 수익성(ROI)은 어떠한가에 대한 평가가 이루어지기 전에는 기업들은 브랜드 투자를 결정할 수가 없을 것이다. 결론적으로 말하면, 브랜드의 ROI는 매우 긍정적이라고 평가될 수 있다.

브랜드는 매출 신장, 시장 점유율 확대, 수익성 제고 및 주가 상승에 도움이 될 수 있다. 미국의 마케팅 학자 Gregory는 포춘 100대 기업의 수익과 주가를 7년간 평가한 결과, 브랜드 광고에 적극적인 기업은 수익성도 좋고, 주가 상승률도 매우 높은 것으로 나타났다.[1] 이는 브랜드가 기업의 가치를 높이는 효과가 있다는 것을 시사해주고 있다. 이와 더불어, 브랜드는 마케팅 비용의 절감으로 이어진다. 브랜드를 통한 마케팅은 엄청난 영업 비용을 절감시킬 수 있고, 충성도가 높은 고객이 확보되면 신규 고객 유치를 위한 막대한 비용이 절약되어 마케팅 비용이 줄어들게 된다.

〈그림 1〉 브랜드와 기업 가치

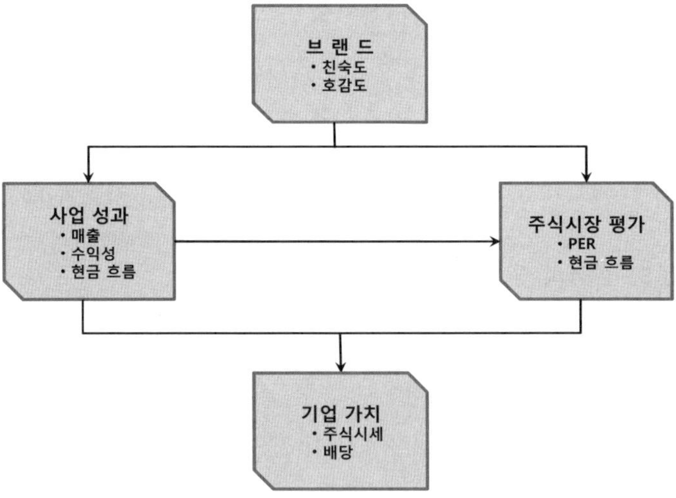

[1] J. R Gregory (1997), **Leveraging the Corporate Brand**, NTC Business Books.

위와 비슷한 주장으로 경영 컨설턴트인 Robert Amen은 900여 개 기관 투자가와의 면접을 통해 다음과 같은 결론을 내린 바가 있다.[2] 기업의 가치는 40% 정도는 현금 흐름, 수익성 등 객관적인 지표에 의해, 20%는 경영진의 능력, 그리고 나머지 40%는 기업과 업종의 미래에 대한 투자가의 인식에 의해서 결정되는 듯하다는 것이다. 이는 객관적인 지표와 함께 기업에 대한 이미지가 기업의 가치 결정에 큰 영향이 있음을 나타내는 것이다.

결국, 브랜드와 기업의 이미지는 기업 가치의 상승으로 이어지는 것으로 보인다. 그 효과는 크게 두 가지 흐름에 의해 이루어진다(〈그림 1〉 참조). 첫째는 브랜드 → 사업성과의 개선 → 주식 시세 반영 → 기업 가치 상승으로 이루어지고, 둘째는 단순히 브랜드와 기업이미지가 투자가의 인식에 영향을 미치는 것으로, 브랜드 → 주식 시세 상승 → 기업 가치 상승으로 이루어진다. 여기서 브랜드는 제품 브랜드뿐만 아니라 기업 브랜드를 포함하는 개념이다. 즉 삼성전자의 메모리칩은 타사 제품에 비해 브랜드 가치가 높아 높은 가격에 팔리고 있는 것을 의미한다.

브랜드 경영을 위한 기업의 노력

그러면, 브랜드를 기업의 중심 가치로 인식하고 이를 개발・육성하는 경영 즉 브랜드 경영을 위해 기업들은 어떠한 노력을 해야 하는가?

첫째, 브랜드 전략에 있어 가장 중요한 부분은 브랜드 정체성(identity)의 확립일 것이다. 최근 우리 기업들이 BI 작업을 경쟁적으

---

2) R. A. Amen, "Investor Relationships as Issues Management," **Inside PR**, October, 1992.

로 하고 있는데, 문제는 브랜드 정체성을 정확하게 정립시키지 않고 겉모양만 바꾸는 듯한 인상을 주고 있다. 예를 들면 한빛은행이 우리은행으로 사명을 바꿨는데, 그 개명 비용은 간판 교체 및 광고 비용으로 당해 연도만으로도 약 300억 원에 달한 것으로 은행 측은 추정하고 있다. 그러나 이렇게 막대한 비용을 들이고 고객들에게 한빛은행이 내용면에서 어떻게 변하는가를 알리지 않으면, 그 효과는 크지 않을 것이다. 고객들에게 "이름만 바꿨지, 달라진 것이 없다"는 인상을 주지 않기 위해서는 브랜드 정체성부터 재점검해야 할 것이다.

고객에게 확실한 이미지를 심어줄 수 있는 브랜드 정체성을 확보하기 위해서는 우선 기업의 역량과 차별성에 대한 면밀한 검토가 선행되어야 할 것이다. 좋은 예로 하이트맥주를 들 수 있다. 하이트맥주는 '깨끗한 물'이라는 차별성에 주안점을 두고 브랜드 정체성을 정립하고, 이를 바탕으로 차별적인 브랜드 및 기업 이미지를 확보할 수 있었던 점은 우리에게 시사하는 바가 매우 크다.

둘째, 브랜드 촉진과 관련하여 제언하고 싶은 점은 통합적인 커뮤니케이션(integrated communication)이다. 통합적인 커뮤니케이션이란 기업의 경쟁우위, 브랜드 정체성, 기업의 미션, BI요소들 그리고 촉진 메시지들이 통합적으로 이루어져야 한다는 뜻으로, 이를 통해 저렴한 비용으로 효율적인 이미지 구축이 가능하다는 것은 이미 잘 알려져 온 사실이다. 아무리 친절을 강조하는 광고를 하더라도 고객접점 인력들이 친절하지 않으면, 광고 효과는 반감될 수밖에 없을 것이다. 이와 함께, 효율적인 브랜드 구축을 위해서 다양한 표적 대상에 대한 커뮤니케이션도 조정·통합될 필요가 있다.

구체적으로 브랜드/기업 이미지는 크게 5개 집단에 의해 형성된다. 〈그림 2〉에서 보듯이 고객, 직원뿐만 아니라 투자가와 지역사회 그리고 언론에 대한 커뮤니케이션 노력이 동시에 이루어져야 한다. 이들 활동들도 통합되어야 할 것이다.

〈그림 2〉 브랜드의 표적 대상

셋째, 이미지 점검(audit)을 정기적으로 하는 등 지속적이고 종합적인 관리체계가 필요하다. 우선, 국내뿐만 아니라 특히 해외에서의 이미지와 신용등급에 각별한 주의를 기울일 필요가 있다. 이와 함께, 이미지 점검과 브랜드의 지속적 관리를 위해서는 브랜드 매니저와 같은 제도를 도입하여 단발성, 사후적 관리에서 벗어나서 종합적이고 예방적인 개발과 관리에 노력할 필요가 있다.

4. 파워 브랜드의 기본 조건

한국 기업이 브랜드 세계화를 추구하기 위해서는 여러 가지 전략적 노력과 역량 개발이 이루어져야 할 것이다. 그러면 우리 기업이 지금까지의 전략과 역량에서 어떠한 변화를 가져야 하는지를 알아보기 위해서는 외국 기업의 파워 브랜드 사례를 살펴볼 필요가 있다. 따라서 이 장에서는 최근 큰 성공을 거두고 있는 외국 기업의 파워 브랜드 마케팅 사례를 살펴보고, 공통점이 무엇인지 분석하여 우리 기업이 앞으로 전개해야 할 브랜드 세계화 전략을 조명해 보고자 한다.

파워 브랜드의 특징

세계에서 가장 성공적인 브랜드에 관해서는 다양한 의견이 있을 수 있으나, 그 브랜드가 가지고 있는 가치 즉 브랜드 자산(brand equity)을 기준으로 살펴보면 다음과 같다.

〈표〉에 나타난 브랜드의 일반적인 특징은, 지역적으로 다소 차이는 있으나 전 세계적으로 성공하고 있는 글로벌 브랜드라는 점이다. 글로벌 브랜드란 전 세계적으로 동일한 마케팅 전략과 포지셔닝을 공유한 브랜드로서 대표적인 사례는 Coca-Cola를 들 수 있다. Coca-Cola는 전 세계적으로 동일한 광고 테마, 브랜드, 로고를 사용함으로서 글로벌 이미지를 구축하는데 성공한 대표적 사례이다. McDonald's의 경우에는 전 세계적으로 제품, 고객 서비스와 위생 및 운영 시스템을 전 세계적으로 표준화하여 성공한 사례로 지적되고 있다. Sony 또한 전 세계적으로 일관된 고급 품질 이미지를 구축하여 브랜드 확장을 통해 기업의 이미지를 백분 활용하는 전략을 사용하고 있다.

〈표〉 세계 20대 브랜드

순위	브랜드
1	Coca-Cola/Coke
2	Sony
3	Mercedes-Benz
4	Kodak
5	Disney
6	Nestle
7	Toyota
8	McDonald's
9	IBM
10	Pepsi-Cola
11	Rolls-Royce
12	Honda
13	National/Panasonic
14	Levi's
15	Kleenex
16	Ford
17	Volkswagen
18	Kellogg's
19	Porsche
20	Polaroid

자료: Landor Associates

이러한 글로벌 브랜드들은 대체로 단순히 제품의 효익을 소비자에게 알리는 것보다는 브랜드 실체(brand identity) 구축에 노력한다는 점에 주목할 필요가 있다. General Motors의 자동차 사업방식을 획기적으로 바꾸고자한 Saturn 프로젝트에서 브랜드 실체의 중요성을 가늠할 수가 있다. 물론 Saturn은 GM을 획기적으로 변화시키는 데에는 실패했으나, 그 브랜드 전략은 대표적인 성공 사례로 지적되고 있다.

Saturn은 자동차를 팔기보다는 장인 정신에 투철한 근로자와 근로자의 품성과 가치관에 초점을 맞춤으로써 Saturn 자동차가 기존의 미국 자동차와 다른 자동차임을 강조하여 큰 성공을 거둔 바가 있다. GM은 Saturn 프로젝트의 성공적인 추진을 위해서 독립 회사를 설립하여 새로운 기업문화 구축에 노력한 것도 새로운 브랜드 실체를 구축하기 위한 것이었다.

위의 Saturn의 예에서 보았듯이 외국 기업의 브랜드 실체는 기업과 소비자의 신뢰적인 관계 구축에 중점을 두는 경향이 크다. 이러한 관계는 '제품을 팔기에 앞서 기업을 판다'는 의식이 없이는 불가능하다. 즉 기업의 미션(mission)과 목적을 명확히 정리하고 이를 소비자에게 지속적으로 알리는 노력이 무엇보다 중요하다. 최근 우리 기업들도 여러 가지 기업실체(CI) 재구축에 노력하고 있는데, 대우의 '탱크주의'는 브랜드 실체와 기업 실체 면에서는 매우 성공적으로 평가받고 있다.

파워 브랜드의 세계화 전략

이러한 글로벌 브랜드가 최근 성공을 거둘 수 있게 된 가장 큰 이유 중의 하나는 세계 수요의 동질화 현상 때문이다. 세계 각국은 소득 수준 면에서 평준화되어 가고 있을 뿐만 아니라, 특히 통신기술의 발달, 여행의 자유에 따라 각국의 소비자 간의 교류가 늘어감에 따라 각국 소비자의 욕구가 유사해지고 있는 상황이다.

일본 자동차 업계가 세계 시장을 진출함에 있어, 이러한 동질화된 소비자의 욕구를 최대한으로 활용하여 성공한 것은 잘 알려진 사례이다. Toyota, Nissan과 Honda는 국가별로 상이한 디자인 등 주변적 요인보다 모든 국가 소비자에게 공통적으로 나타나는 안전도와 경제성 등 기본적인 소비자 욕구에 치중하여 월드카를 개발한 것이다. 또 다른 예를 들면, Kodak은 전 세계적으로 동일한 욕구를 가지고 유동성이 높은 소비자에게 세계 어디에서나 동일한 제품을 구매할 수 있도록 하고 있으며, Benetton은 전 세계적으로 표준화된 이미지 창출로 United Colors of Benetton이라는 색채혁명을 일으키고 있는 것도 수요의 글로벌화에 따른 것으로 평가되고 있다.

글로벌 브랜드의 또 다른 특징은 전 세계적으로 표준화된 광고를 효과적으로 사용하고 있다는 점이다. 소위 글로벌 광고는 최근 급속히 발전하고 있는 정보 · 통신 산업에 크게 연유한 듯하다. 글로벌 광고는 문구의 번역을 제외하고 거의 모든 나라에서 표준화된 광고를 사용하고 있는데, 아마도 가장 고전적인 글로벌 광고는 Saatchi & Saatchi가 제작한 British Airways의 "Manhattan Landing"일 것이다. 다른 예는 앞에서 언급한 Benetton의 광고와 Coca-Cola가 최근 재사용한 광고로 세계 각국의 젊은이들이 이태리 언덕 위에 모여 세계를 향해 Coke를 권하는 노래를 합창하는 광고도 이에 해당한다.

기업들이 최근 글로벌 광고의 사용을 크게 늘리고 있는 이유는 대중 매체의 세계화에 크게 기인하는 것으로 보여 진다. TV 매체,

위성방송, 프린트 매체 등 다양한 매체 수단들이 전 세계에 반영되고, 세계 소비자를 하나로 묶는 역할을 하고 있다. 예를 들면, 세계 45억 인구가 베이징 올림픽을 시청했다고 하는데, 이에 따른 매체 효과는 엄청나게 클 수밖에 없었을 것이다.

대중 매체의 세계화와 관련하여 주목해야 할 사실은 글로벌 미디어가 다양화되어 가고 있다는 것이다. 이는 곧 차별화된 매체가 많다는 것으로, 기업들이 소수의 특정 매체만을 통해서 표적고객에게 다가갈 수 없다는 것을 의미한다. 소비자와의 효과적인 커뮤니케이션을 위해서는 다양한 매체활용이 필수적인 것이다. 예를 들면, Levi's나 Benetton의 경우에는 글로벌 광고와 함께 포장, POS 촉진, 판촉, 이벤트, 홍보, DM 등 다양한 매체들을 사용했다는 예에 주목할 필요가 있다.

이상에서 살펴 본 외국 기업의 파워 브랜드 사례를 통해서 우리 기업이 배울 수 있는 교훈은 무엇인가? 우선, 전 세계 소비자로 부터 호감을 얻을 수 있는 브랜드 아이덴디티의 개발이 우리 기업에게 가장 필요한 과제라고 사료된다. 이를 위해서는 제품의 품질 고급화와 함께 철저한 시장 조사에 근거한 제품 개념과 포지셔닝의 개발이 무엇보다 필요하다. 이와 함께, 우리 기업이 브랜드 세계화에 성공하기 위해서는 통합적인 소비자 커뮤니케이션(integrated consumer communications) 전략이 필요하다. 즉, 브랜드 이름, 제품, 로고, 디자인, 광고 등 다양한 마케팅 요소들이 소비자에게 일관된 메시지를 전달할 수 있는 체제를 구축해야 할 것으로 보인다.

5. 브랜드 세계화의 장애 요인

많은 기업들이 브랜드 세계화의 필요성에 대해 인식하고 있다. 그럼에도 불구하고 우리 기업이 직면하고 있는 여러 가지 현실적인 문제점들 때문에 아직 가시적인 성과가 나타나지 않고 있다. 최근 무역협회 조사에 의하면 자사 브랜드 수출이 크게 증가하지 않은 것으로 보인다.

몇 년 전 필자가 한국 수출 기업을 대상으로 브랜드 세계화를 추진하는 데에, 특히 고유 브랜드 수출 전략을 수행할 때 겪는 주요 애로 요인을 조사하였다. 그 결과는 〈표 1〉에 나타나 있는데 주요 애로 요인은 다음과 같이 정리할 수 있다.

〈표 1〉 고유 브랜드 수출시 주요 애로 요인

(단위: 업체, %)

애로 요인	응답수	비율(%)
기존 거래선의 이탈	98	21.4
막대한 광고비용	58	12.7
취약한 브랜드 이미지	92	20.1
마케팅 인력의 부족	107	23.4
자체 상표 개발비용	41	9.0
시장 정보 부족	132	28.8
독자적인 제품 개발	130	28.4
유통 확보의 어려움	123	26.9
가격 경쟁력	36	7.9
기타	25	5.5

주: 복수 응답

자료: 한충민 외, 「산업별 고유 브랜드 육성방안에 관한 연구」, 산업자원부/한국디자인진흥원, 2001.

- 시장 정보 부족
- 독자적인 제품 개발
- 유통 확보
- 마케팅 인력의 부족
- 기존 거래선의 이탈
- 취약한 브랜드 이미지

이상의 주요 애로 요인은 업종별로 살펴보면, 업종별로 상이한 애로 요인이 있음을 알 수 있다(〈표 2〉 참조).

업종별로 주요 애로 요인을 살펴보면,

- 섬유제품: 독자적인 제품개발, 시장정보 부족, 기존 거래선의 이탈, 유통확보의 어려움
- 봉제의복, 가죽, 신발: 독자적인 제품개발, 유통확보의 어려움, 취약한 브랜드 이미지, 마케팅 인력의 부족, 자체 상표 개발비용
- 금속, 기계, 자동차: 시장정보 부족, 유통확보의 어려움, 취약한 브랜드 이미지, 독자적인 제품개발, 마케팅 인력의 부족
- 화학, 고무제품: 시장정보 부족, 기존 거래선의 이탈, 독자적인 제품 개발
- 전자부품, 통신장비: 마케팅 인력의 부족, 독자적인 제품 개발, 취약한 브랜드 이미지, 시장정보 부족, 유통확보의 어려움
- 기타: 시장정보 부족, 마케팅 인력의 부족, 유통확보의 어려움, 기존 거래선의 이탈, 취약한 브랜드 이미지

〈표 2〉 업종별 고유 브랜드 수출의 주요 애로 요인

(단위: %)

애로 요인	섬유 제품	봉제의복, 가죽, 신발 등	금속기계·자동차	화학·고무 제품	전자부품 통신장비	기타
기존 거래선의 이탈	25.9	18.1	15.3	25.6	17.1	24.3
막대한 광고비용	11.1	13.3	11.8	9.3	11.4	16.5
취약한 브랜드 이미지	12.0	22.9	24.7	16.3	28.6	21.4
마케팅 인력의 부족	18.5	21.7	21.2	18.6	37.1	29.1
자체 상표 개발비용	8.3	20.5	3.5	4.7	8.6	6.8
시장 정보 부족	26.9	18.1	34.1	39.5	22.9	33.0
독자적인 제품 개발	38.0	31.3	24.7	25.6	34.3	18.4
유통 확보의 어려움	25.9	28.9	30.6	18.6	22.9	28.2
가격 경쟁력	11.1	7.2	7.1	14.0	2.9	4.9
기타	5.6	2.4	7.1	11.6	2.9	4.9

주: 〈표 1〉 참조

이상의 자료를 바탕으로 브랜드 세계화의 장애 요인을 정리하면 크게 3가지 요인으로 정리할 수 있다. 구체적으로 1) 취약한 브랜드 이미지, 2) 취약한 마케팅 역량, 3) 수출 수요의 불안정성 등의 요인으로 나눠 살펴볼 수 있다. 구체적인 내용은 다음과 같다.

1) 취약한 브랜드 이미지

고유 브랜드 수출 촉진에 있어서 가장 큰 장애 요인은 우리 브랜드의 이미지가 취약하다는 점일 것이다. 이러한 사실은 최근 무역협회의 조사에서도 나타났으며, 여러 기업과의 실태 조사에서도 발견된 사실이다.

우선 해외 소비자의 우리 브랜드에 대한 인식이 부족하다. 우리의 대표적인 수출 브랜드인 삼성과 LG전자의 전자제품인 경우 소비자의 브랜드 인지도가 30~40%에 그쳐 일본의 소니나 파나소닉에 비하면 크게 떨어져 있다. 이러한 격차는 현대 자동차를 제외한 거의 모든 품목에서 나타나는 현상으로 대부분의 우리 브랜드는 알려져 있지 않다.

우리 이미지의 취약성과 관련된 두 번째의 문제점은 우리 브랜드가 '싸구려 제품'이라는 이미지를 가지고 있다는 것이다.

2) 마케팅 역량의 취약성

고유 브랜드를 통한 수출에 있어 많은 기업들이 어려움을 느끼는 또 다른 이유는 마케팅 역량이 떨어진다는 것이다. 기업의 마케팅 역량 취약성은 크게 3가지 분야 즉 제품 경쟁력, 유통력, 해외 마케팅 체제에서 두드러져 있는 듯하다.

① 제품 경쟁력

자사 브랜드 전략을 효율적으로 수행하기 위한 가장 기본적인 조건은 제품의 경쟁력일 것이다. 브랜드 이미지가 나쁘더라도 제품의 품질이 경쟁적이면 장기적인 판촉 노력으로 이를 극복할 수 있으나, 제품의 품질이 떨어지면 아무리 훌륭한 전략을 수립하더라도 장기적인 성공을 기대하기 어렵다.

일본도 60년대와 70년대 초반에 우리와 유사한 위치에 있었으나 일본 제품의 경쟁력이 높아서 꾸준한 마케팅 노력으로 세계적 지명도를 갖춘 브랜드를 개발할 수 있었던 것이다. 따라서 우리 기업들은 우선 제품 경쟁력을 구비해야 할 것이다.

② 유통력

자사 브랜드 수출시 빈번하게 발생하는 문제는 유통상이 비협조적이라는 것이다. 그 이유는 유통상들이 OEM 브랜드 주체인 경우가 많은데 이 경우에는 우리의 자사 브랜드가 유통상의 시장을 잠식하게 되기 때문이다. OEM 브랜드의 주체가 제조업자인 경우에도 제조업자의 영향력 때문에 유통상의 협조를 구하기가 어렵다. 이와 함께 유통상의 입장에서 우리 제품의 이미지가 취약해서 시장성이 떨어진다고 판단하여 우리 제품의 유통을 꺼리는 경우도 많다.

이러한 이유 때문에 최근 많은 기업들이 유통 부문에 투자를 확대하고 있으며, 자사 브랜드 수출의 성공적 사례라고 평가되는 은성사의 실스타 낚싯대나 영안 모자의 스포츠 캡의 경우에도 안정적인 유통망이 자사 브랜드의 성공 요인으로 지적으로 있는 것도 이러한 이유 때문인 것이다.

그러나 중소기업의 경우에는 독자적인 유통 개발력이 없기 때문에 유통상의 OEM 요청을 거부하기 어려운 실정이다.

③ 해외 마케팅 체제

많은 기업들이 고유 브랜드 전략을 효율적으로 수행할 수 있는 해외 마케팅 체제를 구축하고 있지 못한 실정이다. 우선 상당수의 기업들이 해외 판매 법인이나 지사를 보유하고 있지 못하고 현지 시장을 효율적으로 조사하고 그에 기초한 정보를 기업 내에 전달시키는 마케팅 정보 체제가 제대로 정립되어 있지 않은 실정이다.

마케팅 인력에서도 마케팅 전문 인력이 부족하며, 전문 인력이 있더라도 경험 면이나 외국어 구사 능력 면에서도 상당히 뒤떨어져 있다. 또한 마케팅 조직 면에서도 경영권의 해외 법인으로의 이양이 미흡하며 현지 시장에 신축적으로 대응할 수 있는 능력이 떨어져 있으며, 해외 법인의 평가도 지나치게 물량적인 기준에 의해 평가되고 있기 때문에 장기적인 투자가 요구되는 자사 브랜드 마케팅보다는 손쉬운 OEM 수출에 유혹되기 쉽다.

조직 문화면에서도 해외 인력과 본사 인력의 국제화를 수용할 수 있는 태세가 제대로 이루어져 있지 않아, 내・외국인 마케팅 전문 인력의 이직률이 높을 수밖에 없는 상황이다.

3) 수출 수요의 불안전성

기업들이 자사 브랜드 수출을 꺼려하는 이유 중의 또 하나의 수출 수요의 불안정성이다. 수요가 불안정한 이유는 첫째, OEM 바이어의 방해 때문에 유통망 확보나 채산성 확보가 보장되지 않는다. 둘째, 해외 소비자가 우리 브랜드에 대한 인식이 부족하기 때문에 소비자에 의해 수용(Adoption)되기까지는 상당한 시간이 소요되기 때문이다. 이러한 리스크는 대규모 생산 시설을 보유한 우리 기업들에게는 상당한 부담으로 적용될 수 있다.

따라서 기업들이 OEM에서 자사 브랜드 수출로 전환할 때에는 일시적인 수출 감소라는 어려움을 겪게 된다. 그러나 이러한 어려움을 극복하지 않으면 자사 브랜드를 정착시킬 수 없을 것이다. 자사 브랜드로 성공한 기업 중 많은 기업들이 2-3년간 이와 유사한 어려움을 감수하고 극복하였다는 사실에 주목할 필요가 있다.

이상의 장애 요인을 종합하면 우리 기업들이 고유 브랜드 수출을 위한 마케팅 기반을 구축하기 위해서는 상당 규모의 초기 고정투자가 필요한 것으로 평가된다. 투자 분야는 브랜드 개발, 이미지 향상을 위한 광고 및 촉진, 마케팅 경쟁력 제고를 위한 제품 개발, 유통 개발 및 해외 마케팅 체제의 구축 등 여러 분야에서 투자가 필요하다.

반면에 OEM 수출시에는 위와 같은 고정 투자 부담은 없으나 OEM 바이어의 마케팅 서비스 제공에 따른 마진 때문에 수출 가격의 인하가 불가피할 것이다. 이러한 기회비용은 물량에 따라 비례하는 변동비용적 속성을 가진 것으로 보여 진다.

결국 고유 브랜드와 OEM 브랜드간의 선택 문제는 고유 브랜드 수출에 필요한 고정비용과 OEM 수출에 따른 변동비용 지급과의 선택 문제로 집약될 수 있다. 이의 선택은 결국 예상 수출 물량에 따라 결정된다. 그림에서 보듯이 예상 수출 물량이 적을 때에는 OEM 방식이 경제적이고, 예상 수출 물량이 많을 때에는 자사 브랜드 수출이 더 경제적이다(〈그림〉 참조). 그 이유는 수출 물량이 많으면 브랜드 개발에 필요한 단위 고정비용이 감소하기 때문이다.

결론적으로 우리 기업이 초기에는 투자비용을 절감하기 위해 OEM 방식을 선호할 수 있으나, 장기적으로는 고유 브랜드 수출이 유리하다고 평가된다.

〈그림〉 고유 브랜드와 OEM 브랜드의 경제성 비교

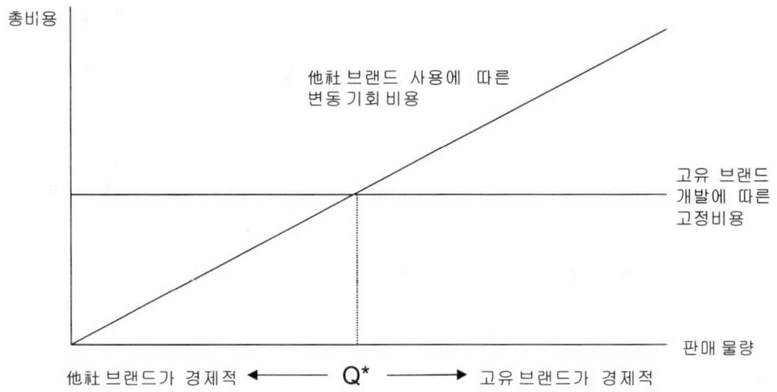

6. 금융 산업의 브랜드 세계화 전략

IMF 금융위기 이후 우리 경제에 불어 닥친 구조조정 및 시장개방으로 우리 금융계에는 엄청난 변화의 바람이 불어왔다. 큰 변화 중의 하나는 외국 금융기관의 국내 진출이 크게 늘어났고, 국내 금융기관의 국제 업무도 확대되었다. 소위 글로벌화와 글로벌 경쟁체제에의 진입이라는 시장 변화에 국내 금융기관들은 효과적으로 대처하지 못하고 있다. 이는 보수적인 기업문화와 글로벌 역량의 부족에 크게 기인한 듯하다.

국내에 진출한 외국계 금융기관의 사업 행태를 살펴보면, 국내 기관들과 달리 공격적인 마케팅과 브랜드 기법을 사용하고 있다는 점이 부각된다. 외국계 금융기관은 높은 신뢰도를 바탕으로 하여 다양한 금융상품 개발, 철저한 브랜드 관리 및 고객 관리 기법으로 국내 금융기관들을 위협하고 있다. 그러면, 국내 금융기관들은 어떻게 대처해야 하는가? 결론적으로 말해, 국내 금융기관들도 다양한 마케팅 기법, 특히 선진화된 브랜드 기법의 도입을 서둘러야 할 것으로 본다. 따라서 이 장에서는 우선, 금융업의 주요 시장 변화를 살펴보고, 기업 브랜드의 중요성과 국내 금융기관의 브랜드 위상을 평가할 것이다. 이를 바탕으로, 국내 금융기관들이 지향해야 할 브랜드 전략에 대한 시사점을 제시하고자 한다.

금융업의 글로벌 경쟁 체제

금융서비스 산업은 여타 산업에 비해 가장 글로벌화된 산업으로 평가되고 있다. 금융서비스는 일반 제조업과는 달리 제품 이동에 따른 운송비 및 통관비용이 거의 전무하여 제품 이동이 자유로운 특성을 가지고 있다. 이는 1981년 전 세계 4,000여 개 은행 및 금융기관을 연결하는 로이터 딜링(dealing) 시스템이 도입됨에 따라 전 세계의 거래가 전산화되었기 때문이다. 이는 곧 글로벌 B2B 전자 거래와 같은 시스템이다. 이와 함께 1992년 우루과이 라운드 타결로 각국의 금융 시장에 대한 정부의 규제도 대폭 완화되어, 다국적 금융기관의 글로벌화가 폭발적으로 확산되는 현상이 나타나게 된 것이다.

우리나라 금융시장도 예외가 아니다. 우리 주요 금융기관들의 소유권이 외국인에게 넘어가고, 또한 상당수의 금융기관들에 대한 외국인의 주식 참여도 늘어가게 되었다. 따라서 국내 금융시장은 순수 토종 금융기관과 외국인 기관으로 양분되게 되었다. 특히, 금융자산이 많은 고객들은 자산의 안전을 우려하여 외국계 금융기관들을 선호하는 경향이 있는 것도 사실이다.

이와 함께, 우리 경제의 글로벌화로 금융기관의 국제 업무도 크게 늘어나게 되었다. 이러한 업무에는 상대적으로 외국 금융기관이 유리할 수밖에 없다. 국제 업무경험이 부족하고 외국 시장과의 네트워크 면에서 불리한 토종 금융기관들의 글로벌화에 대한 대책 마련이 시급히 요청된다.

우리 금융기관의 고객은 이제는 국내에만 있는 것이 아니다. 경제의 글로벌화로 인해 외국인을 대상으로 하는 업무가 크게 늘어나고 있다(〈그림〉 참조). 상대적으로 자본비용이 낮은 외국 자본이 국내 금융기관의 주요 자금 조달원이 되고 있고, 업무의 국제화에 따라 해외 현지에서의 금융 업무가 크게 늘어날 뿐만 아니라, 외국 금융기관과의 업무 제휴도 크게 늘어나고 있다. 이러한 업무에 있어서도 국내 금융기관들은 외국계 기관들과 힘겨운 경쟁을 해야 하는 어려움이 있는 것은 부인할 수 없을 것이다.

〈그림〉 한국 금융기관의 글로벌 고객

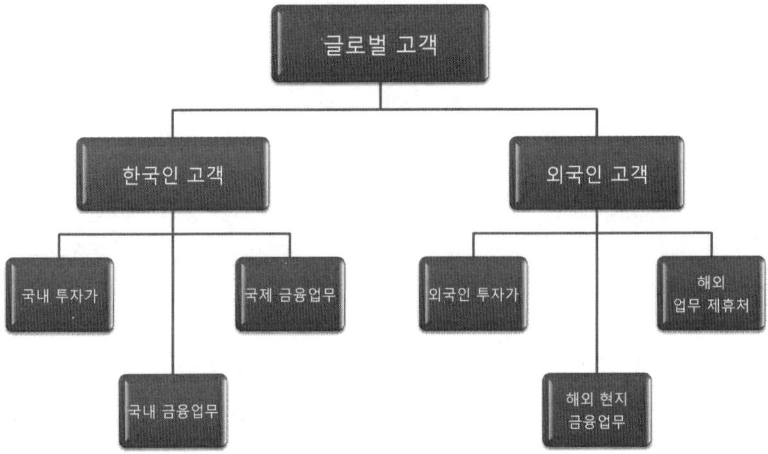

기업 브랜드의 역할

기업 브랜드는 기업에게 어떠한 도움을 주는가? 일반적으로 브랜드는 기업의 매출에 긍정적인 영향을 주는 것으로 알려져 있다. 그러나 브랜드가 이러한 효과를 가지지 위해서는 브랜드 개발, 육성 및 유지에 상당한 비용이 수반되기 마련이다. 결국, 브랜드의 투자 수익성(ROI)은 어떠한가에 대한 평가가 이루어지기 전에는 기업들은 브랜드 투자를 결정할 수가 없을 것이다. 결론적으로 말하면, 브랜드의 ROI는 매우 긍정적이라고 평가될 수 있다.

브랜드는 매출 신장, 시장 점유율 확대, 수익성 제고 및 주가 상승에 도움이 될 수 있다. 미국의 마케팅 학자 Gregory는 포춘 100대 기업의 수익과 주가를 7년간 평가한 결과, 브랜드 광고에 적극적인 기업은 수익성도 좋고, 주가 상승률도 매우 높은 것으로 나타났다.[3] 이는 브랜드가 기업의 가치를 높이는 효과가 있다는 것을 시사해주고 있다.

위와 비슷한 주장으로 경영 컨설턴트인 Robert Amen은 900여 개 기관 투자가와의 면접을 통해 다음과 같은 결론을 내린 바가 있다.[4] 기업의 가치는 40% 정도는 현금 흐름, 수익성 등 객관적인 지표에 의해, 20%는 경영진의 능력, 그리고 나머지 40%는 기업과 업종의 미래에 대한 투자가의 인식에 의해서 결정되는 듯하다는 것이다. 이는 객관적인 지표와 함께 기업에 대한 이미지가 기업의 가치 결정에 큰 영향이 있음을 나타내는 것이다.

결국, 브랜드와 기업의 이미지는 기업 가치의 상승으로 이어지는 것으로 보인다. 그 효과는 크게 두 가지 흐름에 의해 이루어짐을 앞에서 살펴보았다. 첫째는 기업 이미지 → 사업성과의 개선 → 주식 시세 반영 → 기업가치 상승으로 이루어지고, 둘째는 단순히 브랜드와 기업이미지가 투자가의 인식에 영향을 미치는 것으로, 기업 이미지 → 주식 시세 상승 → 기업 가치 상승으로 이루어진다.

---

[3] J. R Gregory (1997), **Leveraging the Corporate Brand**, NTC Business Books.

[4] R. A. Amen, "Investor Relationships as Issues Management," **Inside PR**, October, 1992.

한국 금융기관의 브랜드 위상

국내 금융업계는 타 업종에 비해 마케팅과 브랜드 기법의 도입이 늦은 편이다. 이는 업종의 보수적인 특성과 경쟁 제한적 정부규제 때문인 것으로 평가된다. 그러나 이러한 금융업계도 IMF위기와 잇따른 시장 개방과 규제 철폐로 변화의 바람이 거세게 불기 시작했다. '바이 코리아' 열풍과 뮤추얼 펀드 등 자산관리 기법의 도입 그리고 신용도 평가 등 마케팅의 기법이 도입되기 시작했다. 그러나 금융업계는 타 업종에 비해 아직 마케팅과 브랜드의 중요성을 인식하지 못하는 듯하다.

국내 금융기관들은 글로벌 경쟁체제에 들어감에 따라 여러 가지 측면에서 취약한 이미지로 인해 불이익을 당하고 있다. 〈표 1〉에서 정리되어 있듯이, 우리의 국내 금융기관들은 국내 시장에서 뿐만 아니라 외국시장에서도 신뢰도와 국제 경쟁력 인식 면에서 외국계 금융기관에 비해 불리한 위치에 있다.

구체적으로 국내 금융기관에 대한 국내인의 인식은 매우 부정적이다. 예를 들면, 주식시장에서 외국인의 매매 동향이 금융기관의 동향보다 더 높게 인식되고 있으며, 외국계 금융기관의 분석이 더 높게 평가되는 상황이다. 특히, 최근 큰 폭으로 늘어나고 있는 국제금융 업무와 관련해서는 국내 금융기관들이 크게 외면되고 있는 점도 지적될 수 있다.

이와 함께, 외국인의 국내 금융기관에 대한 이미지도 매우 취약하다. 이는 우리의 전반적인 국가 이미지가 나쁜 점에 크게 연유한 듯하다. 선진국에서의 우리의 이미지가 기본적으로 취약한 데에다가 최근 금융위기로 인한 여러 금융기관의 부실이 이미지 악화를 가속화시킨 것으로 판단된다.

국내 금융기관의 취약한 이미지가 가지는 또 다른 효과는 우수 인력 유치에 불리하다는 점이다. 금융기관과 같은 서비스산업은 제조업과는 달리 인력의 역량에 대한 의존도가 높은 것이 사실이다. 국내 우수 인력들이 불안한 미래와 경력 관리를 위해 국내 금융기관보다는 외국계 기관을 선호하는 것은 상당부분 취약한 이미지에 연유한 것으로 평가할 수 있다.

그러면, 국내 금융기관이 이상과 같은 부정적 이미지를 개선하고 외국계 금융기관과의 글로벌 경쟁에서 생존하기 위해서는 어떠한 노력이 필요한가? 우선, 우리 금융기관들이 선진 금융 기법의 습득, 투명성 제고 및 고객관리 기법의 도입 등 역량 제고에 노력해야 하는 것은 너무나도 당연한 일이다. 그러나 이러한 노력과 더

〈표 1〉 한국 금융기관의 부정적 이미지

고 객	사 업	부정적 이미지
한국인 고객	투자가	· 기업 투명성 부족 · 경쟁력의 취약 · 정부의 개입
	국내 업무	· 투자 원금에 대한 불안 · 선진 금융 기법의 미흡 · 직원의 금융 사고
	국제 업무	· 국제 업무 경험의 부족 · 국제적 네트워크 부족
외국인 고객	투자가	· 코리아 디스카운트 · 기업의 투명성에 대한 불안 · 기업의 역량에 대한 불안
	현지 업무	· 기업의 역량에 대한 불안 · 국제적인 경험 및 지식 부족

불어 고객의 비호의적인 인식을 바로잡기 위해서 브랜드 마케팅 기법의 도입이 시급한 것으로 평가된다.

글로벌 경쟁을 위한 브랜드 전략

국내 금융기관들이 위에서 언급한 글로벌 경쟁에 효과적으로 대처하기 위해서 어떠한 브랜드 전략이 필요한가?

첫째, 브랜드 전략에 있어 가장 중요한 부분은 브랜드 정체성(identity)의 확립일 것이다. 최근 우리 금융기관들이 BI 작업을 경쟁적으로 하고 있는데, 문제는 브랜드 정체성을 정확하게 정립시키지 않고 겉모양만 바꾸는 듯한 인상을 주고 있다. 예를 들면 한빛은행이 우리은행으로 사명을 바꾸고 있고, 그 개명 비용은 간판 교체 및 광고 비용으로 당해 연도만으로도 306억원에 달한 것으로 은행측은 추정하고 있다. 그러나 이렇게 막대한 비용을 들이고 고객들에게 한빛은행이 내용면에서 어떻게 변하는가를 알리지 않으면, 그 효과는 크지 않을 것이다. 고객들에게 "이름만 바뀠지, 달라진 것이 없다"는 인상을 주지 않기 위해서는 브랜드 정체성부터 재점검해야 할 것이다.

국내에 수많은 금융기관이 영업을 하고 있지만, 사실 금융기관 간의 차별화는 크게 이루어지지 않는 상황이다. 따라서 고객에게 확실한 이미지를 심어줄 수 있는 브랜드 정체성을 확보하기 위해서는 우선 금융기관의 역량과 차별성에 대한 면밀한 검토가 선행되어야 할 것이다. 비금융권의 예로 하이트맥주를 들 수 있다. 하이트맥주는 '깨끗한 물'이라는 차별성에 주안점을 두고 브랜드 정체성을 정립하고, 이를 바탕으로 차별적인 브랜드 및 기업 이미지를 확보할 수 있었던 점은 우리에게 시사하는 바가 매우 크다.

둘째, BI 요소를 글로벌화할 필요가 있다. BI 요소들로는 심볼, 이름, 캐릭터 등이 있는데 이를 통해 차별화할 수 있는 여지가 많다. 외국의 예를 들면, Prudential은 바위(Rock), Wells Fargo는 마차(stagecoach), Traveler's는 우산 등의 심볼, 그리고 MetLife는 땅콩 캐릭터를 사용하여 차별적 이미지 확보에 성공한 바가 있다. 이름 변경으로도 부분적인 이미지 변신이 가능하다.

우리나라의 경우, 국내 금융기관들이 사명을 외국 이름으로 바꿔 성공한 예가 많으며, 우리은행의 경우는 한국적이고 토착적인 이미지를 확보하기 위한 사명 변경으로 평가될 수 있다. 금융기관의 이름은 특히 해외 시장에서의 고객 반응에 상당한 영향을 줄 수 있다. 지나치게 한국적인 이름은 우리의 취약한 국가이미지가 기업이미지에 영향을 주는 소위 '원산지 효과'가 발생할 수 있다는 점에 유념할 필요가 있다.

셋째, 브랜드 촉진과 관련하여 제언하고 싶은 점은 통합적인 커뮤니케이션(integrated communication)이다. 통합적인 커뮤니케이션이란 기업의 경쟁우위, 브랜드 정체성, 즉 기업의 미션 BI 요소들 그리고 촉진 메시지들이 통합적으로 이루어져야 한다는 뜻으로, 이를 통해 저렴한 비용으로 효율적인 이미지 구축이 가능하다는 것은 이미 잘 알려져 온 사실이다.

따라서 금융기관들도 다양한 브랜드 촉진 및 이미지 프로그램들을 조정하고 기업의 브랜드 정체성과 부합되도록 관리하는 노력이 필요할 것이다. 특히, 금융업은 서비스업종이기 때문에 인력에 대한 교육 및 홍보가 중요하다. 아무리 친절을 강조하는 광고를 하더라도 창구 직원이 친절하지 않으면, 광고 효과는 반감될 수밖에 없을 것이다. 이와 함께, 효율적인 기업 이미지 구축을 위해서 다양한 표적 대상에 대한 커뮤니케이션도 조정·통합될 필요가 있다. 구체적으로 기업 이미지는 크게 5개 집단에 의해 형성됨을 앞에서 살펴보았다. 고객, 직원뿐만 아니라 투자가와 지역사회 그리고 미디어에 대한 커뮤니케이션 노력이 동시에 이루어져야 한다. 이들 활동들도 통합되어야 할 것이다.

넷째, 이미지 점검(audit)을 정기적으로 하는 등 지속적이고 종합적인 관리체계가 필요하다. 우선, 국내뿐만 아니라 특히 해외에서의 이미지와 신용등급에 각별한 주의를 기울일 필요가 있다. 이와 함께, 이미지 점검과 브랜드의 지속적 관리를 위해서는 금융기관들도 브랜드 매니저 제도를 도입하여 단발성, 사후적 관리에서 벗어나서 종합적이고 예방적인 개발과 관리에 노력할 필요가 있다.

II. 브랜드 세계화 추진 전략

1. 브랜드 세계화 방향

글로벌 시장, 글로벌 경쟁, 글로벌 마케팅, 이러한 단어들이 우리에게 더 이상 새롭지 않다. 세계 통신기술과 교통의 발달, 지역간 소득 평준화, 그리고 제도적으로 WTO체제, EU통합 등 다양한 요인들이 세계 시장을 단일 시장으로 수렴하게끔 하고 있다. 이러한 글로벌 추세에 편승하여, Nike, Benetton, McDonalds 등 수많은 선진국 기업들이 글로벌 마케팅 즉 표준화된 제품과 촉진 전략으로 큰 성공을 거두고 있다.

그러면, 이러한 선진국 기업의 글로벌 마케팅 전략이 과연 우리 기업들에게 적합한 전략인가? 예를 들면, 국내에서 크게 성공한 삼성전자의 「명품」 즉, 「World Best」 브랜드는 중국과 같은 국가에서는 성공을 거두고 있는 반면에, 미국과 유럽에서는 상대적으로 큰 성과를 보이지 않고 있다. 왜 이러한 현상이 발생하는가?

본장에서는 선진국 기업의 브랜드 세계화 전략보다는 우리 기업의 관점에서 적절한 전략이 무엇인가를 모색하고자 한다. 이를 위해서 글로벌 마케팅의 의미를 다시 살펴보고, 우리 기업이 가지고 있는 글로벌 경쟁력을 분석한 후에 우리 기업이 나아가야 할 브랜드 전략 방향을 제시하고자 한다. 결론적으로 말해, 우리 기업에게 필요한 브랜드 세계화는 지역별로, 경제 발전 단계별로 차별화된 전략이 필요함을 주장하고자 한다.

글로벌 마케팅이란 어떻게 하는가?

기업이 해외시장에 진출하여 마케팅 활동을 전개하고자 할 때에 크게 두 가지의 요인을 감안하여야 한다. 하나는 기업이 모국 또는 타 국가에서 습득한 경쟁우위를 현지 시장에 이전해야 하는 점이고, 또 다른 하나는 현지 시장여건에 마케팅 활동을 적응, 즉 현지화해야 한다는 점이다.(〈그림〉 참조)

기업은 두 가지 요인 중 어느 한 요인만 선택할 수는 없는 것이고, 두 가지 요인을 모두 고려해야 한다. 여기서 중요한 점은 상대적인 비중의 결정인데, 기업이 전자의 요인에 상대적인 비중을 높게 두면 표준화 전략 즉 순수한 의미에서의 글로벌 전략을 사용하는 것이고, 후자의 요인에 치중하면 현지화 전략을 선택하는 것이다.

〈그림〉에서 보듯이 기업이 해외시장에 진출하기 위해서는 우선 현지에 「이전 가능한 경쟁우위」를 보유하고 있어야 한다. 경쟁우위란 그 기업만이 보유하고 있는 경쟁력으로 브랜드, 제품력, 가격경쟁력, 유통력, 마케팅 노하우 및 경험 등이 이에 해당한다. 이러한 경쟁우위를 현지 시장에 이전하지 않고서는 기업들은 친숙하지 않은 현지 시장에서 생존할 수가 없을 것이다. 예를 들면, 「삼양라면」이 중국 시장에서 중국 현지 제품, 일본 라면, 대만 라면과 경쟁하기 위해서는 삼양라면만이 가지고 있는 마케팅 지식이나 라면의 독특한 맛을 이전하지 않으면 안 될 것이다.

〈그림〉 글로벌 마케팅 전개 방향

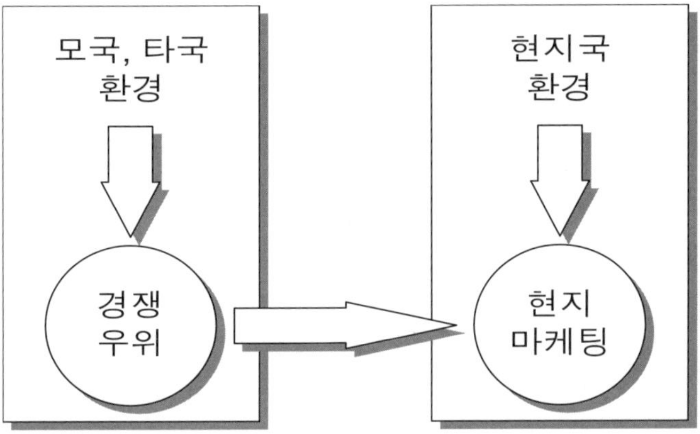

이러한 표준화 전략은 일반적으로 선진국 기업들이 사용하는 글로벌 전략으로 분류할 수 있는데, 이에 대비되는 전략으로 기업은 현지 밀착형 전략을 선택할 수 있다. 예를 들면, 국내 시장에서 밀려오는 외국 브랜드와 경쟁하기 위해서 우리 기업들이 「식혜」, 「김치독 냉장고」, 「한국 지형에 강하다」 등 한국형 제품 및 촉진 전략으로 대응하는 방법이 이에 해당한다.

우리 기업의 마케팅 경쟁우위는 무엇인가?

위에서 언급한 글로벌 마케팅 전략을 전개하기 위해서는 우리 기업들만이 보유하고 있는 글로벌 경쟁우위가 필요하다. 그러면, 우리 기업들만이 보유하고 있는 경쟁우위는 무엇인가? 우리의 경쟁우위를 경제 시장군별로 살펴볼 수 있다.

미국과 유럽과 같은 선진국에서는 우리 기업과 제품의 경쟁력이 최근 큰 위협을 받고 있다. 또한, 우리의 국가 이미지가 취약하여 한국 제품에 대한 인식도 매우 나쁘며, 한국에서 습득한 마케팅 지식이나 경험이 크게 도움이 되지 못하고 있다. 그럼에도 불구하고 선진국 시장에서 성공하고 있는 우리 브랜드들이 제법 상당수에 이르고 있다. 예를 들면, 현대자동차 엘란트라, 삼성과 LG전자의 평면TV, 홍진크라운 헬멧, 아이디스 DVR, 경월소주의 일본에서의 성공 등이 성공 사례로 들 수 있다.

이상의 성공 사례를 분석하면, 우리 기업이 가지고 있는 경쟁우위가 중·상급 제품력에 있다는 것을 발견할 수 있다. 특히 가치(value) 면에서 소비자의 호응을 얻고 있음을 알 수 있다. 가치란 가격 대비 품질 수준을 의미한다.

한편, 우리보다 경제발전 단계에 다소 뒤져 있는 국가, 즉 개도국과 중간소득 국가 시장에서는 우리 기업의 경쟁우위는 선진국에서 보다는 다소 여유가 있어 보인다. 우선, 개도국에서는 현지 제품보다 뛰어난 제품력과 선진국 제품보다는 저렴한 가격이 경쟁우위 요인으로 작용하고 있다. 이러한 「가치(value)」로서의 경쟁우위가 개도국에서 더 높은 호응을 얻고 있는데, 그 이유는 다음과 같다. 첫째는, 선진국 제품(예: 도요다, 벤츠)은 기술력은 높으나 가격이 지나치게 높아서 소수의 부유한 소비자 이외에는 「그림 속의 떡」과 같은 제품이 되나, 현대 「상트로」와 같은 제품은 최근 소득이 높아지게 된 전문직 및 중소기업인 등 인도의 중·상류 계층에게 적합한 제품으로 인정받을 수 있기 때문이다.

둘째는 개도국 소비자들이 대체로 가격에 민감한 경우가 많다. 예를 들면, 소형 LCD TV의 경우에 발생하는 Sony와 우리 제품 간에 약 200~300불 가량의 가격 차이는 선진국 소비자에게는 큰 부담이 되지 않으나, 개도국 소비자에게는 민감한 반응을 유발시킬 수도 있는 것이다.

개도국에서의 또 다른 경쟁우위 요인은 우리의 국가 이미지가 비교적 양호하다는 점으로, 이에 따라 우리 제품과 한글식 우리 브랜드가 좋게 인식되고 있는 편이다. 이와 함께, 대체로 개도국의 시장 환경이 우리의 10～20년 전 모습과 비슷해 우리의 마케팅 지식과 경험이 현지에 접목되기가 상대적으로 수월하다.

브랜드 세계화는 어떻게 해야 되나?

앞에서 살펴본 바와 같이 우리 기업이 글로벌 마케팅을 전개하기 위해서 「이전 가능한 경쟁우위」가 있어야 한다. 우리 기업의 이전할 수 있는 경쟁우위는 선진국 시장에서는 다소 제한되어 있으나, 개도국 시장에서는 충분한 여지가 있는 것으로 평가된다. 따라서 우리 기업의 글로벌 마케팅은 선진국에서는 현지화 전략 그리고 개도국에서는 표준화 전략이 적절할 것으로 추론된다.

선진국 시장에서 현지화 전략으로 성공한 사례들은 잠시 살펴보자. 팬택앤큐리텔의 일본에서의 핸드폰, 「Edel」 페러글러이더, 「HJC」 헬멧 등이 브랜드・촉진・유통 면에서의 현지화를 통해 성공한 사례들이다. 그 외에도, 십수년 전 독일에서 선풍적인 인기를 끌었던 대우의 「입술광고」는 현지 소비자의 정서에 부합된 광고 주제, 문안 및 음악으로 대우의 인지도를 크게 올리는데 주효하였고, 현대자동차의 미국 시장에서의 성공도 미국 시장여건에 부합된 포지셔닝과 광고·촉진 전략에 연유한 것으로 현지화 전략에서 성공 요인을 찾을 수 있다.

한편, 개도국 시장에서의 성공 사례를 살펴보면 중국에서의 「롯데」 껌, 「오리온」 초코파이와 다양한 부가기능이 추가된 복합 「삼성전자」의 핸드폰, 인도네시아에서의 「미원」, 인도에서의 현대「상트로」, 동남아에서의 「LG전자」, 그리고 중동과 중남미 시장에서의 우리의 가전제품 등을 발견할 수가 있다. 「롯데」 껌의 경우는 중국에서 시장 점유율 20% 가량으로 미국의 「Wrigleys'」와 쌍벽을 이루고 있는데, 롯데의 마케팅 전략은 과거 한국과 일본에서 사용되었던 제품 개념, 광고 및 촉진 전략들을 중국에 이전시키는 것이 핵심 내용이었다. 「오리온」 초코파이도 중국과 러시아에서 국내시장과 동일한 「情」 캠페인을 펼치고 있으며, 「삼성전자」의 중국에서의 성공은 우리의 휴대폰 마케팅 경험을 중국에 효과적으로 이전시켰기 때문에 가능하였던 것이다.

이상과 같이 시장권역별로 마케팅 전략 방향이 달라져야 하듯이 마케팅 믹스 전략도 차별화되어야 할 것이다. 구체적은 내용은 다음과 같다.

① 제품 전략

여기서 중요한 것은 현지에 판매하고자 하는 제품의 이미지가 우리의 국가 이미지에 부합하는가의 여부이다. 최근 현대자동차가 미국에서 초기에 인기를 얻을 수 있었던 것은 중소형 차량들이 경제적인 차로 우리의 이미지와 잘 맞았기 때문인 점에 주목할 필요가 있다. 그 후 그랜져 등 중상급 제품을 출시할 때는 중소형급과 달리 우리의 이미지 때문에 고전할 수밖에 없었던 것이다.

한편, 개발도상국에서는 우리의 이미지는 중상급제품이라는 인식이 강한 편이다. 따라서 이들 국가에 진출시에는 중상급 제품 중심으로 전략을 수립해야 할 것이다. 최근 우리 기업이 호조를 띠고 있는 중국, 동남아, 중동 및 중남미 국가에서 성공하고 있는 제품들은 대체로 중상급 제품인 점에 주목할 필요가 있다.

② 브랜드 전략

브랜드 전략도 위의 전략과 유사하게 선진국에서는 한국의 원산지를 연상시키지 않는 브랜드가 사용되어야 하나, 우리의 이미지가 좋은 국가에서 한국 브랜드임을 적극 홍보할 필요가 있다. 즉 「삼성」은 미국과 유럽에서는 부적절한 브랜드가 될 수 있으나, 한자 문화권인 중국과 동남아에서는 효과적인 브랜드가 될 수 있을 것이다.

③ 촉진 전략

촉진 전략도 선진국과 개도국 간에 차별화될 필요가 있다. 우리의 이미지가 나쁜 선진국에서는 현지화된 브랜드로 현지 소비자의 정서와 문화에 부합되는 촉진 전략 즉 현지화 전략이 주효할 것으로 보인다. 반면에 개도국에서는 한국에서 사용하였던 촉진 전략 즉 표준화 전략을 사용하여도 큰 무리는 없을 것이다. 예를 들면, 중국, 러시아 등지에서 큰 성공을 거두고 있는 「오리온 초코파이」는 포장 색깔만 제외하고는 거의 대부분의 전략이 한국에서 성공

했던 마케팅 프로그램을 이전시킨 것이다 (예: "情" 캠페인).

④ 유통 전략

유통 전략에 있어서 가장 염두에 두어야 할 점은 선진국과 개도국 시장에서 유통 인프라가 다르다는 점이다. 즉, 선진국에서는 유통 구조가 세분화되어 있고 유통 인프라도 발달되어 있는 반면에, 개도국에서는 유통 경로, 기관 및 인력이 제대로 갖춰져 있지 않는 경우가 많다. 따라서 우리 기업의 유통 전략은 선진국에서는 현지 유통 구조에 합치되는 전략을 구사해야 하는 반면에 개도국에서는 전체 유통 시스템을 현지에 이전해야 할 필요가 있다. 구체적으로 언급하면, 중국과 동남아 국가와 같은 개도국 시장에서는 유망성이 있는 현지 유통업체를 발굴하여, 금융 지원과 더불어 유통·마케팅·시장조사에 관한 지식을 전수하고 인력을 교육시키는 추가적인 노력이 수반되어야 한다. 경우에 따라, 브랜드 숍과 같은 직영 매장을 개설해야 할 필요도 있다.

이상에서 살펴보았듯이 한국 기업의 브랜드 세계화는 시장권역별로 차별화된 방향으로 전개되어야 할 것으로 보인다. 「선진국에서는 현지화, 개도국에서는 표준화」 전략이 우리 기업의 해외마케팅 성공 사례의 공통적인 특성으로 발견되고 있다. 그럼에도 불구하고 성공적 브랜드 세계화를 달성하기 위해서는 표준화와 현지화 어느 하나도 간과해서는 안된다는 점을 마지막으로 지적하고 싶다. 마케팅은 「조합의 예술」이라는 진실에는 변함이 없는 듯하다.

2. 세계 시장의 이해

한국 기업의 브랜드 세계화를 위한 세계 시장 공략은 그 어느 때보다 중요한 과제이다. 이는 대부분의 품목에서 국내 시장이 성숙기 또는 포화상태에 있기 때문이다. 더구나, 최근 들어 국내 내수시장이 극심한 불황을 보이는 동시에 시장 개방과 시장진입 규제 완화 등으로 국내 시장의 경쟁이 한층 더 치열한 지경에 이르러, 국내 시장에서 더 이상 기업 성장을 기대하기 어렵게 된 것이다.

한편, 우리를 둘러싸고 있는 세계 시장은 빠른 속도로 성장하는 대조적인 상황이 전개되고 있다. 특히, 중국과 동남아 그리고 서남아 및 동구권 등 신흥성장시장(emerging market)이 대표적인 성장지역이다. 예를 들면, 중국에서 상당수의 제품 시장이 연 30%를 상회하는 성장률을 보이고 있으며, 롯데제과, 삼성전자 등의 우리 기업도 이러한 성장 기회를 효과적으로 활용하고 있다.

이상에서 보았듯이, 국내 시장의 성숙과 세계 시장의 성장이 맞물려 우리 기업의 세계 시장 공략이 절대 절명한 과제로 대두되고 있다. 따라서 세계 시장을 효율적으로 공략하기 위해서는 어느 국가를 공략해야 하며, 어느 세분 시장을 진입해야 하는지에 대한 우리의 이해가 필요하다. 이를 위해, 본장에서는 세계 시장과 개별 국가의 시장구조에 관하여 언급하고자 한다.

세계 시장의 이해

우리 기업이 효과적인 세계 시장 전략을 수립하기 위해서는 세계 시장을 구성하고 있는 시장군에 대한 이해가 우선되어야 한다. 특히, 세계 시장을 시장 성숙도에 따라 세분화하여 분석하는 것이 필요하다.

일반적으로 외국 제품을 구매할 수 있는 소비자의 계층과 규모를 기준으로 세계 시장을 크게 4개 시장군으로 나눌 수 있다. 구체적으로 최빈국 시장, 개도국 시장, 중간 소득 국가 시장, 그리고 선진국 시장으로 구분된다. 최빈국 시장은 시장 성숙정도가 가장 떨어지는 최후진국 시장으로, 외국 제품을 구매할 수 있는 소비자가 지주, 거부 및 정치 실력자와 정부 및 공기업으로 한정되어 있는 시장이다. 개도국 시장은 경제 성장에 따라 출현된 신흥 부유층과

〈표〉 세계 시장군별 마케팅 전략

	최빈국 시장	개도국 시장	중간소득국가 시장	선진국 시장
표적 소비자	개인: 지주, 거부, 정치가 기관: 정부, 공기업	신흥 부유층, 실력자 대기업	Professionals 중견기업	중산층 중소기업
욕구	Distinction	Achievement	Lifestyles	Necessity
시장진입	우회/간접수출	직접수출	현지마케팅 시작	현지마케팅/상품 기획
유통	Importer	Distributor	Distributor/판매 법인	판매법인
가격	高價	中·高價 출현	中價 부상	다양한 가격대
촉진	간접광고, 구전	인지도 광고	소극적 차별화 광고 (옥외, Print 광고)	적극적 차별화 광고 (TV 광고)

대기업으로 구성된 시장이며, 중간 소득 시장은 중상층 소비자와 중견 기업이 신규 소비자로 확대되는 시장이다. 한편, 선진국 시장은 경제가 성숙된 선진공업국가로서 중산층 소비자가 최대 시장으로 구성되어 있다. 시장군별 특성과 마케팅 전략은 〈표〉에 정리되어 있다.

이상과 같은 시장군은 외국 제품을 구매할 수 있는 소비자와 그들의 구매 동기에 상당한 차이가 있다. 특히, 주목해야 할 점은 개별 국가 시장군에 따라 시장 구조가 다르다는 것이다. 일반적으로 세계 대부분의 국가는 4개의 시장 계층을 가지고 있는 것으로 보여진다. 〈그림 1〉에서 보듯이, 최고급 제품을 주로 구매하는 엘리트 시장, 상당한 소득을 가진 신흥 부유층과 기업가로 구성된 고소득층 시장, 주로 전문직 화이트 컬러 계층이 대부분인 중산층, 그리고 마지막으로 일반 서민으로 구성된 대중 시장으로 나눌 수 있다.

이렇게 나눈 4개의 시장 계층은 외국 제품을 구매할 수 있는 능력면에서 차이가 있다. 일반적으로 엘리트 시장의 소비자들은 Benz와 Versace와 같은 해외 유명 브랜드를 포함한 외국 제품을 많이 구매하는 반면에, 대중 시장의 소비자들은 외국 제품보다 자국 제품을 구매하는 경향이 크다. 우리나라의 예를 들면, 엘리트 시장에 해당하는 엄청난 부를 가진 재산가들은 특급 호텔이나 외국 외식 체인점에서 바다가재나 달팽이 요리를 소비하는 반면에 일반 서민은 시장 먹자골목에서 감자탕과 자장면을 먹는 경우를 생각해 볼 수 있다.

〈그림 1〉 시장 구조의 일반적인 모습

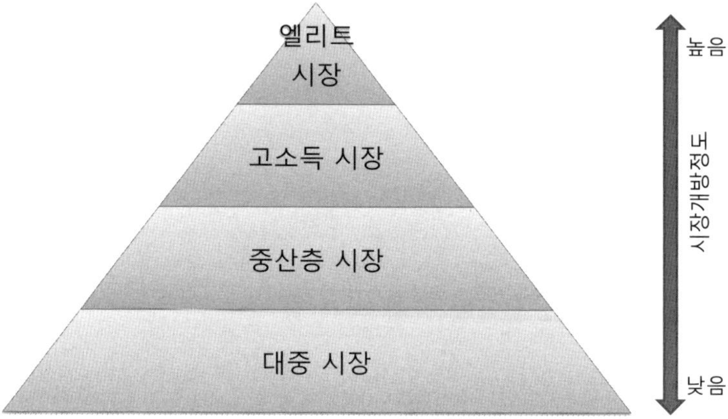

앞에서 설명하였듯이 세계 시장은 시장의 성숙 정도에 따라 여러 지역 즉 시장군으로 나눌 수 있다. 구체적인 예를 들기 위해 개별 시장군에 해당하는 국가를 시장 성숙도에 따라 구분하면 다음과 같다.[5)]

- 선진국 시장
  - 인구 5천만 이상 : 미국, 영국, 일본, 독일, 프랑스, 이태리
  - 인구 5천만 이하 : 캐나다, 네덜란드, 호주, 스웨덴, 덴마크, 오스트리아
- 중간소득 국가 시장
  - 인구 5천만 이상 : 러시아, 터키, 브라질, 멕시코

5) 현재 우리나라가 수출하고 있는 국가를 대상으로 1인당 GDP, TV 보급율과 전화 보급율을 기준으로 분류하였음.

– 인구 5천만 이하 : 스페인, 대만, 그리스, 체코공화국, 쿠웨이트, 헝가리, 포르투갈, 사우디아라비아, 폴란드, 아르헨티나, 루마니아, 말레이시아, 칠레, 남아공, 뉴질랜드, 베네주엘라, 코스타리카

- 후발 개도국 시장[6)]
  - 인구 5천만 이상 : 태국, 이란, 인도네시아, 필리핀, 중국, 이집트, 인도, 베트남
  - 인구 5천만 이하 : 콜롬비아, 페루
- 최빈국 시장
  - 나이지리아, 방글라데시, 에디오피아

어느 시장을 공략해야 하나?

위에서 설명한 4개 시장군중에서 어느 시장군을 공략해야 하는가? 일반적으로, 최근 우리 기업이 호조를 띠고 있는 시장은 개도국과 중간소득 국가 시장인데, 한국 브랜드의 시장 점유율, 매출 성장률 및 브랜드 인지도가 비교적 높게 나타나고 있다. 예를 들면, 중동 시장에서는 우리 전자제품의 시장점유율이 선진국 기업의 제품보다 높은 국가가 많다. 이렇게 우리 기업이 선전하고 있는 이유는 우리의 경쟁우위와 마케팅 지식이 현지 시장 여건과 부합되기 때문인데, 구체적인 내용은 앞에서 언급되었다.

반면에 우리의 전통적인 수출 시장인 선진국에서는 우리 기업들이 고전을 하는 경우가 많다. 이는 우리 기업이 가지고 있는 경쟁

6) 중국, 인도, 파키스탄과 같은 인구가 많은 국가는 일인당 GDP는 낮으나, 시장성숙 정도가 높은 경우가 많음

력이 그리 높지 않은 동시에 외국의 유명 기업들과 경쟁해야 하기 때문이다. 그러나 선진국 시장은 규모면에서 다른 지역에 비해 월등히 크다. 따라서 낮은 시장점유율도 매출면에서는 개도국과 중간소득 국가에서 보다 클 수도 있는 것이다.

결국, 우리 기업이 어느 시장군을 공략해야 하는가를 결정하는 것은 각 시장군별로 다른 우리의 경쟁우위와 시장 규모와의 선택 문제로 요약될 수 있을 것이다. 즉 선진국 시장은 시장은 크나, 우리의 경쟁우위가 다소 떨어지는 반면에, 중간소득 국가와 개도국 시장은 시장 공략은 수월하나, 시장이 적다는 단점을 가지고 있다 (〈그림 2〉 참조). 한편, 세계 최고급 제품만 수입되는 최빈국 시장은 우리의 경쟁우위와 시장 규모면에서 모두 불리하다.

〈그림 2〉 해외 시장의 규모와 우리의 경쟁우위

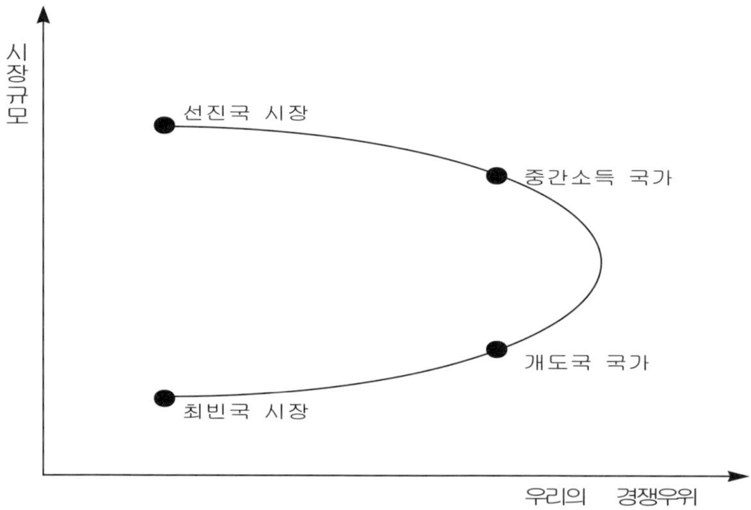

우리 기업이 세계 시장을 효과적으로 공략하기 위해서는 어느 지역에 진출해야 하는가를 결정해야 한다. 이를 위해서는 세계 시장과 개별 시장군에 대한 이해가 있어야 한다. 특히, 특정 시장을 공략함에 있어 〈표 2〉에서 정리되어 있듯이 공략에 따른 장·단점을 면밀히 검토해야 할 것이다. 이와 함께, 우리 기업이 공략할 수 있는 표적시장도 달라질 수 있음을 알아야 할 것이다.

결론적으로 말해, 선진국 시장은 장기적인 안목에서 꾸준한 노력이 필요한 시장인데 반해, 중간소득 국가와 개도국 시장은 중·단기적으로 매출을 늘리는 동시에 시장 경험을 습득하는 시장으로 보아도 무방할 것 같다.

〈표 2〉 세계 시장군별 장·단점

	선진국 시장	중간소득 국가	개도국 시장	최빈국 시장
장 점	최대 시장 안정적인 시장	시장 공략이 쉬움 시장이 비교적 큼	시장 공략이 쉬움 시장이 급신장	의외의 고수익
단 점	경쟁이 치열 우리의 이미지가 나쁨	경쟁이 비교적 치열	시장이 작음 변화가 많음	시장이 매우 작음
표적시장	대중 시장 중산층 시장	중상류 시장 중산층 시장	중상류 시장	엘리트 시장 국경 무역·밀수 시장
예	삼성 핸드폰/ 평면TV, 현대자동차(미국) 평면 TV(유럽)	전자제품 (스페인, 터키, 사우디아라비아)	LG전자(동남아) 삼성전자(중국)	대우자동차 (아프리카)

3. 브랜드 세계화를 위한 기본 조건

우리 기업들이 브랜드 세계화를 시작하기 전에 여러 가지 준비가 필요하다. 왜냐하면, 브랜드 세계화에는 여러 가지 어려움이 수반되기 때문이다. 이에 관련하여 자세한 내용은 앞의 장에서 다루었다.

우리 기업이 브랜드 세계화를 시작하기 위해서는 우선 고유 브랜드의 필요성에 대한 경영진의 인식이 있어야 할 것이다. 왜냐하면, 고유 브랜드 수출은 상당 규모의 투자가 수반되어야 하며 고유 브랜드 수출 전환 후 일시적인 수출 감소의 어려움을 감수하여야 하기 때문이다.

경영진의 인식과 함께, 브랜드 전략을 성공적으로 추진하기 위해서는 신제품 개발을 통해 양질의 제품을 브랜드화 하는 것이 필요하며, 이렇게 개발된 브랜드 제품을 판매하기 위해서는 안정적인 독자적 유통망이 확보되어야 할 것이다. 이와 함께 이러한 노력이 효율적으로 추진되기 위해서는 마케팅 정보 체제, 인력, 조직면에서 해외 마케팅 체제의 선진화 및 현지화가 이루어져야 할 것이다.

이상의 성공 결정 요인들이 〈그림〉에 정리되어 있으며 구체적인 추진 전략을 아래에서 언급된다.

〈그림〉 브랜드 세계화를 위한 전략적 방향

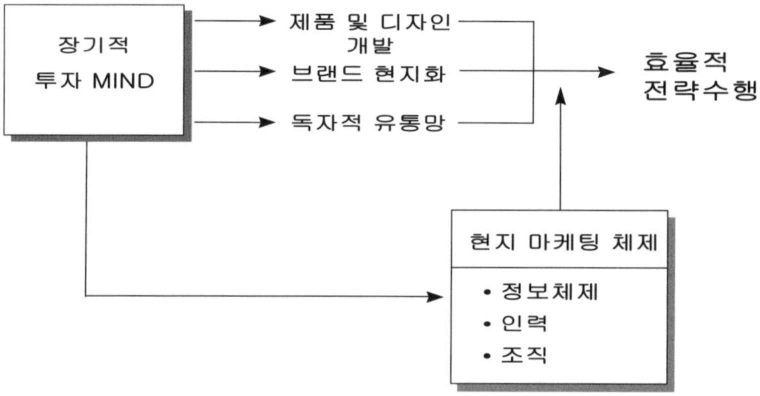

제품 개발에 노력해야 한다

우리 브랜드 세계화에 있어 가장 큰 애로 요인인 우리 브랜드의 취약한 이미지를 향상시키기 위해서는 양질의 제품을 고유 브랜드화하는 것이 절대 필요하다. 차별화가 결여된 진부한 제품으로는 이미지 개선 효과를 크게 개선할 수 없을 것이다.

이를 위해서는 우선 현재 추진 중인 기술 개발 투자 노력을 고유 브랜드화로 연계시켜야 할 것이다. 이러한 연계가 없이는 우리의 기술 개발 투자가 저가 OEM에서 중가 OEM으로 전환시키는 효과 이상을 기대하기는 어렵다.

제품력에 의한 브랜드 세계화의 대표적인 사례는 삼성전자이다. 삼성전자는 90년대 중반이후 소위 '히트상품' 전략을 브랜드 세계화의 flagship 전략으로 고가 시장에서 연달아 히트 상품을 출시함으로써 삼성의 고급적 이미지를 확보하고자 하였다. 이에 관한 구체적인 사례로서 삼성전자의 핸드폰 사례가 제2부의 브랜드 세계화 사례에 자세히 언급되어 있다.

이상에서 제품 개발을 통한 이미지 개선 효과를 살펴보았는데, 이러한 효과를 극대화하기 위해서는 제품의 불량률도 선진국 수준으로 줄여야 한다. 왜냐하면 이미지를 개선하기 위해서는 품질 수준을 높이는 동시에 일관성 있는 품질 수준을 통해 소비자의 신뢰감을 획득해야 하기 때문이다. 제품 개발에 관련하여 제품의 다양화도 브랜드 세계화의 성공적 수행을 위해서 필요하다. 브랜드 정착을 위한 마케팅 기반을 구축하기 위해서는 상당 규모의 초기 고정 투자가 필요한데, 이러한 투자의 효율성을 높이기 위해서는 제품의 다양화가 필요한 것이다.

브랜드를 탈한국화해야 한다

우리 기업들이 대체로 한글 발음식 기업명 브랜드에 의존하는 정도가 아직도 높은 편이다. 문제는 이러한 브랜드가 현지 소비자의 정서와 의미면에서 잘 맞지 않는 경우가 많다는 것이다. 물론 예외적인 사례도 있다. 즉 김치, 소주, 그리고 한류 제품 등 한국적 정체성을 강조하는 브랜드에는 한글 발음 브랜드가 유리할 수 있다.

위에서 언급한 예외적인 사례를 제외하고, 결국 성공적인 브랜드 세계화는 우리 기업과 제품이 해외 소비자 문화와 얼마나 동화하느냐에 달려 있는 것이다. 따라서 우리 기업들이 획일적 브랜드 형태에서 탈피하여 브랜드 형태를 다양화할 필요가 있다.

특히 한글 발음 브랜드를 지양하고 영어 발음 또는 현지어 발음 브랜드(예: LG)를 활용하여야 하며, 기업명 브랜드보다 제품의 특성과 현지 문화에 부합되는 제품 특유의 브랜드 개발이 현지 마케팅에 유리하다(예: 지펠, 휘센). 여기서 한글 발음 브랜드의 한계점을 몇 가지 지적할 필요가 있다.

첫째, 한글 발음 브랜드가 우선 소비자의 인지도 면에서 불리하다. 생소한 철자로 된 이름은 소비자가 기억하기 어렵다는 것이 여러 연구에서 밝혀진 바가 있다.

둘째, 한글 발음 브랜드의 의미와 이미지가 현지 특성에 부합되지 않는 경우가 많다.

셋째, 브랜드가 현지화 또는 글로벌화 되면 해당 제품의 한국산 사실이 노출되지 않아 한국 제품의 나쁜 이미지가 제품 평가에 미치는 영향을 줄일 수 있다. 일본의 경우에 제품 이미지가 나빴던 지난 10~20년 전에 브랜드의 영어화가 크게 이루어졌던 점에 비추어 우리 브랜드의 발음도 탈한국화가 이루어져야 할 것이다.

최근 긍정적인 면은 많은 기업들이 기업명과 브랜드명을 한글 발음에서 탈피하는 경우가 많이 생기고 있다는 점이다(〈표〉 참조).

〈표〉 기업의 수출 브랜드 형태

	종합 (N=458)	중소기업 (N=259)	대기업 (N=187)
한글 발음 브랜드	34.6%	37.1%	30.6%
영어 발음 브랜드	64.1	62.1	67.7
기타	1.3	0.9	1.7

자료: 한충민 외, 「산업별 고유 브랜드 육성방안에 관한 연구」, 산업자원부/한국디자인진흥원, 2001.

독자적 유통망을 확보해야 한다

고유 브랜드 수출시 빈번하게 발생하는 문제는 유통상의 비협조적인 태도이다. 따라서 안정적 판매 기반을 구축하기 위해서 독자적인 유통망을 확보해야 할 것이다. 즉, 수입상을 통한 간접 수출에서 직접 수출 방식으로, 그리고 중간도매상을 통한 간접 유통에서 직접 유통 방식으로의 전환이 필요하다.

독자적 유통망은 안정적 판매 기반뿐만 아니라 현지 시장을 경험할 수 있는 교육의 창구로서의 장점도 있다. 일본 기업이 구미 기업에 비해 유통 부문의 투자가 많은 편인데, 이는 일본 기업이 수요의 안정적 확보뿐만 아니라 시장조사 및 시장 경험의 습득을 위한 것이라는 것이 일반적인 설명이다. 필자의 일본 기업과의 면담과 주관적 판단에 의하면 제품 개발과 함께 유통 부문의 투자가 일본 기업의 브랜드 세계화에 가장 크게 공헌한 요인으로 평가되고 있다.

해외 마케팅 체제를 현지화시켜야 한다

현재 우리 기업의 해외 마케팅에 대한 투자는 전반적으로 미흡하며, 대부분의 투자가 장기적 시장 기반의 확립보다는 단기적 영업 실적 관리를 위한 투자임을 부인할 수 없다. 이러한 투자로는 해외 마케팅을 효율적으로 수행할 수 없으며, 특히 우리 제품을 현지 소비자 문화와 동화시키는 데에 한계가 있다.

따라서 장기적인 시장 기반의 확립을 위한 해외 마케팅 체제를 구축하기 위해서는 단기적이고 중개 역할에 의한 기존의 '종합상사적인 마케팅'에서 장기적이고 고객 창조를 목적으로 하는 '메이커적 마케팅'으로의 체제 전환이 시급하다. 이를 위해서 가장 시급한 과제는 마케팅 조직을 '본사 중심'에서 탈피하여 본사와 현지 법인간의 적절한 분업체제 형태로 전환시키는 것이다. 이와 함께 마케팅 정보 체제와 마케팅 인력의 선진화 및 글로벌화도 필요할 것으로 평가된다.

구체적인 개선 내용을 살펴보면 다음과 같다.

- 경영진의 시장조사 관여 정도 확대
- 시장조사 및 고객 관리를 위한 투자 확대
- 마케팅 운영의 효율성에 대한 평가 강화
- 마케팅 전문 인력 확보
- 마케팅 인력의 글로벌화 및 현지화
- 인력 평가 제도의 개선
- 해외 체류 기간의 연장
- 조직 문화의 글로벌화

공동 마케팅도 고려할 필요가 있다

기업이 브랜드를 통해 해외 마케팅을 하기 위해서는 상표 출원, 상표 개발과 광고 촉진, 유통, 해외 마케팅 체제의 구축 등 상당 규모의 고정 투자가 초기에 필요하다. 이러한 초기 고정 투자는 자금력, 인력 및 마케팅 인력이 떨어지는 중소기업에는 상당한 부담으로 작용된다. 이를 효율적으로 극복하는 방안 중의 하나가 통합 상표 또는 공동 브랜드의 개발인 것이다. 유사한 제품을 생산하는 중소기업들이 공동으로 브랜드를 개발함으로써 초기 고정 투자에 대한 투자 효율성을 높일 수 있다.

일본의 경우, 일본 제품의 대외 이미지가 좋지 않았던 과거 20년 전 견직물, 안경테, 식탁용 가구 등의 중소기업들이 통합 상표를 개발하여 수출하려는 노력이 있었고, 일본 정부도 통일 상표법을 제정하여 이를 지원한 사례가 있다. 좀 더 성공적인 사례는 미국의 Webb-Pomerene Act에 의해 설립된 협동조합 브랜드에서 찾을 수 있다. 대표적인 협동조합 브랜드로서 Sunkist, Sun Maid, Blue Diamond 등이 세계적인 브랜드로 성장한 사례가 있다.

우리나라도 최근 통합 상표의 필요성에 대한 인식이 새로워지면서 카파치 등 일부 브랜드가 통합 상표로 개발되고 있으나, 아직 지분 공유와 마케팅 협력에 대한 경험 부족으로 크게 성공하지 못하고 있는 실정이다. 그러나 결국 중소기업이 고유 브랜드 전략을 성공적으로 추진하기 위해서는 타 기업과 협력하는 방안 외에는 별다른 묘안이 없는 것으로 평가된다.

통합 상표뿐만 아니라 시장조사에서도 기업간의 협력에 따른 효율성 증대 효과가 크게 기대된다. 유사 업종의 기업간 공동 시장조사, 자료 교환 및 공동 자료실 운용 등의 방안이 고려될 수 있다. 이 분야에서는 특히 업종별 협회와 조합들의 적극적인 역할이 필요하다. 시장조사 업무의 확대와 함께 정기적인 옴니버스 조사 실시 및 시장 설명회 개최 등의 기능이 협회 차원에서 효율적으로 수행될 수 있을 것으로 평가된다.

그 외 유통 면에서도 중소기업들이 공동으로 참여하여 해외 유통기지를 확보하고 주요 시장에 유통센터 및 전시장을 설치하거나, 유명 백화점내 상설 매장을 설치하는 방안도 적극적으로 고려할 필요가 있다. 공동 브랜드와 관련된 자세한 내용은 제3부에서 다루어진다.

마지막으로 우리 기업이 브랜드를 세계화시키기 위해서 가장 중요한 것은 경영자의 의식 개혁과 각오일 것이다. 고유 브랜드가 새로운 부가가치를 창출하여 기업의 장기적인 발전에 기여할 것이라는 평가와 고유 브랜드 수출이 기업의 이미지, 나아가서는 한국의 이미지를 개선시킬 수 있다는 인식이 이루어질 때 브랜드 세계화에 필요한 마케팅 투자가 과감히 이루어질 수 있을 것이다.

4. 브랜드 세계화를 위한 마케팅 믹스

앞에서 한국 기업들이 브랜드 세계화를 위해서는 어떠한 장애 요인을 극복하고, 어떠한 준비를 해야 하는지를 살펴보았다. 그러나 브랜드 세계화를 달성하기 위해서는 현실적인 문제가 있다. 즉 브랜드 세계화를 집행하기 위해서는 필요한 마케팅이 무엇인지를 파악해야 한다. 이는 특히 OEM 방식의 간접마케팅에서 직접마케팅으로 바꿔야 하는 기업에게는 절실한 과제이다.

따라서 본 장에서는 우리 기업의 브랜드 세계화 전략을 집행하기 위한 효과적인 마케팅이 무엇인지를 살펴보고자 한다. 구체적으로 마케팅 믹스를 시장조사, 가격, 제품, 유통과 촉진으로 나눠 기초부터 살펴본다.

시장조사

기업이 OEM 수출 방식에서 독자적인 수출 방식으로 전환할 때, 가장 먼저 직면하게 되는 문제는 해외시장의 정보를 스스로 수집·분석하여야 한다는 것이다. 현지국의 경제 동향, 산업 동향, 소비자의 욕구 및 구매 동향 그리고 경쟁 기업의 전략 등 구체적인 시장 정보를 종전 바이어에 의존하던 방식에서 탈피해야 한다. 대신에 독자적으로 수집·분석·배포할 수 있는 해외시장 정보 체제의 구축에 상당한 투자가 필요한 것이다. 이를 근거로 가격, 제품 디자인, 표적시장, 촉진 수단, 유통 경로의 선택 등의 의사 결정을 독자적으로 수행해야 할 것으로 기대된다.

우리 수출업체를 대상으로 수행한 무역협회 실태조사 결과에 따르면, 자사 브랜드 수출 정도에 따라 가격결정 주도권이 달라지는 것으로 나타나고 있다.

자사 브랜드 수출 비중이 높은 기업들은 수출 가격을 독자적으로 결정하는 경향이 있는 반면에, 자사 브랜드 수출 비중이 낮은 기업들은 수출 가격 결정을 바이어에 의존하는 경향이 있는 것으로 나타났다. 또한 제품디자인 개발 전략 면에서도 자사 브랜드 수출 기업들이 디자인 개발을 독자적으로 해결해야 하는 것으로 발견되었다. 구체적으로, 자사 브랜드 수출 비중이 높은 기업들은 제품 디자인을 자체 개발하거나 해외에서 개발·도입하는 경향이 있는 반면에, 자사 브랜드 수출 비중이 낮은 기업들은 주문자의 디자인에 의존해야만 하는 것이다.

가격 전략

일반적으로 브랜드 마케팅의 전략적 특성은 가격 경쟁력보다는 브랜드에 의한 차별화 능력에 의존하는 경향이 크다. 따라서 가격 전략은 OEM 수출시보다 수출 가격을 높게 책정하게 되는 것이 일반적이다.

앞의 실태 조사에 의하면 자사 제품의 가격 수준을 100으로 볼 때 일본산 경쟁 품목의 가격 수준이 기업의 자사 브랜드 수출 비중에 따라 다른 것으로 나타났다. 즉, 자사 브랜드로 수출되는 제품의 수출 가격이 OEM 수출가격보다 높으며, 그 가격은 일본의 유사한 제품의 수출 가격이나 후발개도국의 수출 가격과 큰 차이가 없는 것으로 조사되었다.

이러한 결과는 경쟁국과의 수출 가격 격차가 크지 않는 경우에는 가격경쟁 대신에 브랜드에 의한 차별화 경쟁력이 중요하다는 것을 우리에게 알려주고 있다. 또 다른 한편에서는 OEM 수출 대신 자사 브랜드로 수출하는 경우에는 수출 가격을 올릴 수 있다는 것을 말해준다.

제품 전략

독자적인 브랜드 마케팅 전략은 가격보다는 제품 차별화에 의존하는 전략이다. 일반적으로 제품 차별화는 광고에 의한 이미지, 유통, 운송, 애프터서비스 등 여러 가지 분야에서 가능하나 가장 중요한 분야 중의 하나는 제품의 품질일 것이다. 따라서 자사브랜드의 품질 수준은 OEM 브랜드 전략에 비해 선진국 수준에 근접해야 할 것으로 기대된다.

실태 조사의 결과에 따르면, 한국 제품의 품질 수준을 100으로 볼 때 고유 브랜드 수출 비중이 높은 기업들의 일본 경쟁 제품의 평균 품질 수준이 116.7로 고유 브랜드 수출 비중이 낮은 기업들에 비해서 일본 제품과의 품질 격차가 상대적으로 적은 것으로 나타났다.

이러한 결과는 우리 제품의 품질 수준이 선진국 수준에 비해 크게 손색이 없어야 독자적인 마케팅이 가능하다는 것을 의미한다. 따라서 독자적으로 마케팅을 하기 위해서는 제품의 경쟁력이 뒷받침되어야 할 것이다.

유통 전략

유통 전략 면에서도 독자적인 마케팅을 추진할 경우 종전의

OEM 바이어의 유통 기능을 독자적으로 수행 할 수밖에 없을 것이다. 전국경제인연합회의 실태 조사에 의하면, 자사 유통망을 보유하고 있다고 응답한 기업들의 자사 브랜드 수출 비중이, 보유하고 있지 않은 기업들에 비해 훨씬 높은 것으로 나타났다.

따라서 독자적인 해외마케팅을 하기 위해서는 현지 유통망 구축에 과감한 투자가 필요할 것으로 보인다. 가급적이면 중간 수입상이나 현지 Distributor의 개입을 배제시키고 직접 수출 또는 직접판매 방식으로 현지 시장을 침투해야 할 것이다.

촉진 전략

촉진 전략도 독자적인 브랜드로 수출할 경우 달라질 것이다. 구체적으로 OEM 전략시에는 수입상, 유통상 및 대형 제조업체 등의 기관 구매자 중심에서 자사 브랜드 전략시에는 최종 소비자를 겨냥하는 촉진 전략으로 바꿔야 한다. 즉, 자사 브랜드 전략에서는 촉진은 유통 경로에서의 Push보다는 브랜드에 의한 Pull적인 특성이 강해야 한다.

전국경제인연합회의 실태 조사에 의하면 위의 가설이 상당히 설득력 있는 것으로 보인다. 구체적으로 자사 유통망을 보유한 기업 즉, 자사 브랜드 수출 비중이 높은 기업은 자사 유통망을 보유하고 있지 않은 기업 즉 자사 브랜드 수출 비중이 낮은 기업에 비해 전파매체, 옥외광고 및 DM에 의존하는 정도가 높은 것으로 나타났다(〈표〉 참조). 이러한 수단들은 대체로 최종 소비자를 표적으로 촉진할 때 주로 사용되는 수단이다.

한편 자사브랜드 수출 비중이 낮은 기업들은 박람회, 유통에서의 촉진, 인쇄 매체, 인적판매 등의 수단들을 상대적으로 많이 활용하고 있는 것으로 나타났다. 이러한 수단들은 대체로 기관 구매자를 겨냥한 것으로 보인다(인쇄 매체의 경우 우리 기업들은 대부분 전문잡지를 사용하는 경우가 많은데, 이 경우도 기관 구매자를 표적으로 한 것이다).

〈표〉 자사 유통망 보유 여부에 따른 해외촉진 수단

(단위: %)

	인쇄 매체	전파 매체	DM	옥외 광고	박람회	유통 경로	인적 판매	기타
자사 유통망을 보유한 기업	26.2	11.5	8.2	19.7	13.1	4.9	8.2	-
자사 유통망을 보유하지 않은 기업	30.6	4.5	5.7	1.1	35.2	8.0	10.2	4.7
평 균	28.8	7.4	6.4	4.0	28.8	-	-	-

자료 : 전국경제인연합회

이상에서 보았듯이 우리 수출 기업이 해외마케팅을 독자적으로 하기 위해서는 시장조사, 제품 개발과 기획, 유통 그리고 촉진 기능을 스스로 담당해야 할 것이다. 상당수의 우리 기업이 아직도 이와 같은 기능을 할 수 있는 능력을 갖고 있지 않아, 이러한 분야에 대한 과감한 투자, 전문 인력 개발 그리고 기업 체질 개선이 없이는 독자적인 브랜드 마케팅을 하기 어렵다는 것은 너무나 당연한 것이다.

브랜드 세계화의 성공적 집행을 위한 마케팅에 관한 자세한 내용은 제3부에서 자세히 다루어진다. 제3부에서 우리 수출업체를 대상으로 실시한 설문조사를 근거로 성공적 브랜드 세계화 기업의 마케팅 전략 특성을 그렇지 않는 기업과 비교하여 살펴본다.

5. 국가이미지와 브랜드 세계화

우리 기업들이 브랜드 세계화를 추진함에 있어 가장 큰 걸림돌 중 하나는 취약한 브랜드 이미지임을 앞에서 논의했다. 구체적으로 우리 제품이 소비자에게는 품질이 떨어지는 제품이거나, 상징적 가치 즉 다른 사람이 인정해주는 제품으로서의 가치가 낮은 인식을 가지고 있는 것이다. 이는 선진국에서 특히 두드러지는 현상이다.

우리 기업이 취약한 기업과 브랜드 이미지를 극복하기 위해서 최근 우리 수출기업들이 고유 브랜드 개발, 해외 홍보 및 유통망 투자 등 해외 마케팅에 적극적인 투자를 하고 있으나 별다른 진전을 보이고 있지 못하고 있다. 예를 들면, 우리 기업의 제품과 브랜드가 우리에게는 "World Best"(명품)이라고 하더라도 해외 소비자에게는 world best로 인식되지 않을 뿐만 아니라 world best에 상응하는 가격을 지불하려고 하지 않기 때문이다.

이런 상황의 가장 큰 이유는 우리의 국가 이미지가 취약함에 따라 우리 브랜드 이미지가 나쁘고 우리 제품이 제 값을 받지 못하는 경우가 발생하기 때문이다. 특히 인지도가 떨어지는 중소기업의 제품과 브랜드는 국가이미지의 영향을 더 크게 받을 수밖에 없는 것이 사실이다.

따라서 이 장에서는, 우리의 국가 이미지 내용을 살펴보고 국가이미지가 우리 기업의 해외마케팅 수행에 어떠한 영향이 있는지를 분석하여 우리 기업의 효율적인 마케팅 전략 수립을 위한 시사점을 도출하고자 한다. 결론적으로 말해, 우리의 국가 이미지가 획기적으로 개선되거나, 그렇지 않으면 우리의 국가 이미지를 충분히 고려한 적절한 해외 마케팅 전략을 수립해야 함을 주장하고자 한다.

우리의 국가 이미지

우리의 대외 이미지는 우리의 주력 시장인 선진국에서는 매우 취약한 양상을 보이고 있다. 이는 여러 조사에서 확인되고 있는데 한국의 국가 존경도와 경제적 발전정도를 주요 경쟁국과 비교해 본 조사에서, 우리의 이미지가 일본과 중국에 비해 크게 취약하며, 대만에 비해서도 우리가 유사하거나 다소 떨어진다는 결과를 잘 알고 있다.

한편, 개발도상국에서의 우리의 이미지는 비교적 양호한 것으로 평가되고 있다. 이는 1988년 서울 올림픽과 2002년 월드컵 이후 우리의 발전상이 여러 국가에 알려지고, 우리 기업의 활약이 늘어남에 따라 나타난 현상으로 추정되고 있다.

우리의 제품/브랜드 이미지도 대외 이미지와 같이 선진국에서는 매우 취약한 모습을 보이고 있다. 반면에, 개발도상국에서는 대체로 양호한 편임에 주목할 필요가 있다. 〈그림 1〉에서 보듯이 칠레, 아르헨티나, 태국 등의 개도국과 스페인, 호주와 같은 중-선진국에서의 우리의 이미지는 다소 양호하게 형성되어 있음을 알 수 있다.

대체로 볼 때, 개도국 국민들의 한국과 한국 제품에 대한 전반적인 태도는 좋은 편이나, 아직까지 우리 상품에 관한 지식은 매우 부족한 편이다. 이와 함께, 최근 상당수의 개도국에서 우리 투자진출 기업의 세련되지 못한 노무관리로 인해 현지 근로자, 정부 및

〈그림 1〉 주요국별 일본 대비 한국 전자제품의 이미지 격차

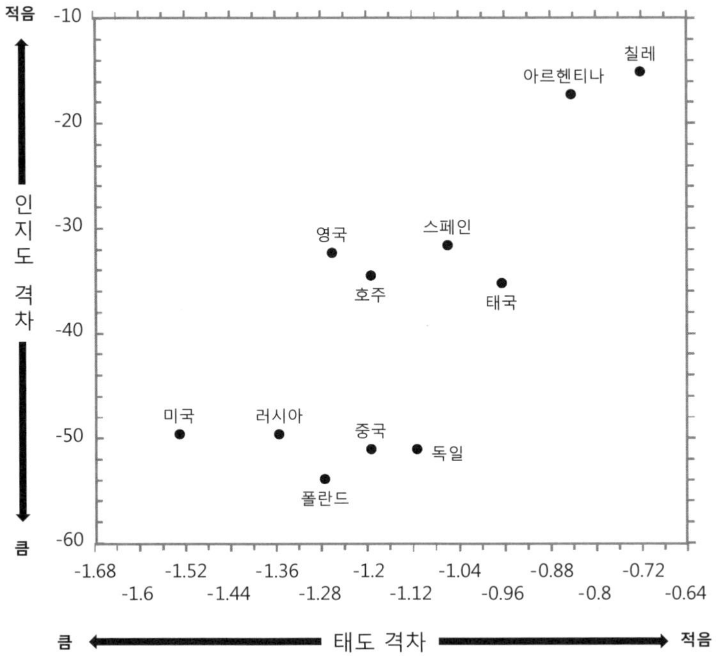

자료 : 기업 내부 자료를 근거로 재작성
주 : 1) 인지도는 인지한 응답자의 비율이며, 태도는 7점 척도로 측정되었음
2) 격차는 일본의 인지도 또는 태도에서 한국의 수치를 뺀 수치임

지역 사회와의 마찰이 늘어나고 있음을 간과해서는 안 될 것이다.

국가 이미지가 브랜드 이미지에 미치는 효과

우리의 취약한 대외 이미지와 전반적인 제품에 대한 이미지가 개별 제품 및 브랜드에 미치는 영향, 소위 원산지 효과는 매우 큰 것으로 파악되고 있다. 원산지 효과에 따른 불리는 크게 두 가지

요인으로 구분하여 분석할 수 있다. 첫째는, “Made in Korea”라는 원산지 표시에 따른 불리이고, 둘째는 한국 브랜드 부착에 따른 불리가 존재할 수 있다(〈그림 2〉 참조). 따라서 선진국에서 생산된 우리 브랜드 제품(예: 삼성 TV made in U.K.)이나 우리가 OEM으로 수출하는 제품(예: Panasonic TV made in Korea)도 우리의 취약한 이미지에 영향을 받게 될 것이다.

〈그림 2〉 한국산 제품에 발생하는 원산지 효과의 구성

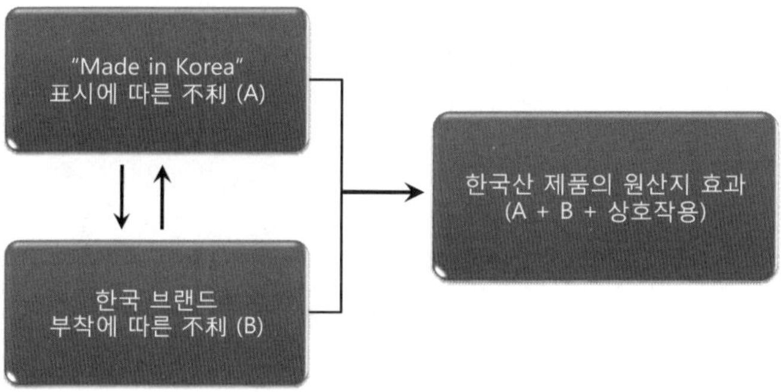

〈그림 2〉에서 보듯이 “Made in Korea”라는 원산지 표시와 한국 브랜드를 부착한 제품의 경우에는 원산지 효과에 따른 불리가 가장 큰 것으로 추정된다. 이와 같은 불리는 우리 제품이 선진국 시장에서 제 값을 받지 못하고 팔리는 경우에서 극명히 나타나 있다. 〈표〉에는 미국 시장에서 판매되고 있는 주요 VTR 브랜드와 자동차 브랜드의 평균 소비자 가격과 정상가격이 나타나있다.

〈표〉에서 보듯이, 우리 주력 수출제품의 평균 소비자 가격이 정상가격보다 약 10~20% 가량 낮게 팔리고 있다. 여기서 정상 가격

이란 제품의 객관적 품질 수준을 고려하여 산정된 가격이다. 즉, 특정 품질 수준에 맞는 가격 수준을 의미하는 것이다.

〈표〉 주요 VTR 및 자동차 브랜드의 정상 가격 – 미국 시장

브 랜 드		평균 소비자 가격($)	정상 가격($)	가격 차이($)
VTR 브랜드	Samsung VR8903	350	380	- 30
	LG GVR-D486	270	333	- 63
	Sharp VC-H927U	350	324	+ 26
	JVC HR-VP612U	350	311	+ 39
자동차 브랜드	VW Jetta GLS2.0	20,435	15,613	+ 4,822
	Chevrolet Cavalier LS	16495	13,702	+ 4,173
	Hyundai Elantra GLS	12,149	13,975	- 1,826
	Kia Sephia	10,795	12,337	- 1,542

자료 : 한충민, 전게서, 2001.

최근에는 지식경제부 / Kotra 조사에서도 이러한 사실이 입증되고 있다(〈그림 3〉 참조). 동 조사에 의하면, 우리나라 제품의 가격을 100으로 할 때, 동일 제품일지라도 미국과 독일 제품이면 각각 150.5 와 150.3의 가격을 그리고 일본 제품은 142.2의 가격을 소비자는 지불할 용의가 있는 것으로 나타났다. 한편 중국 제품은 71.5의 가치만 가지는 것으로 조사된 바가 있다.

한국 브랜드 부착에 따른 불리도 상당할 것으로 추정된다. 우선 한글 발음 브랜드는 소비자가 기억하기 힘들어 인지도 제고에 어려움이 뒤따르는 동시에 현지의 정서 및 의미에서 불리할 수 있다. 우리 기업들이 SK, LG, GS, Posco 등 영문 약자 브랜드의 활용이 늘어나게 된 것도 이와 같은 이유 때문일 것이다.

〈그림 3〉 한국 및 주요 국가 제품에 대한 가격 인식 비교

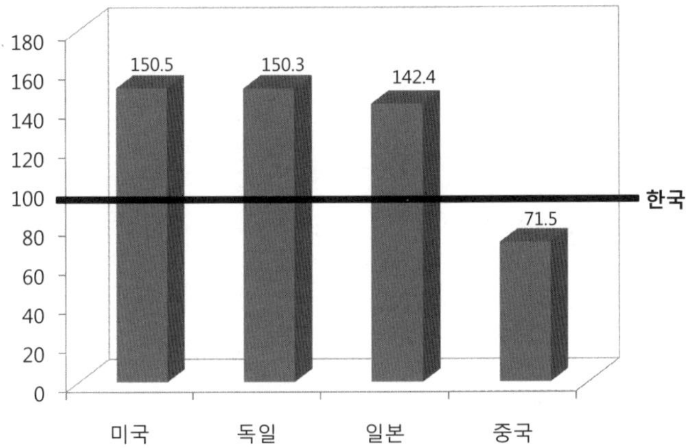

국가 이미지를 활용한 마케팅 전략

우선 정부 차원에서 우리의 국가 이미지 개선을 위한 노력이 요청된다. 왜냐하면, 우리의 국가 이미지가 우리 제품의 국제 경쟁력에 상당한 영향을 미치기 때문이다.

여기서 정부 차원에서의 역할을 강조하고 싶다. 그 이유는 우리의 국가 이미지를 제고시키기 위해서는 엄청난 규모의 홍보 투자가 필요하여 일개 기업 또는 특정 산업에서 나서기를 꺼려할 것이며, 또한 그 효과가 우리나라의 전체 산업에 긍정적으로 작용하는 소위 외부경제 효과가 발생하기 때문이다. 이러한 노력은 선진국에서 뿐만 아니라 개발도상국에서 이미지 관리 차원에서 필요하다.

이와 같은 국가 이미지 개선 노력은 장기적인 투자가 필요한 사

업으로, 단기적으로는 획기적인 개선을 기대하기 힘들 것이다. 그러면, 주어진 우리의 국가이미지 제약 속에 우리 기업의 해외 마케팅은 어떻게 전개되어야 하는가? 다음의 전략을 고려할 필요가 있을 것이다.

① 시장진입 전략

우선, 시장진입 전략에 있어 중요한 전략적 과제는 진입 국가의 선정일 것이다. 여기서, 우리의 국가 이미지가 주요 선정기준이 될 수 있다. 즉, 우리의 국가 이미지가 대체로 양호한 중진국 또는 개발도상국에 표적하여 진출하는 것이 우리가 현재 선진국에서 겪고 있는 이미지 장벽을 피하는 방안이 될 수 있을 것이다. 최근, 우리 기업들이 중진국과 개발도상국에서 선전하고 있는 것도 이에 연유하는 것으로 보인다.

시장진입 시점과 관련하여 유의할 점은 특정 국가에서 한국에 관한 인식이 높아지거나 붐이 조성될 때 시장을 진입하는 것이 진입비용을 낮추는 방안이 될 수 있을 것이다. 예를 들면, 얼마 전에 중국, 일본 등 아시아 국가에 크게 일어났던 한류로 인해 우리 제품과 브랜드에 대한 인식이 크게 향상되었던 적이 있다. 상당수의 우리 기업들이 한류 스타를 광고 모델로 사용하여 큰 성과를 올린 바도 있었다. 한류를 이용한 소위 한류 마케팅에 관한 기업의 사례가 제 2부에서 구체적으로 소개된다.

② 제품 전략

여기서 중요한 것은 현지에 판매하고자 하는 제품의 이미지가 우리의 국가 이미지에 부합하는가의 여부이다. 현대자동차가 미국에서 최근 인기를 얻을 수 있었던 것은 현대 중소형 차량들이 경제적인 차로 우리의 이미지와 잘 맞았기 때문인 점에 주목할 필요가 있다. 그 후 그랜져 등 중상급 제품을 출시한 초기에는 중소형급과 달리 우리의 이미지 때문에 고전할 수밖에 없었던 것이다.

한편, 개발도상국에서는 우리의 이미지는 중상급 제품이라는 인식이 강한 편이다. 따라서 이들 국가에 진출시에는 중상급 제품 중심으로 전략을 수립해야 할 것이다. 최근 우리 기업이 호조를 띠고 있는 중국, 동남아, 중동 및 중남미 국가에서 성공하고 있는 제품들은 대체로 중상급 제품인 점에 주목할 필요가 있다.

③ 브랜드 전략

브랜드 전략도 위의 전략과 유사하게 선진국에서는 한국의 원산지를 연상시키지 않는 브랜드가 사용되어야 하나, 우리의 이미지가 좋은 국가에서 한국 브랜드임을 적극 홍보할 필요가 있다. 즉 삼성은 미국과 유럽에서는 부적절한 브랜드가 될 수 있으나, 한자 문화권인 중국과 동남아에서는 효과적인 브랜드가 될 수 있을 것이다.

④ 촉진 전략

촉진 전략도 선진국과 개도국 간에 차별화될 필요가 있다. 우리의 이미지가 나쁜 선진국에서는 현지화된 브랜드로 현지 소비자의 정서와 문화에 부합되는 촉진 전략 즉 현지화 전략이 주효할 것으로 보인다. 반면에 개도국에서는 한국에서 사용하였던 촉진 전략 즉 표준화 전략을 사용하여도 큰 무리는 없을 것이다. 예를 들면, 중국, 러시아 등지에서 큰 성공을 거두고 있는 오리온 초코파이는 포장 색깔만 제외하고는 거의 대부분의 전략이 한국에서 성공했던 마케팅 프로그램을 이전시킨 것이다(예: "情" 캠페인).

마지막으로, 우리 기업이 해외시장에서 성공하기 위해서는 우리의 대외 이미지와 제품 이미지를 충분히 이해하여 이에 부합하는 적절한 마케팅 전략을 수립해야 할 것이다. 선진국에서는 일부 품목을 제외하고는 한국을 연상시키지 않는 철저한 현지화 전략이 필요하며, 우리의 이미지가 대체로 양호한 개발도상국에서는 한국임을 강조하는 마케팅 전략이 효율적인 것으로 평가된다. 물론 장기적으로는 정부·기업 그리고 국민 모두가 우리의 이미지 개선을 위해 부단한 노력을 펼쳐야 우리 국가이미지 즉 국가브랜드의 가치를 높일 수 있을 것이다.

6. 그레이 마케팅

90년대 이후 소위 신흥성장시장(emerging market)이라 일컬어지는 개도국 시장의 수요가 폭발적으로 늘어나고 있다. 일반적으로 신흥성장시장은 중국, 인도네시아와 태국을 중심으로 하는 동남아국가들, 인도와 파키스탄 등의 서남아 시장, 터키와 이집트를 대표하는 중동·북아프리카 시장, 멕시코, 브라질과 아르헨티나를 포함하는 중남미 시장 그리고 최근 급성장하고 있는 러시아와 동구권 국가들이 이에 해당된다.

최근 글로벌 금융 위기로 인해 선진국 시장은 향후 2~3년간 크게 위축될 것으로 보이지만, 소위 BRICs(브라질, 러시아, 인도 및 중국) 국가를 중심으로 높은 경제 성장률을 보일 것으로 예상되고 있어 신흥성장시장은 여전히 매력이 큰 시장으로 평가되고 있다.

위와 같은 신흥성장시장과 신흥성장시장으로 될 것으로 예상되는 국가에 대한 마케팅은 선진국 시장과 여러 가지 면에서 차이가 있다. 차이에 대해서는 앞에서도 일부 언급되었지만, 선진국에서 통상적으로 사용되는 방식과 다른 마케팅 방식이 개도국 시장에서는 흔히 사용된다. 소위 그레이 마케팅으로 지칭되는 방식이 바로 그것이다.

그레이 마케팅이란 무엇인가?

그레이 마케팅(gray marketing)은 광의의 뜻으로 정의하면 여러 가지 형태를 띠고 이루어지고 있다. 대표적인 형태를 살펴보면, 제3국을 통해 수출되는 3국간거래, 국경 도시에서 중소 중개상에 의해 이루어지는 국경 무역, 관광객과 전문 중개상에 의한 보따리 장사, 불법적인 밀무역, 물량, 품목 그리고 원산지를 허위로 신고하여 수입되는 위장 무역, 국가간 가격 차이에 의해 발생하는 병행수입, 그리고 물물교환 방식의 바터 거래가 그레이 마케팅에 해당된다.

그레이 마케팅 방식은 우리 기업뿐만 아니라 외국 유명 기업에 의해서도 많이 이용되고 있는데, 예를 들면 다음과 같다.

- 3국간 거래: 중국으로 수출되는 상당량의 미국, 일본 그리고 한국의 제품이 홍콩과 상해 등의 지역을 통해 반입됨.[7)]
- 국경 무역: 북한으로 수출되는 제품이 중국과 국경 도시에서 그리고 브라질로 수출되는 한국산 전자제품이 파라과이 국경 도시인 시우다드 델 에스테에서 거래됨. 이에는 면세품 시장도 포함됨.
- 보따리 장사: 부산에서의 러시아 보따리장수와 인천에서의 중국 보따리장수. 러시아의 경우, 90년대 말 기준으로 총 수입의 약 25%인 보따리 장사에 의해 수입되고, 약 80만명이 보따리장수인 것으로 추정되고 있음.[8)]
- 밀무역: 국내에서 수입 금지되어 있었던 일제 전자제품, 한국 자동차의 초기 중국 수출.
- 위장 무역: 중국으로 수출되는 제품의 수입면장을 허위로

---

7) 전자업계에 따르면 90년대 중국에서는 수입 전자제품의 약 3분의 2 이상이 홍콩 등의 지역을 경유하여 수입되었고, 아직도 그 비중은 상당한 것으로 추정하고 있음.

8) 한겨레신문, 1998. 2. 4.

기재.

- 병행수입: 태평양화학이 직접 수출하고 있는 연변 시장에서 중국의 중개상들이 국내에서 구매하여 연변으로 수입하는 경우; 유명 브랜드들이 엔화 강세로 한국에서 일본으로 수출되는 경우.
- 바터 거래: 대우가 외환 부족의 어려움을 겪고 있는 북한과 바터 거래로 무역. 과거 우리 건설 업체의 건설 대금을 석유로 수령.

이러한 그레이 마케팅은 전 세계적으로 광범위하게 이루어지고 있다. 〈표 1〉에 세계 주요 중개 거점과 이를 통해 수출되는 지역이 나타나 있다.

〈표 1〉 세계 주요 그레이 시장

중개 거점	최종 시장
홍콩	중국
파나마	중남미
싱가포르	동남아
두바이	중동
시우다드 델 에스테	브라질 등 남미
이집트	북아프리카
비엔나	동구(특히 개방전)
바르샤바	러시아

그레이 마케팅이 왜 발생하나?

그레이 마케팅은 여러 가지 경제적·제도적 요인에 의해 발생한다(〈그림〉 참조). 대표적인 요인은 높은 수입 관세이다. 중국으로 수출되는 제품이 홍콩을 경유하는 것도 중국의 높은 수입관세 때문이고, 파라과이의 시우다드 델 에스테가 번창했던 이유도 브라질의 높은 수입관세 때문이었다.[9] 그러던 중에 남미공동시장(MERCOSUR)의 결성에 따라 브라질의 수입관세율이 내려가고, 파라과이의 수입관세율이 올라가자, 파라과이의 국경 무역은 크게 위축되고 있는데, 이것은 수입 관세율 차이가 국경 무역에 엄청난 영향을 미치고 있음을 나타내는 것이다.

두 번째의 원인은 환율 변동이다. 우리나라의 원화 가치가 폭락하자 외국 보따리장수의 방문이 크게 늘어나는 것도 환율 변동에 따라 국가간 가격 차이가 생겼기 때문이다. 또한, 한국과 일본에서 동시에 판매되는 제품인 경우 한국에서 일본으로 수출되는 것도 환율 변동에 따라 한국과 일본 시장에서 가격 차이가 생겼기 때문이다. 이런 경우의 중개 무역은 일시적인 경우가 많다. 왜냐하면, 환율 변동에 따른 가격 차이가 장기간 지속되면 정상적인 수출업체들이 가격을 조정하기 때문이다.

세 번째는 수입 금지와 같은 비관세 장벽 때문에 그레이 마케팅이 발생한다. 예를 들면, 국내에 반입되는 금의 80~90%가 밀수되어 왔던 것도 금이 수입 금지되어 국내외 가격 차이가 생겼기 때문이다.

네 번째의 원인은 운송・교통비이다. 그레이 마케팅은 정상적인 무역보다 운송・교통비가 많이 드는 것이 일반적이다. 따라서 대

---

9) Business Week에 따르면 브라질에서 수입되고 있는 퍼스널 컴퓨터의 70% 가량이 국경도시에서 반입되고 있는 것으로 추정되고 있음.

〈그림〉 그레이 마케팅의 발생 원인

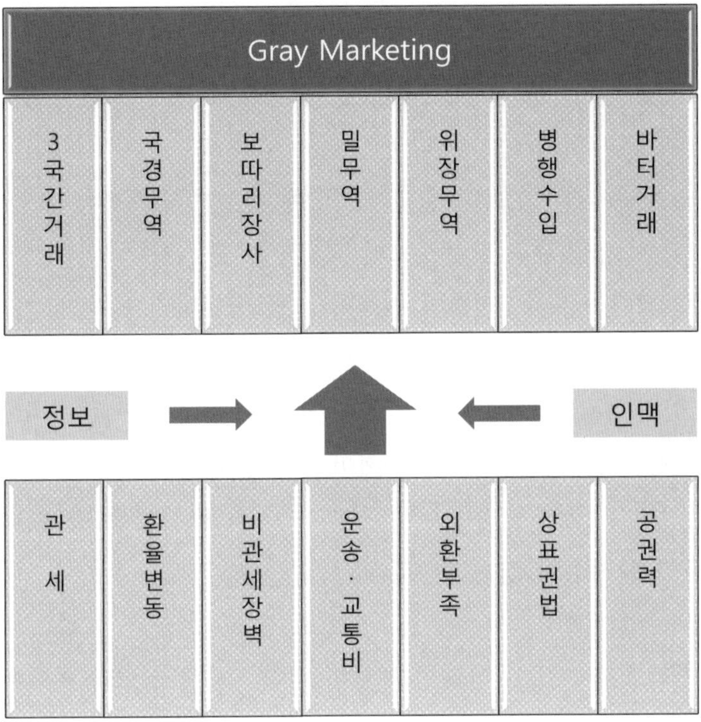

부분의 그레이 마케팅이 지리적으로 가깝고 교통과 운송이 편리한 지역을 중심으로 발생할 수밖에 없는 것이다.

다섯 번째는 외환 부족으로 들 수 있다. 예를 들면, 북한에 수출하기 위해서 바터거래가 흔히 사용되는데, 이는 북한의 외환 부족 때문인 것이다. 사회주의 경제체제가 붕괴되기 전의 동구권 무역도 바터를 포함한 여러 가지 형태의 구상무역(countertrade)이 이루어진 것도 이에 해당된다.

여섯 번째는 제도적인 요인에 의해서도 그레이 마케팅이 발생한다. 대표적인 제도가 상표권법과 병행수입금지법이 있다. 상표권법과 관련하여, 수출 기업의 상표권을 인정하고 소비자 보호를 위해 애프터서비스를 제공할 수 없는 중개상의 병행 수입을 법률적으로 제한할 수 있다.

일곱 번째 공권력도 그레이 마케팅에 큰 영향을 준다. 개도국에서는 정부 행정 관료의 부정부패 정도와 뇌물 수수가 일반적인 관행으로 되어 있고, 공권력의 집행이 그리 엄격하지 못하다. 따라서 부정부패 정도가 심한 국가에서 그레이 마케팅이 크게 성행하는 것도 이러한 이유 때문이다. 여기서 유의할 점은 공권력 미비에 따른 그레이 마케팅 기회는 일시적이고 안정적이지 못한 경우도 많다는 것이다. 예를 들면, 현지 정부가 공권력 집행을 강화한다든지, 현지 중개상이 정치적으로 힘을 잃는 경우에는 수출이 급격히 줄 수도 있다.

마지막으로 그레이 마케팅에는 독점적인 시장 정보와 인맥이 매우 중요하다. 일반적으로 그레이 마케팅의 기회와 방법은 매우 비밀스럽고, 그에 관한 정보는 소수의 핵심 인사에 의해 독점되는 경우가 많다. 또한, 그레이 마케팅은 배타적인 인맥에 의해 이루어지는 것이 대부분이다. 예를 들면, 홍콩의 그레이 마케팅은 광동성 출신 홍콩 상인에 의해 그리고 동남아에서는 화교 상인의 네트웍으로 이루어진다. 이외에도 세계적으로 퍼져있는 유태인, 레바논인, 시리아인 그리고 인도인들도 동족 끼리만의 배타적인 상권을 형성하고 있다.

그레이 마케팅을 어떻게 활용해야 하나?

앞에서 설명한 바와 같이 개도국에서는 그레이 마케팅이 광범위하게 사용되고 있으며, 상당수의 우리 기업도 이에 동참하고 있는 것도 사실이다. 이렇게 사용되고 있는 것은 그레이 마케팅이 여러 가지 장점이 있기 때문이다. 그러나 그레이 마케팅이 여러 가지 함정과 관리 문제도 동시에 있음을 알아야 할 것이다. 아래의 〈표 2〉에 그레이 마케팅의 장 · 단점과 관리 문제가 정리되어 있다.

〈표 2〉 그레이 마케팅의 장·단점과 관리 문제

장·단점	관리 문제
장점 1. 가격 경쟁력을 높일 수 있음 2. 봉쇄된 시장에 진입할 수 있음 3. 초기에 발생하는 시장진입 비용을 줄일 수 있음 **단점** 1. 중개인이 큰 이익을 챙김 2. 수요가 불안정하고, 일시적인 경우가 많음 3. 여러 가지 관리 문제가 발생함	1. 제품의 품질 수준을 어떻게 유지해야 하나? 2. 브랜드 이미지의 일관성을 어떻게 유지해야 하나? 3. 시장 수요를 어떻게 안정시켜야 하나? 4. 시장간의 가격 격차를 어느 정도로 줄여야 하나? 5. 유통채널을 어떻게 통제해야 하나? 6. 대금 결제를 어느 방식으로 하나? 7. 애프터서비스를 제공해야 하나?

7. 인터넷 사업에서의 브랜드의 역할 및 전략

21세기 경제의 화두는 단연 디지털화이다. 실제, 전 세계적으로 인터넷 관련 기업, 소위 닷컴 기업들이 세계 경영환경을 바꾸고 있다. 이러한 디지털 경영환경 속에서 많은 사람들이, 특히, 기술적 배경을 가진 전문가들이 '인터넷 사업에서는 브랜드가 중요하지 않다'고 주장하고 있다. 과연 그러할까? 필자는 절대 그렇지 않다고 주장하고 싶다. 경우에 따라서 브랜드의 역할이 더 중요할 수도 있다. 그러나 인터넷 기업의 브랜드 전략은 새로운 각도에서 전개되어야 한다고 지적하고 싶다.

따라서 이 장에서는 인터넷 사업에서의 브랜드 중요성을 살펴보고, 인터넷 사업에서 브랜드 구축에 유의할 점을 제기하고자 한다.

인터넷 사업에서의 브랜드 중요성

우선, 인터넷 사업에서는 브랜드가 중요하지 않다는 주장의 내용을 살펴보자.

첫째, 인터넷 사업에서는 소비자들이 여러 사이트를 쉽게 비교할 수 있어 가장 좋은 가격에 제품을 선택할 수 있다는 것이다. 즉, 기존 오프라인에서와 달리 여러 공급자의 제품을 조사하는 비용이 매우 낮다는 것이다.

둘째, 소비자들이 여러 제품을 비교하기가 어려울 때에는 여러 제품의 가격과 특장점을 비교 또는 탐색해주는 사이트가 있기 때문에 소비자들을 합리적인 구매를 할 수 있다는 것이다.

셋째, 인터넷 사업에서는 선점 효과가 중요하다는 것이다. 따라서 후발업체는 고객데이터베이스 확보와 인터넷 관련 고정투자에 따른 비용 부담 때문에 선발 업체에 비해 절대 불리하다는 것이다.

그러나 위의 주장은 다음과 같은 인터넷 사업의 특성을 간과하고 있다.

첫째, 온라인상의 구매에는 소비자에게 거래 비용을 적게 들 수 있으나, 여러 가지 리스크 요인이 상존하고 있다. 예를 들면, 대금 결제, 제품 품질, 반품, 개인 정보 유출 등 다양한 소비자 불안 요인들이 있다. 이러한 이유 때문에 소비자들은 생소한 온라인 사이트를 통한 구매를 꺼려할 수밖에 없다.

둘째, 온라인 사이트간의 차이는 쉽게 식별하기가 어려운 점이 있다. 실제, 온라인 쇼핑몰의 경우에 수많은 쇼핑몰이 우후죽순 격으로 생겨나고 있고, 이들 쇼핑몰들이 상호 매우 유사한 점이 많아 가격과 서비스 면에서 차별화가 용이하지 않다.

셋째, 소비자의 제품 품질 평가의 어려움을 들 수 있다. 온라인상으로는 소비자가 시각적 단서나 제품 정보 이외에는 제품 품질을 평가할 수 있는 단서가 없다. 그리고 시각적 단서로 아직까지는 실물에 비해 정보적 가치가 매우 떨어지는 것이 사실이다. 따라서 소비자들이 브랜드 또는 기타 단서에 의해 제품을 평가할 수밖에 없는데, 이는 온라인과 크게 다르지 않다.

넷째, 인터넷은 기업의 부정적인 이미지를 빠른 시간에 확산시킬 수 있다는 점에 유의해야 할 것이다. 대표적인 예로 몇 년 전에 발생했던 인텔의 에피소드를 들 수 있다. 어느 수학자가 인텔의 펜티엄칩에서 하자를 발견하고, 이를 게시판에 올린 사건이 있었다. 이 뉴스는 순식간에 게시판과 이메일을 통해 확산되었고, 수많은 고객들이 교환 또는 반품을 요구한 적이 있었다. 인텔은 초기에는 그 하자가 큰 문제가 되지 않는다고 대응했다가, 빗발치는 고객의 항의에 결국 사장이 공식적인 사과를 하지 않으면 안 되었던 예가 있었다. 이를 통해서, 우리는 네티즌들의 적극적인 참여로 이미지 관리가 더욱 어려워졌고, 중요해졌다는 점을 알 수 있다.

마지막으로, 인터넷 사업이 오프라인에 비해 가지는 우위요인으로 교차판매(cross-selling)를 전문가들이 지적하고 있다. 즉, 여러 가지 제품을 온라인상으로 동시에 판매할 수 있다는 것이다. 예를 들면, Amazon.com은 서적뿐만 아니라 CD 및 다양한 제품을 팔고 있다. 이는 브랜드 확장(brand extension)에 해당되는 것이다. 이러한 확장에는, 소비자의 브랜드에 대한 신뢰가 없이는 불가능할 것이다.

이상과 같이 브랜드는 온라인 사업에서도 여전히 중요하다고 할 수 있다. 실제, Gmarket은 후발업체임에도 불구하고, 선발 쇼핑몰보다 훨씬 더 좋은 판매 성과를 보이고 있는데, 이는 온라인상의 브랜드 중요성을 간접적으로 입증해 주는 것이라고 판단된다.

이와 같이 브랜드의 역할을 인터넷 사업에서도 오프라인 사업과 마찬가지로 중요하다. 그러나 경우에 따라서 브랜드의 역할이 인터넷 사업에서 더욱더 커질 수도 있다. 왜냐하면, 인터넷 사업은 오프라인 사업과 달리 상대적으로 진입장벽이 낮다. 따라서 수많은 인터넷 사업의 시장 진입이 가능하여 좀처럼 사업의 차별성을 부각시키기가 쉽지 않기 때문이다.

인터넷 사업에서의 브랜드의 특성

인터넷 사업에서 파워 브랜드를 구축하기 위해서는 인터넷 사업의 특성을 명확하게 이해할 필요가 있다. 구체적으로 다음과 같은 사항에 주목해야 할 것으로 판단된다.

첫째, 인터넷 사업에서는 기업 또는 브랜드 역할을 하는 도메인 이름의 중요성을 인식해야 한다. Korea.com이 55억 원에 거래되었고, 외국에서는 business.com이 무려 750만 불에 팔려 화제가 된 적이 있다. 실제, Gmarket은 도메인 이름이 최대 촉진 수단이라고 해도 과언이 아닐 것이다.

도메인 이름을 선정할 때, 우선 이름이 간결하고 기억하기 쉬운 이름으로 정할 필요가 있다. 네티즌들이 정확한 이름을 기억하지 못해도 짐작으로 찾을 수 있는 도메인 이름이 좋을 것이다. 특히, 배너 광고시에는 눈에 띄고, 사업의 특성을 초단기에 전달해 줄 수 있는 도메인 이름이 유리할 것이다. 이와 함께, 도메인 이름을 포털사이트에 등록할 시에는 검색어 선정과 검색시 웹 페이지 상에 나타나는 위치에도 유의해야 할 것이다.

둘째, 페이지 아이덴디티에도 유의할 필요가 있다. 고객들이 홈페이지를 방문하였을 때, 그 홈페이지의 디자인이 여타 사이트와 유사할 경우에는 고객들에게 강력한 이미지를 심어주기가 어려울 것이다. 따라서 인터넷 사업자는 로고나 페이지 디자인의 차별성 확보에 노력할 필요가 있다. 인터넷 사업자가 여러 사이트를 가지고 있는 경우에도 사이트간의 공통 아이덴디티나 디자인이 있는 것이 유리할 것이다.

셋째, 고객들을 실망시켜서는 안 된다. 사이트에 방문한 고객이 항해가 어렵다든지 정보가 충분하지 않다고 판단되면, 즉시 사이트를 떠나게 되고, 해당 사이트에 재방문할 가능성은 매우 낮을 것이다. 온라인 사업에서는 오프라인과 달리 고객들을 설득시키기가 거의 불가능하다고 여겨진다. 여기서, 인터넷 사업들이 주목해야 할 점은, 오프라인 사업에서의 브랜드 자산은 오랜 기간 동안의 지속적인 활동에 의해 형성되지만, 인터넷 사업에서는 순식간에 형성되는 경우가 많다는 점이다. 따라서 올바른 브랜드 이미지를 구축하기 위해서는 첫 페이지의 구성에 각별한 주의를 기울여야 할 뿐만 아니라, 유익한 정보나 항해의 용의성 및 즐거움 확보에도 노력해야 할 것이다.

〈그림〉 배너 광고 노출에서 구매까지

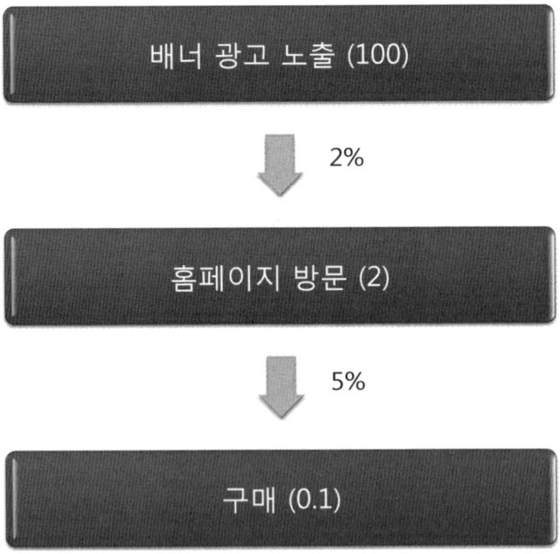

자료: W. Hanson (2000)

넷째, 기존 고객 관리에 승부를 걸어야 할 것이다. 인터넷 사업에서는 신규 고객 유치에 엄청난 비용이 든다. 〈그림〉에 나타났듯이, 배너 광고시 배너 광고에 노출된 네티즌의 0.1%만이 구매로 연결된다는 연구 결과에 주목할 필요가 있다. 따라서 홈페이지에 방문자나 기존 고객의 관리가 신규 고객유치보다 훨씬 효율적인 전략이 될 것이다.

인터넷 사업자들이 기존 고객이나 고객화 가능성이 높은 잠재 고객의 관리를 위해서 철저한 데이터베이스 마케팅을 전개할 필요가 있을 것이다. 구체적으로, 고객의 취향에 맞는 즉 퍼스널라이즈된(personalized) 정보 제공이나 제품 구색에 초점을 맞추어야 하는데, 이를 위해서는 개인별 홈페이지나 정기적인 전자우편 수단을 효과적으로 이용해야 할 것이다. 이와 함께, 게시판, 대화방 및 이벤트 사업 등을 통해 고객들 간의 교류를 활성화시키고, 종국에는 커뮤니티(community) 구축으로 이어지도록 노력해야 할 것이다.

이상의 내용에서, 본고는 인터넷 사업에서 브랜드의 역할은 일부 기술적 배경을 가진 전문가의 주장과는 달리 매우 중요하다는 점을 주장하였다. 이와 함께, 인터넷 사업자들의 브랜드 전략 구축에 유의해야 할 점을 지적하였다. 그러나 인터넷 사업에서의 브랜드 전략에 관한 가이드라인은 아직까지 학문적으로나 실무적으로 명확하지 않은 부분이 많다. 이는 인터넷 사업이 아직 미개척 분야이기 때문인데, 따라서 이에 관한 기업의 다소 모험적이고 탐구적인 노력이 절실히 요청된다고 보인다. 이러한 노력이 의외의 큰 성과로 이어질 수도 있다는 점을 우리는 인식할 필요가 있을 것이다.

8. 브랜드 세계화 역량

기업이 브랜드 세계화를 추진하기 위해서는 여러 가지 준비가 필요하다. 이에 관련된 여러 가지 전략적 요인들을 앞에서 자세히 살펴보았다. 그러나 아무리 훌륭한 전략이라고 해도 제대로 집행되지 않으면 브랜드 세계화를 달성할 수 없다. 즉 기업이 브랜드 세계화를 집행하기 위한 조직 역량을 확보하여야 한다는 것이다.

따라서 우리 기업들이 브랜드 세계화를 달성하기 위해서는 구체적으로 어떠한 기업 역량을 확보해야 하는지 종합적으로 살펴볼 필요가 있다. 필자는 모두 5개 요인의 역량이 필요하다고 주장한다. 5개 요인은 ① 기업 기반 자산, ② 시장 기반 자산, ③ 인적 자산, ④ 조직 역량, 그리고 ⑤ 글로벌 역량으로 나눠 살펴 볼 수 있다.

이러한 브랜드 세계화 역량 요인은 지수로 평가하여 기업의 역량을 점검할 수 있다.[10] 구체적인 내용은 아래에서 자세히 살펴본다.

① 기업 기반 자산

기업 기반 자산은 기업이 경쟁 기업에 비해 보유해야 하는 공급적인 측면에서의 자산이다. 즉 기업이 제품 및 서비스 생산과 관련된 것으로 고객에게 제공할 수 있는 경쟁 우위 이다. 구체적으로 기업은 기술적 우위, 글로벌 생산 네트워크, 규모의 경제, 특허, 글로벌 공급네트워크 및 IT 관련 자산이 확보되어 있어야 한다.

---

[10] 제 3부에서 한국 자동차 업체의 브랜드 세계화 역량을 독일 자동차 업체와 비교하여 평가된다.

〈 브랜드 세계화 역량 지수 〉

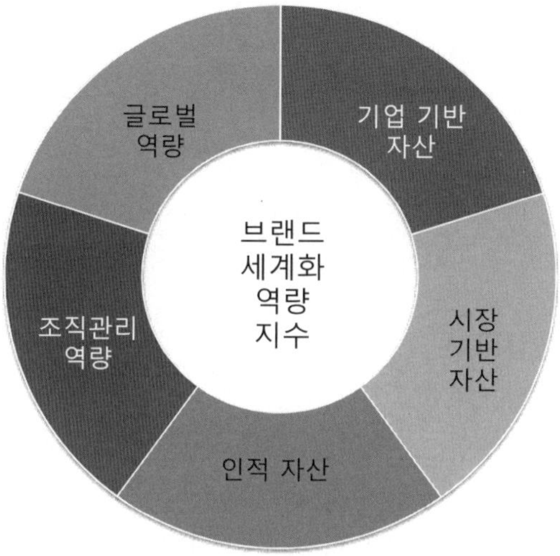

구체적인 필요 자산은 다음과 같이 정리할 수 있다.

제품

- 경쟁력 있는 상품과 서비스
- 외국의 규격에 맞는 상품과 서비스
- 제품과 서비스의 특허권
- 모방될 수 없는 기술력

생산 시설

- 여러 국가에 걸친 생산 시설의 보유
- 대규모 생산 시설의 보유
- 생산물량 조절 가능한 생산 시설
- 다품종 소량생산이 가능 시설

- 정시배달 가능한 시설

공급

- 부품과 자재의 해외 구입
- 부품과 자재의 정시 배달
- 부품과 자재의 가격
- 부품과 자재의 품질

정보 시스템

- 전자문서 교환정보 시스템
- 글로벌 정보시스템
- 해외 시장을 위한 시스템

② 시장 기반 자산

시장 기반 자산은 기업이 고객에게 제공할 수 있는 가치를 창출할 수 있는 내부 역량보다는 시장에서 형성되어 있는 경쟁 우위 요인을 의미한다. 여기에는 소비자 관련 자산과 시장에서 형성되어 있는 파트너 네트워크 관련 자산이 있을 수 있다. 소비자 관련 자산은 기업과 브랜드의 명성과 기존 고객 기반을 의미하며, 시장 파트너 관련 자산은 해외 유통업자나 서비스업체와의 네트워크 및 관계로 평가 될 수 있다. 구체적인 항목은 다음과 같다.

소비자 자산

- 잘 알려진 브랜드 인지도
- 우호적인 브랜드 인지도
- 많은 기업/ 브랜드 광고투자

- 다양한 최종소비자
- 최종소비자의 만족도
- 최종소비자의 충성도

파트너 자산

- 해외 유통업자 확보
- 해외 유통업자와의 협력관계
- 해외 서비스 공급업체 확보
- 해외 서비스업체와의 협력관계

③ 인적 자산

브랜드 세계화를 추진하기 위해서 기업은 브랜드 세계화를 집행할 인적 자산을 확보해야 할 것이다. 특히 전문성과 글로벌성을 구비한 인력이 필요하다. 이러한 인력을 확보하기 위해서는 기업은 인력 채용, 개발 및 평가에 관한 시스템을 갖추어야 한다. 구체적으로 필요한 인력은 다음과 같다.

- 마케팅/브랜드 전문 인력
- 해외근무 경력을 보유한 인력
- 외국어 능력을 갖춘 인력
- 외국 국적 인력 - 현지 근무 및 본사 근무 외국인 인력

④ 조직 관리 역량

기업이 브랜드 세계화를 효율적으로 집행하기 위해서는 인적 자산과 함께 조직 관리 역량이 확보되어야 할 것이다. 구체적으로 다

음과 같은 조직 관리 역량이 필요한 것으로 보인다.

조직 구조

- 브랜드 세계화를 효율적으로 집행할 수 있는 조직 구조로서, 본사 및 현지 브랜드 전문 조직, 본사 브랜드관리위원회, 그리고 기업 조직과 브랜드/마케팅 담당 부서와의 관계에 관한 구조적 시스템이 구축되어야 한다.

정보 시스템 관리

- 시장 정보 및 브랜드 성과 관련 정보의 수집, 분석, 부서간 흐름, 그리고 활용에 관련된 업무를 효율적으로 관리할 수 있는 역량이 확보되어야 한다.

관리 시스템

- 브랜드 세계화 관련 업무를 처리하고 보고하는 과정적 역량이 확보되어 한다.

기업 문화

- 기업의 브랜드 미션, 경영 철학과 더불어 업무 처리 방식이 브랜드 세계화에 적절해야 할 것이다. 특히 기업은 기업 문화의 글로벌과 시장 지향성이 동시에 확보되어야 하는데, 이에 관한 구체적인 항목은 제 3부에서 언급된다.

본 · 지사 관계

- 브랜드 세계화 추진에 필요하고 적절한 본 · 지사 관계가 설정되어야 한다. 구체적으로 의사 결정 권한의 현지 위임 정도의 적정성에 관한 평가가 있어야 한다. 이와 관련하여 기업은 권한의 집중화-분산화 정도를 분석하고 그의 적절성 여부를 평가해야 할 것이다. 이에 관한 구체적인 항목도 제 3부에서

언급된다.

인적 자원 관리

- 위에서 언급한 브랜드 세계화 인력을 효율적으로 관리할 수 있는 역량도 확보되어야 할 것이다. 구체적으로 기업은 인력의 국적, 해외 파견 근무 정책, 본사 파견 인력 및 외국 국적 인력의 관리에 관한 시스템이 구축되어야 한다. 이에 관한 구체적인 항목도 제 3부에서 언급된다.

⑤ 글로벌 역량

브랜드 세계화를 추진하기 위해 필요한 마지막 역량 요인은 기업이 글로벌 마케팅을 수행할 수 있는 역량이다. 글로벌 마케팅을 효율적으로 수행하기 위해서 우선 현지 마케팅 역량과 함께 국가 간 글로벌 조정과 통합 역량이 확보되어야 할 것이다.

구체적인 역량으로 현지 및 글로벌 마케팅 역량에는 현지 시장을 모니터링을 할 수 있는 역량, 마케팅 믹스 프로그램을 기획·집행할 수 있는 역량, 해외 파트너를 관리할 수 있는 역량, 전략을 기획·집행할 수 있는 역량, 그리고 해외 시장 변화에 효율적으로 대처할 수 있는 역량 등이 필요하다. 주요 역량 및 세부 요인들이 아래에서 정리되어 있다.

〈현지 마케팅 수행 역량〉

Scanning Capabilities

- 경쟁사에 대한 모니터링
- 고객욕구에 대한 모니터링

- 고객만족도의 측정

Marketing Mix Capabilities

- 욕구에 맞는 제품과 서비스의 개발
- 제품과 서비스의 가격결정
- 제품과 서비스의 촉진활동
- 제품과 서비스의 유통

Relationship Capabilities

- 현지 유통업체 선발 및 관리
- 현지 파트너와의 전략적 협력
- 고객서비스 및 지원
- 고객관계 관리

Strategic Capabilities

- 제품의 포지셔닝
- 진입 방식의 선정

Flexibility Capabilities

- 영업환경 변화에 대한 대처
- 경쟁업체 전략변화 대처
- 고객욕구 변화에 대한 대처
- 위협에 대한 대처
- 기회에 대한 대처

〈글로벌 조정 및 통합 역량〉

Scanning Capabilities

- 국제적인 경쟁사 모니터링

- 국제적인 고객욕구 모니터링
- 시장조사활동에 관한 조정
- 환경변화에 대한 모니터링
- 국제적인 제품선호도 모니터링

Marketing Mix Capabilities

- 가격의 국가간 조정
- 제품의 국가간 조정
- 촉진 및 광고의 국가간 조정
- 국가간 로지스틱스

Relationship Capabilities

- 제휴파트너의 국제적 관리
- 해외 유통협력업체의 관리
- 해외고객의 국제적 관리
- 고객서비스 및 지원활동 조정

Strategic Capabilities

- 시장 진입시의 조정
- 제품 포지셔닝 관리 및 조정

Flexibility Capabilities

- 영업환경 변화에 대한 대처
- 경쟁업체 전략변화 대처
- 고객욕구 변화에 대한 대처
- 글로벌 위협에 대한 대처
- 글로벌 기회에 대한 대처

이상에서 언급한 브랜드 세계화 역량 요인들의 상호 관계 및 성과에 미치는 요인은 〈그림〉과 같이 정리될 수 있다. 기업이 확보한 자산과 역량이 성과에 미치는 영향은 시장 환경과 기업의 특성에 따라 달라짐을 이해해야 할 것이다. 바꿔서 말하면, 기업의 브랜드 세계화 역량은 시장 환경에 적합하고 기업의 특성에 적절하여야만 성과로 이어진다는 이야기이다.

〈그림〉 브랜드 세계화 역량 모델 (©Han/Homburg/Krohmer 2002)

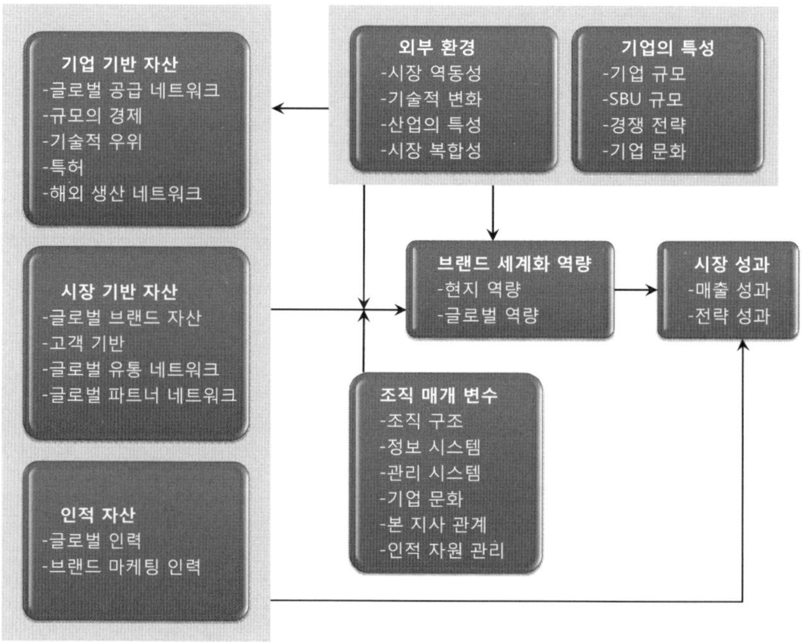

제2부
한국 기업의 브랜드 세계화 사례

제 2부에서는 앞에서 논의된 브랜드 세계화를 위한 전략과 역량 개발을 위해 노력하고 있는 한국 기업의 사례를 소개한다. 본서에서는 특정 기업의 브랜드 세계화 사례의 전체 내용을 소개하는 것이 아니고, 주요 주제별로 기업 사례를 논의한다. 따라서 독자들은 주요 주제별로 다양한 기업의 대응 전략을 알 수 있어 좀 더 폭넓고 종합적인 지식을 습득할 수 있을 것으로 기대된다. 특히 제 1부에서 논의되었던 내용들을 중심으로 브랜드 세계화를 위해 필요한 전략적 과제와 역량 요인들 중에서 중요하다고 판단되는 주제들이 제 2부에서 논의된다.

제 2부에서 소개되는 사례는 반드시 성공 사례가 아니다. 그러나 필자가 의도하는 것은 특정 브랜드 세계화를 위한 전략적 과제에 대해 기업이 어떻게 인식하고 있으며, 특정 문제에 대해 기업이 어떠한 의사결정을 하였고, 어떠한 요인들을 고려하였는지를 소개하는 것이다. 구체적으로 제 2부에서 모두 15개의 기업 사례가 다양한 주제별로 논의된다. 아래의 15개 사례와 함께 기타 주요 기업들의 사례도 부분적으로 소개된다.

- **삼성전자 LCD패널**-일본
- **삼성전자 LCD TV**-중국
- **삼성전자 휴대폰**-유럽
- **HJC 홍진크라운**-미국/유럽
- **두산 경월소주**-일본
- **LG전자**-중국
- **현대자동차**-중국
- **팬택앤큐리텔**-일본
- **아이디스**-미국
- **진로 소주**-일본
- **LG전자**-영국
- **SK ZIC**-중국
- **NC소프트**-일본
- **이마트**-중국
- **미스터피자**-중국

1. 브랜드 정체성 = 핵심 경쟁우위

브랜드 세계화를 위해 가장 우선적으로 기업이 결정해야 하는 과제는 브랜드 정체성이다. 브랜드가 가지는 가치와 차별성을 정체성으로 표현해야 하는 것이다. 즉 기업이 가지고 있는 핵심 경쟁우위 요인이 바로 브랜드 정체성이 되는 것이다.

앞에서 논의한 바와 같이, 우리 기업이 해외 시장에 성공하기 위해서 우선 기업이 보유하고 있는 핵심 경쟁우위 요인을 파악하는 것이 가장 우선되는 과제일 것이다. 경쟁 기업으로 차별화되는 독점적 우위 요인을 확보하고 이를 해외 시장에 이전하지 않으면 성공을 장담하기 어려운 것이 사실이다. 모국에서 경쟁우위 요인을 이전하지 않고 현지에서 새로운 경쟁우위 요인을 창출해야 할 필요성이 있는 상황이 발생하지만, 이런 경우에는 기업에게 새로운 비용 부담이 발생하여 현지 시장 성공을 보장받기가 쉽지 않은 경우가 많다.

우리 기업이 가지고 있는 경쟁우위는 한국 기업이기 때문에 발생하는 경우도 허다하다. 한 예로 중국에 진출한 이마트 사례에서 찾을 수 있다. 그러나 핵심 경쟁우위는 한국 기업의 구조적 요인도 있지만 개별 기업의 근원적인 경쟁력에서 출발한다고 보아야 할 것이다.

이마트 중국 시장 사례

이마트 관계자의 말에 따르면 한국의 이미지가 중국에서 강점으로 작용하였다고 한다. 이마트의 경쟁 기업인 월마트는 중국인 직원들에게 영어 이름을 지어주고 영어 이름이 적힌 명찰을 달고 일하게 하고 있고, 카르푸는 유통업계 최강 기업으로서 많은 현지 기업들의 견제의 대상이 되고 있는 반면에, 이마트는 같은 동양 문화권 기업으로서 이미지면에서 유리한 입장에 있었다고 한다. 여기에다 한류의 혜택도 적지 않게 받았다고 한다. 한류는 비단 드라마나 가수들의 중국 진출에만 영향을 준 것이 아니다. 삼성이나 LG같은 한국 기업에 대해서는 소개하지 않아도 잘 알고 있고, 심지어 제품에 한글 표기를 넣어 한국 상품인 척 하여 판매하려는 중국 상품이 있을 정도로 한류는 한국 기업과 한국 제품에 긍정적으로 작용했다. 이에 이마트는 한국 식품을 파는 '한국관' 등을 매장 내에 설치함으로써, 이 효과를 극대화하고자 하였다. 또 '중국에서 만들어진 중국 물건을 파는 중국 기업'이라는 슬로건의 노출로 '한국 기업이지만 중국 사회 경제 발전에 이바지한다'는 이미지를 강조하는 전략을 사용하였다. 이러한 이미지 제고의 노력으로 진출 도시 내의 고객들에게 '친근한 기업'으로 각인되었다는 평가를 얻었다고 자체적으로 평가하고 있다.

여기에다 이마트는 한국 인력이 한국적인 '전투 정신'이 현지에서 긍정적으로 작용하였다고 한다. 중국 초기에 파견된 한국 인력은 후발업체의 어려움을 한국인 정신으로 극복하고자 경쟁 기업보다 열심히 일하고 중국 시장을 이해하려고 노력한 것이 이마트의 초기 정착에 큰 도움이 되었다고 증언하고 있다.

한류 그리고 한국인 정신만으로는 현지 시장에 경쟁력을 확보할 수 없다. 경쟁력이 있는 제품과 서비스가 뒷받침되어야 하는 것이다. 이마트 관계자는 다음과 같이 이마트의 경쟁우위 요인을 평가하고 있다.

"할인유통업체의 경쟁력은 결국은 가격경쟁력이다. 이마트는 중국 시장 진출에 있어 엄청난 자금력을 가지고 있는 글로벌 업체인 월마트나 카르프와 경쟁해야만 했다. 이들의 경쟁우위가 가격경쟁력이라는 분석 하에, 이러한 글로벌 기업과 차별화되기 위하여 이마트는 중고가 전략을 사용하여 중국 시장에 진출하였다. 경쟁사보다 조금 더 비싸지만, 그만큼 질 높은 고급서비스를 제공하는 데에 초점을 맞춘 전략이었다. 하지만 첫 점포를 운영하면서, 결국 중국인들이 할인점에서 추구하는 것은 '낮은 가격'이라는 사실을 통감했다. 중국인들의 소비는 점점 고급화·다원화 되었지만, 이는 더 아늑한 서비스를 즐기기 위해 같은 물건을 비싼 가격에 구매하는 것을 의미하지는 않는 것이다. 이 사실은 2005년 이마트가 컨설팅을 의뢰한 맥킨지의 보고서에도 잘 나타나 있다. 현재 이마트는 이 전략을 받아들여 경쟁 기업이 상대적으로 소홀한 매장내의 고급스러운 분위기와 서비스를 유지하면서, 대부분의 상품을 최대한 낮은 가격으로 제공하는 저 가격 전략을 사용하고 있다. 가격과 품질을 꼼꼼히 비교하는 중국 중산층 소비자를 끌어들이기 위해 매장 내 고급화된 서비스를 유지하면서 신선 및 가공 식품을 중심으로 싼 가격과 높은 품질의 상품을 제공하는 것이다."

이마트는 후발업체로서 다음과 같은 어려움을 피력하고 있다.

"국내에서 이마트의 핵심 역량은 입지 선정에서 출발했다. 하드웨어적인 강점은 핵심 상권 내 입지를 다수 확보함으로써 규모의 경제를 실현하고 여기에 소프트웨어적인 부분이 보완되면서 극대화되는 경향을 보여 왔다. 이에 반해 중국에서는 주로 시 외곽 주거지역 및 신흥 상권 주변 등으로 국내와 비교할 때 외곽으로 밀려나온 듯한 인상을 준다. 한국 시장에서의 국내 업체와의 목 좋은 점포 선점 싸움에서 밀린 후, 유동 인구가 적은 외곽 지역에만 진출한 결과 부진한 성과를 보였던 월마트의 사례는 시사하는 바가 크다. 국내와는 다른 법률적, 입지 내 상권형태 등 고려해야 할 제약 요소들이 많음에도 불구하고 결국은 입지에서 성패의 절반 이상이 가려진다는 것을 감안할 때 소극적인 행보로는 한계가 있을 수밖에 없다.

한국 시장에서 이마트는 자체 설정한 98개의 타겟 마켓 중 65군데에서 상권 내 최초로 출점했다. 이것은 이마트의 시장 선점에 있어 결정적인 역할을 했다고 판단된다. 중국에서도 비슷하다고 볼 수 있다. 중국 시장에서의 향후 전략을 서남부로의 진출로 설정한 이마트의 판단은 적절한 것으로 보인다. 문제는 그 판단이 선점마켓의 형태로 실현될 수 있느냐 하는 것이다. 까르푸, 월마트도 아직까지는 중국 동부 연안에 그 역량을 집중하고 있는 형국이다."

이마트는 후발업체로서의 경쟁열위 요인을 극복하기 위해서 여러 가지 노력을 경주하여 왔다. 우선 대규모 투자를 통한 현지 물류센터 설립과 다점포화를 통해 규모의 경제 실현을 통해 가격경쟁력을 확보하고자 노력하여 왔다. 이와 함께, 이마트는 국내에서 습득한 머천다이징 역량과 구매력 등 핵심 우위 요소들을 중국 시장에서 구현하고자 이를 위한 인적 자원 확보에 노력하여 왔다. 이를 위해 특화된 교육시스템 및 본사와의 유기적인 인적 교류 확대 등의 노력이 필요한 것으로 인식하고 있었다. 동시에 현지 제조 법인을 설립하고, 이를 자체 PB상품의 소싱 기지로 활용함으로써 관세 장벽을 극복하고 수익성을 제고하고자 하는 논의가 되고 있었다.

이마트는 경쟁이 치열한 동부 해안 지역에서 벗어나 상대적으로 경쟁이 적은 서부 지역으로의 진출이 필요하다고 인식하고 있었다. 중국내 새로운 거점 확보와 해당 지역에서의 선점 효과를 기대할 수 있다는 것이다. 이는 이미 중국 시장에 대한 학습이 어느 정도 이루어져 있는 이마트에게는 효과적인 전략이 될 수도 있을 것이다.

한국 기업들이 해외 시장에서 갖는 경쟁우위는 현지 시장 여건의 변화에 따라 달라질 수도 있다. LG전자의 경우 중국 시장의 초기 성공에도 불구하고 경쟁 구도의 변화에 따라 경쟁우위 확보에 어려움을 겪었던 점은 우리 기업에게 유익한 시사점이 될 수 있다. LG전자의 중국 시장에서의 사례를 구체적으로 살펴보자.

LG전자 휘센 중국 에어컨 시장 사례

LG전자도 주력 제품인 휘센 에어컨도 경쟁우위 확보에 어려움을 겪고 전략적 변신을 시도한 바가 있다. 세계 에어컨 시장 점유율 1위 업체인 LG전자는 2000년대 중반부터 중국에서 위상이 크게 흔들리기 시작했다. 특히 2005년도에는 에어컨의 시장점유율은 무려 절반이나 급감, 상위 10위권 수준의 중소 브랜드로 전락하는 어려움을 겪었다.

시장조사 전문기관 GFK에 따르면 중국 내 65개 도시의 소매 에어컨 유통 시장을 대상으로 제조사별 판매실적을 조사한 결과 LG전자의 시장점유율(PAC기준)은 2004년과 2005년 사이에 7~8% 수준에서 4~5% 수준으로 떨어지고 순위도 크게 낮아져 5위권 밖으로 전락하였다. 단일 시장으로서는 세계 최대 에어컨 시장인 중국은 지속적인 공급 확대로 2000년 중반부터 공급과잉 사태를 겪기 시작했다.

이렇듯 중국이 에어컨 공급과잉 사태를 겪으면서 중국 현지 업체의 가격 공세는 더욱 격화되고 있었다. 게다가 중국 유통 특성상 현지 업체의 채널 장악력 또한 상대적으로 우위에 있는 것이 사실이다. 따라서 LG전자 에어컨의 시장점유율 감소는 이러한 중국 현지 업체의 저가(低價) 물량 공세에 큰 타격을 받은 것으로 볼 수 있다. 그러나 현재 기업 내부에서는 중국 시장 에어컨 마케팅의 전략 변경(프리미엄 전략)에서 오는 일시적인 시장점유율의 부진이라고 진단하고, 이를 극복하기 위해 2006년부터 차별화된 제품을 출시하는 동시에 대리상의 적극적인 개발을 추진하는 전략을 수립 · 추진중에 있다.

시장 형성 초기인 80년대 초반에는 마쓰시다, 히타치, 샤프 등 일본 브랜드가 주류를 이루었으나, 88년 중국 현지 업체들이 에어컨 생산을 시작하면서부터 상황이 바뀌기 시작했다. 현재 중국에는 모두 약 400여개의 에어컨 업체가 있으며, 그 중 20여개는 외자 기업이다. 중국 에어컨 시장은 하이얼(海尔), 메이디(美的), 거리(格力) 등 중국 토종업체가 주도하고 있으며, 이들 3개사가 시장의 40%를, 그 외에 합자(외자) 회사가 15%를 차지하고 있다. LG전자가 외자회사 중에 높은 점유율(외자회사 가운데 M/S 1위)을 차지하고 있다.

LG전자 등 국내 업체들이 중국 에어컨 시장에서 판매 부진을 보인 것과 달리 저가물량 공세를 펼치는 중국 로컬기업 시장점유율은 급속히 상승했다. 중국 현지 상위 브랜드 海尔, 美的, 格力의 경우 2005년에는 에어컨 시장점유율(PAC기준)은 40%를 돌파하였다. 또한 중소 브랜드까지 포함할 경우 중국 로컬기업 에어컨 시장점유율은 75% 수준까지 상승하였다는 것이다.

LG전자는 초기에는 마쓰시다, 샤프 등으로 대표되는 일본 브랜드 보다는 기본적으로 현지 브랜드와의 경쟁이었다. 일본 기업들은 90년대 중반부터 고소득층을 대상으로 프리미엄 전략을 펼치고 있었기 때문에 표적 고객층이 LG전자와는 차이가 있었다. 따라서 직접적인 경쟁업체라고 보기는 어려웠다.

그러나 LG전자가 프리미엄 전략으로 선회하면서 일본 브랜드와의 치열한 경쟁이 불가피하게 되었다.

LG전자의 당시 전략 변화를 구체적으로 살펴보자.

우선 LG전자는 상대적으로 높은 기술력을 보유한 절전, 공기정화, 난방 기능 등을 바탕으로 제품 고급화를 시도하는 것이었다. 당시 LG전자 중국지주회사 사장은 "최근 들어 중국 업체들이 공세가 커지고 있지만 전방위적인 마케팅 활동을 통해 고급형 제품의 매출 비중을 60%로 끌어올려 수익성을 극대화할 계획"이라고 언급한 바가 있다.

유통에 있어 현지업체에 비해 상대적으로 경쟁력이 약한 LG전자는 최근 중국 내 LG 브랜드 매장을 2000개로 늘리고, 베이징에 고급형 제품만을 전시하는 디지털 체험관을 개설하였다. 지역적으로 LG전자는 프리미엄 제품의 표적 시장을 상대적으로 LG브랜드가 잘 알려지고 구매력이 높은 1, 2급 도시를 중심으로 설정하고 공략하는 전략을 추진하였다.

삼성전자도 중국 시장에서 2009년 상반기에 LG전자와 같은 어려움을 겪기 시작한 것으로 알려지고 있다. 이는 역량이 크게 향상된 중국 토종 기업의 저가 공세 때문인 것으로 파악되고 있다. 다음은 조선일보 2009년 5월 25일에 보도된 내용을 수정한 것이다.

삼성전자 중국 시장 사례

세계 LCD TV 시장 1위 업체인 삼성전자가 2009년 1분기에 중국 시장에서 LCD TV 부문에서 점유율이 9위로 추락한 것으로 보도되고 있다. 삼성전자는 작년 상반기만 해도 중국 시장에서 매출액 1위를 차지했으나, 글로벌 경기침체가 불어온 지난해 11월 이후 매출액과 판매량이 급락하기 시작했다.

시장조사기관 디스플레이서치 조사에 따르면 2009년 1분기 중국 LCD TV 시장에서 중국 토종기업인 하이센스는 94만대를 팔아 매출액 5억9236만달러로 판매 대수와 매출액 모두 1위를 차지했다. 하이센스 · 스카이워쓰 · TCL · 콩카 등 중국 현지 기업들이 각각 시장점유율 1~4위를 차지하였고, 삼성전자(9위 · 매출액기준)와 LG전자(8위), 일본의 소니(7위)와 샤프(5위)는 하위권으로 떨어졌다.

이 같은 삼성전자의 추락은 중국 기업들의 대대적인 '저가(低價)' 공세 영향이 큰 것으로 평가되고 있다. 중국 업체들은 2009년 초부터 중국 정부의 '가전하향(家電下鄕 · 농촌 지역 거주자가 저가의 가전제품을 구입할 때 13%의 보조금을 지급하는 제도)' 정책을 등에 업고 32인치 이하의 중소형 LCD TV를 2000위안 미만의 염가로 팔기 시작했다.

삼성전자 고위 관계자는 "중국 로컬 기업과 저가 경쟁에 나설 경우 팔면 팔수록 적자가 나는 상황"이라며 "당분간 40인치 이상 대형 LCD TV의 프리미엄 제품에 치중할 계획"이라고 말했다. 그 결과 삼성전자의 매출은 1년 전과 비교해 절반 이하로 줄었다. 삼성전자 관계자는 "시장 상황을 보면서 올 10월쯤으로 예상되는 중국 정부의 가전하향 제품 추가 선정 때 저가품의 참여 여부를 다시 판단하겠다"고 말했다.

기업의 핵심 역량은 자체적으로 개발하여야 지속적인 시장 성공이 가능하다. 그러나 기업은 핵심 경쟁우위의 일부를 전략적 제휴를 통해 확보할 수도 있다. 이러한 전략은 상대적으로 세계화 역량이 부족한 중소기업에게 유익한 전략이 될 수 있다. 홍진크라운과 아이디스의 사례를 통해 전략적 제휴가 경쟁우위 확보에 도움이 될 수 있다는 것을 알 수 있다.

전략적 제휴를 통한 핵심 역량 확보

홍진크라운 HJC

HJC는 디자인 역량을 확보하기 위해 아웃소싱하는 대표적인 사례이다. 오토바이 헬멧은 몸체 못지않게 디자인이 매우 중요한 특성을 가지고 있다. 특히 제품의 98%를 외국으로 수출하는 홍진크라운에게는 현지 소비자들이 선호하는 그래픽 디자인이 매우 중요하다.

HJC는 디자인 역량 확보를 위해 외국 디자인업체를 적극적으로 활용하여 왔다. 다만 본사의 통제도 일정 부분 필요할 것으로 생각하여 해외 그래픽 디자인 업체들이 시안을 제시해오면 디스트리뷰터들을 통해 수집한 현지 정보를 바탕으로 최종 선택은 한국 본사의 디자이너들이 하도록 하고 있다.

아이디스

아이디스는 국내 시장점유율 35%로 1위, 2006년 기준으로 세계 시장 점유율 15%로 1위를 달성한 기업이다. 아이디스는 세계 시장에서 성공하기 위한 핵심 역량으로 기술력과 유통력이 필요하다고 인식하고 있었다. 따라서 아이디스의 브랜드 세계화 전략의 핵심은 세계 최고 수준의 기술력을 바탕으로 한 제품 전략과 전략적 파트너십을 통한 유통력 확보이었다.

아이디스의 미국 시장에서의 전략은, 지속적인 R&D를 통해 기술경쟁우위의 제품을 개발하는 것에 핵심 역량을 집중하고, 유통은 미국내 DVR 선두업체와 파트너십을 통하여 최종 구매자에게 공급한다는 전략이다. 이는 회사가 가장 자신이 있는 분야인 기술 개발에 집중하고, 유통은 보다 전문화된 미국의 DVR Vendor 및 Installer에 맡겨, 아이디스 자체의 힘만으로는 극복하기 어려운 광대한 미국 시장의 유통을 확보하기 위한 것이었다. 이 점이 미국 시장에서의 성공에 있어 가장 핵심적 요인이라고 회사측은 밝히고 있다.

2. 브랜드 포지셔닝

브랜드 세계화의 또 다른 성공 요인은 성공적인 포지셔닝 전략에 있다. 기업이 포지셔닝을 선정하기 위해서는 STP 즉, 적절한 시장 세분화(segmentation), 타켓팅(targeting)과 포지셔닝(positioning)의 뒷받침이 있어야 한다. 우리 기업의 STP전략의 좋은 예로 우선 삼성전자 휴대폰의 유럽 시장 사례를 들 수 있다.

이 사례를 통해 삼성전자가 노키아의 아성인 유럽 시장에서 어떠한 방식으로 기존 경쟁 제품과 차별화되는 포지셔닝을 확보할 수 있게 되었는가를 알 수 있다.

삼성전자 핸드폰 블루블랙폰 유럽시장 사례

삼성전자의 블루블랙폰 D500은 기존 모델인 E800처럼 슬라이드 타입으로 디자인 되었는데 E800에 없었던 블루투스 기능, 이메일 전송기능을 추가했으며 당시 트렌드로 떠오르고 있던 메가 픽셀 카메라를 탑재한 모델이다. 경쟁사들은 D500보다 한발 앞서 메가 픽셀 카메라폰을 출시하여 삼성은 상대적으로 후발주자의 입장에 놓여 있었다. 그렇기 때문에 D500을 어떻게 포지셔닝할 것인가가 중요한 문제가 되었다.

[표]는 메가 픽셀 카메라폰 시장에서 D500과 경쟁제품들을 비교한 것이다. D500이 출시될 당시 메가 픽셀 카메라폰 시장은 도입 단계였기 때문에 각 제품의 특징이 대동소이했다. 휴대폰 사업부에서는 각 경쟁 제품의 특징을 연구하다가 D500이 기본 메모리 용량에서 경쟁 우위를 가지고 있음을 인지했다.

〈표〉 D500과 경쟁제품들의 사양 분석

	D500	GX30	7610	T5100	V1000	S65	S700
디자인							
무게	99g	110g	118g	110g	91g	98g	137g
display	262K TFT (176 X 220)	262 CGS (240 X 320)	65K TFT (175 X 208)	262K TFT (176 X 220)	262K TFT (240 X 320)	65K TFT (132 X 176)	262K TFT (240 X 320)
카메라	1.3M Pixel	1M Pixel	1M Pixel	1.3M Pixel	1.2M Pixel	1.3M Pixel	1.3M Pixel
비디오	MPEG 4	400kb video	MPEG 4	Video Playback	MPEG 4	MPEG 4	Video Playback
블루투스	O	O	O	X	O	O	O
메모리	128MB	6MB	6MB	N/A	N/A	11MB	N/A
오디오	MP3/AAC	MP3	MP3/AAC	X	MP3	X	MP3
기타	E-mail, usb	E-mail, SD memory	E-mail, usb Symbian Movie edit	Duel color Rotating display	UMTS E-mail	E-mail MMC Card	Memory Stick Duo Card
제조사	Samsung	Sharp	Nokia	LG	Motorola	Siemens	Sony Ericssion

출처 : 삼성전자

삼성 전자는 반도체 사업 부문을 갖추고 있었기 때문에 경쟁 업체들에 비해 더 많은 용량의 메모리를 제공할 수 있었다. 경쟁업체들은 메가 픽셀 카메라가 시장의 트렌드가 될 것을 확신하면서 이를 탑재한 모델을 빨리 출시해 시장을 선점하는데 초점을 맞추었다. 반면에 기존의 휴대폰 시장에서 중요하지 않았던 메모리에 대한 고려를 하지 못한 측면도 있다. 용량이 큰 고화질의 사진 파일을 저장하기 위해서는 내장 메모리의 크기가 중요하다는 점을 간과한 것이다. D500은 이런 우위를 인지하고 high-end 제품으로서의 마케팅을 전개하게 된다.

경쟁사 메가 픽셀 폰의 포지셔닝은 크게 두 가지로 나눌 수 있었다. 첫 번째는 "fun & young"을 컨셉으로 패션분야에 포지셔닝한 핸드폰들로 소니의 S700과 Siemens사 S65가 이에 해당한다. 두 번째는 화질의 우월성을 강조하며 기능적 측면을 부각한 핸드폰들인데 Nokia의 7610과 LG의 T5100을 들 수 있다. 그 외의 메가 픽셀 폰들은 이렇다 할 포지셔닝이 이뤄지지 않고 있는 상황이었다.

〈그림〉 메가 픽셀 카메라폰의 포지셔닝

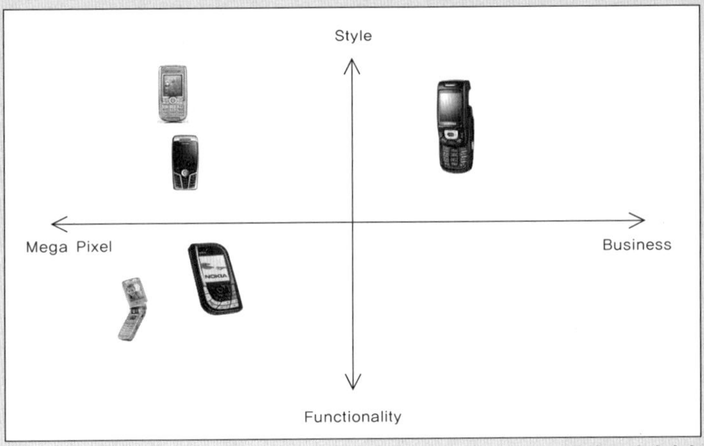

출처 : 삼성전자

이러한 상황에서 삼성이 주목한 것은 비즈니스 폰 시장이었다. 메가 픽셀 폰이 핸드폰 시장의 트렌드로 주목받고 있음에도 불구하고 비즈니스 폰 영역에 포지셔닝 한 경쟁제품이 없었다. 그렇기 때문에 삼성은 전체 메가 픽셀 폰 시장에서는 후발주자일지 몰라도, 비즈니스 폰 영역에서 최초로 메가 픽셀 폰을 출시함으로써 새롭게 생길 세분 시장을 선점할 수 있을 것이라 예상했다. 또한 비즈니스 폰 시장에서는 전통적으로 기능성을 강조하고 있었으며 비즈니스 폰은 PDA의 대용품 정도의 개념으로 판매되었다. 그렇기 때문에 삼성은 비즈니스 폰 분야에 패션의 개념을 도입하여 D500을 소개하기로 결정하였다. D500은 비즈니스 폰 분야에서 기본적으로 갖춰야 할 블루투스 기능, 이메일 기능 또한 갖추었기 때문에 충분한 가능성이 있다고 판단한 것이다.

D500의 색상은 세련된 느낌을 주는 블루블랙으로 선택하였다. 당시 핸드폰은 그레이 혹은 실버라는 인식이 있었기 때문에 핸드폰에 검정색을 사용한다는 자체가 파격적이었다. 패션 분야에서도 블랙이 당시 유행 색상으로 떠오르고 있었기 때문에 D500의 색상선택은 적절했다고 할 수 있다. D500은 이 색상 선택으로 블루블랙폰이라고 불리게 된다.

삼성전자의 블루블랙폰의 사례와 유사한 것으로 이마트의 중국 시장 사례를 들 수 있다. 이마트도 후발업체로서 중국 시장에 성공적으로 진입하고, 선두업체인 카르푸와 월마트와 차별화하기 위해 어떠한 STP 전략을 선택했는지 자세히 살펴 볼 필요가 있다.

이마트 중국 시장 사례

중국 고객의 특성

경제발전과 동시에 기본적인 배고픔 문제가 해결되자 중국 소비자들은 소비에 있어 상품의 양보다는 질을 추구하게 되었다. 고급식품, 건강식품, 무공해식품 등이 인기를 끌고 있으며 기호식품의 소비 역시 급증하고 있는 것이다. 이는 식품에만 국한된 현상이 아니다. 의복, 주택관련 상품, 전자제품 등 중국인의 전반적인 소비패턴에 고급화·다양화의 바람이 불고 있다. 이러한 변화를 고려함과 동시에, 중국 소비자의 전통적인 구매행동 특징 두 가지를 파악해야 한다. 그 첫째는 '신뢰신드롬'이다. 중국사회는 근현대사적 배경에 기인한 '저신뢰사회'의 특성을 가지고 있고, 이러한 중국인의 특성을 감안한다면 '믿고 구매할 수 있는' 제품을 만드는, 즉 신뢰할 수 있는 브랜드 가치를 쌓아나가는 일이 중차대한 과업이라고 할 수 있다. 두 번째 특징은 바로 '다양성신드롬'이다. 전형적인 다민족·다문화 국가로서 중국인들은 다양한 것에 익숙하고 친숙하다. 작은 음식점의 메뉴판에도 수십·수백 가지의 메뉴가 적혀있는 것도 이와 관련된 현상이다.

중국 소비자 segmentation

이마트 자체에서는 대형할인점 소비자의 유형을 크게 서비스 지향적인 쇼핑가족, 트렌디 싱글, 신선도 및 가치중시 고객, 신중한 보수주의자, 순수 알뜰 구매자 등의 다섯 개의 그룹으로 분류하고 있었다.

유형 1: **서비스 지향적 쇼핑가족**

자녀가 있는 중간 · 고소득층 가정.
하이퍼마켓 쇼핑을 가족이벤트로 인식함.
비식품군을 많이 구매함.

유형 2: **트렌디 싱글**

젊은 미혼의 쇼핑고객으로 트렌디한 성향을 지님.
독특한 상품을 선호하고 쇼핑경험을 즐김

유형 3: **신중한 보수주의자**

위험을 피하는 성숙된 소비자로 신뢰도, 서비스, 상품 품질 등을 추구함.
비식료품 품목에서 하이퍼마켓에 대해 신뢰도가 낮음.

유형 4: **순수 알뜰 구매자**

최저소득층 소비자로 가격에만 신경을 씀.
현금이 불충분하기 때문에 소액구매를 함.

유형 5: **신선도 및 가치 중시 고객**

하이퍼마켓을 대형슈퍼마켓처럼 여김.

가격과 신선도에 민감.

모든 것을 원함

포지셔닝 전략 - 고급화

이마트는 고급화 전략을 가격보다는 고객 편의 서비스로 정의하였다. 월마트에서도, 까르푸에서도, 이마트에서도 파는 똑같은 저렴한 상품을 이마트에서는 조금 더 고급스러운 분위기에서 살 수 있게 한다는 것이다. 내부 자재며 디자인의 고급스러움은 물론이고, 기존의 창고형 매대 진열 방식을 개선하여 140cm 정도로 눈높이를 낮춘 백화점식 매대를 설치하였다. 또 그렇게 함으로써 넓어진 매장에서 헤매는 일이 없도록 상품 매대 번호를 입구에 비치하여 고객 편의를 도모했다. 또한 한국에서 이미 검증된 시스템(단품관리 시스템, 자체바코드 부착 및 POS)을 도입하여 경쟁사와 차별화 된 서비스를 제공했다.

뿐만 아니라 상해라는 지역 특성상 신흥 고급 소비층이 많으므로, 이들을 대상으로 한 차별화 전략의 일환으로 최첨단 고급 디지털 가전제품과 유기농, 무공해 야채 매장 등의 고급 제품도 함께 구비하였다.

차별화 확보

또, 창고형 매대의 판매자 위주 매장 구성을 고수하고 있는 까르푸와 달리 한국과 같은 백화점식 할인매장 개념을 도입해 소비자 중심의 인테리어를 하였고, 까르푸보다 빨리 초기에 자체바코드를 제작하고 POS를 도입하여 신속한 계산 서비스를 제공하여 큰 호응을 얻었다. 이러한 전략은, 비록 월마트와 까르푸가 전 세계에서 해외 경험을 축적한 거대 기업이지만, 이마트도 이들과 경쟁하며 한국 유통시장을 재패하는 과정에서 축적한 지식을 바탕으로 한 것이었다.

이마트가 중국 시장에서 고급화를 통해 차별화하려고 했던 STP 전략과 유사한 사례로서 미스터피자 중국 시장 사례를 들 수 있다. 미스터피자도 후발업체로서 기존 피자 프랜차이즈와의 차별화를 고급화 전략으로 접근한 사례이다.

미스터피자 중국 시장 사례

타겟팅

1) 북부 연해 경제권에 거주하고, 교육 수준이 높으며, 월수입 3000위엔 이상의 고소득층.
2) 여피족 성향을 띤 20대 중후반에서 30대 후반.
   여피족의 특성 : 유행에 민감하고 새로운 것에 대해 거부감이 없이 받아들이지만, 시간이 지남에 따라 기호가 쉽게 변화할 수 있다는 것이 단점임.

포지셔닝

1) '수타 피자'임을 내세워 고가 프리미엄 피자라는 인식을 심어주며, 이에 맞는 세련된 매장 분위기를 추구함으로써 고객으로 하여금 '고급스러운 외식문화'라는 인식을 갖도록 한다.
2) 냉동생지를 이용하여 팬피자를 만드는 피자헛과 도미노피자와 달리, 주문과 동시에 손으로 직접 만들고, 스크린을 이용해 기름기를 뺐다는 것을 강조함으로써 맛은 물론 건강에 좋다는 인식을 심어준다.

반면에 중국 시장에서 고급화 대신에 중간가격대 시장인 value segment에 포지셔닝하여 진출하고자 한 기업들도 많다. 대표적인 예로 오리온 초코파이, 메디슨 소형 초음파진단기, 한국타이어, 금호타이어 등이 있다. 이들 기업과 유사한 사례로 SK네트웍스의 윤활유 브랜드인 ZIC를 소개한다.

ZIC 중국 시장 사례 - 선진국과 유사한 제품을 영업력에 의존 Push 판매

중국 시장의 특성 - 윤활유 시장

중국의 윤활유 전체 수요는 2000년대 중반 기준으로 한해 약 500만 톤으로 미국에 이어 세계 2위에 해당한다. 그 중 20%는 해외 메이저들이 장악하고 있는 고급시장이고 나머지 80%는 저가의 중국 기업들의 제품이 점유하고 있었다. ZIC는 중국 시장에서 진출 후 매년 2-30% 정도 성장하고 있으며, 판매지역은 동북3성에서 시작하여 중국 중남부 지방으로 확대하고 있었다.

윤활유는 품질에 따라 고급, 중급, 저급 3단계로 나눠볼 수 있는데 점유비중을 10%, 30%, 60%로 분류할 수 있다. 중국에서 현재 차량증가가 매년 300만 대에 달하며, 5000~7000km 주행 시 윤활유 교환하도록 하고 있으므로 윤활유 수요는 지속 상승하고 있는 상황이다.

한국은 지형이 좁아 단일한 제품이 판매되고 있지만 중국은 땅이 넓어서 기후 차이가 크고, 차량의 사용 연수 또한 다양하기 때문에 이에 따른 제품 현지화가 필요하여 다양한 기후와 차종에 적합한 제품 개발에 주력하였다. 또한 한국 사람들은 철 용기를 선호하는 반면, 중국 사람들은 플라스틱 용기를 선호하고, 철 용기는 싸구려 제품으로 인식하고 있다. 따라서 이미 형성된 소비자의 기호에 맞는 제품을 출시하는 것이 중요했다.[11]

---

[11] ZIC가 진출하여 큰 성공을 거둔 러시아의 경우 -고급윤활유 수입시장 MS 3위- 러시아의 추운 기후적 특성을 고려 해 초고점도 지수 기유 기술을 이용하여 러시아 소비자들이 선호하는 저온 시동성 강화 제품을 개발, 제품 현지화에 성공하였다.

중국 윤활유 시장은 8:2 정도가 push 시장이다. 윤활유 제품의 구매자와 최종소비자는 거의 동일하지 않다. 대부분의 고객들은 수리점이나 카센터의 직원의 권유로 인하여 제품을 선택하기 때문에 유통에 물량을 확보하는 것이 중요하다. 따라서 대부분의 회사들이 유통망 확보에 주력하고 있었다.

저가의 자동차를 사용하는 고객, 택시 운전자들은 저가의 윤활유를 찾고, 고급차를 운전하는 사람들, 자가운전자들 중 자동차에 관심을 가지고 있는 사람들은 고급 윤활유를 찾고 있는 추세이었다. 현재 중국은 높은 경제 성장률과 함께 자가운전자들이 늘어남에 따라 자동차에 대한 관심이 더욱 늘고 있으며 점점 고급화 되고 있다. 또한 중국 소비자는 자국 제품 품질에 의심을 가지고 있고 외국에서 수입된 상품을 선호하는 경향이 있었다.

포지셔닝 전략

중국의 윤활유 시장의 20%는 해외 메이저들이 장악하고 있는 고급시장이다. ZIC는 메이저 제품과 비교하여 품질에는 자신이 있었으나, 후발 주자로서 인지도가 낮았다. 이를 극복하기 위해 1선에 있는 메이저 제품의 90~95%의 가격으로 제품을 판매하였다. 또한, 중국의 윤활유 시장이 push마켓인 특성상, TV광고보다는 유통 즉, 카센터 등의 점포들이 ZIC 제품을 취급하게 하는 전략을 사용했다. 현재 ZIC가 판매 대상으로 하고 있는 타켓은 중·대형 수리점으로 이미 메이저 제품들이 자리를 차지하고 있어 수십억 수백억이 들인 대형 광고를 한다고 해도 현재 유통시장에 ZIC가 깔려있지 않아 한국처럼 어디서나 ZIC를 살 수 있는 상황이 아니기 때문에 큰 성과가 없다. 이런 이유로 유통이 ZIC를 취급하게 하는 방법을 사용하기 위해서 유통을 상대로 영업력에 의존하여 push하는 전략을 사용하였다.

한국 기업이 해외 시장에서 흔히 직면하는 문제는 국내보다 시장 경쟁 강도가 훨씬 높다는 것이다. 국내에서 선도 기업이라고 하여도 해외 시장에서는 국내보다 훨씬 경쟁력이 높은 기업과 경쟁해야 하고, 경쟁 기업의 수도 훨씬 많은 것이 일반적인 상황이다.

이러한 현상은 선진국에서 더욱 더 두드러지게 나타나는 현상이다. 국내 시장에서 독점적 시장 지위을 가지고 있는 현대자동차도 미국 시장에서 시장 점유율이 최근 5%을 넘어선 후발업체에 불과하다. 따라서 상당수의 우리 기업들이 해외 시장에서 중소기업형 후발업체 전략을 채택하고, 틈새 시장을 겨냥하는 브랜드로 포지서닝해야 하는 경우가 많다. 소위 niche 브랜드로 성공한 대표적인 사례로 팬택앤큐리텔의 일본 시장 사례를 살펴 볼 필요가 있다.

팬택앤큐리텔 일본 시장 사례 - niche 브랜드

일본의 특성 - 성숙시장 / 노인층 시장

2006년 기준으로 일본의 휴대폰 보급률은 90% 수준이다. 휴대폰을 많이 쓰는 편이 아닌 노인이나 아동층을 고려하면 거의 포화 상태라고 할 수 있다. 하지만 포화 상태라는 의미를 뒤집어 봤을 때, 이는 새로운 이용자의 확보가 필요한 상태를 반증한다. 그렇기 때문에 현재 이동통신사들은 그다지 휴대폰을 많이 사용하지 않는 노인과 아이들에게 주목하고 있다. 노인용 휴대폰은 2001년 NTT 도코모에서 내놓은 "Tu-Ka"가 큰 관심을 끌면서 소위 "elder 계층"에 대한 관심이 증폭되었고, 팬택앤큐리텔의 "A1406PT" 제품 역시 이러한 "elder 계층"을 겨냥하여 기획, 제작되었다.

제품 컨셉 - 간단핸드폰

"A1406PT"는 팬텍앤큐리텔 제품으로는 두 번째 CDMA 1X 단말기로, 「간단 휴대폰」이라고 이름이 붙여지고 있으며, 메인 화면 하부에 원터치 키를 3

개 갖추고 있으며, 숫자 키패드는 큰 형상을 채택하여 누르기 쉽게 디자인되어 있다. 크기가 약 51×98×20mm의 상쾌한 보디 사이즈이며, 135만 화소 카메라를 장비하는 것 외에 꺾어 접은 상태로 전면의 키를 이용하면 최대 약 96데시벨의 경보음을 울리는 방범 버저 기능, 적외선 통신 기능, 원격 자동 잠금 등을 이용할 수 있다.

〈그림〉에서 볼 수 있듯이 꼭 필요한 기능만 간단, 편리하게 고안되었음을 알 수 있다. 너무나 일반적인 보디 형상 때문에, 이전 모델인 A1405PT 이상으로 해외 단말기 제품이라고 쉽게 생각되지 않는 모델이다.

제품의 특징은 얇은 20mm, 상쾌한 외관, 누르기 쉬운 숫자 패드, 보기 쉬운 메뉴 구성 등으로 대표되는 간편한 사용법에 있으며, 이 때문에 「간단 휴대폰」이라는 이미지 설정이 가능했다. 또한 기능면에서도 편리함 위주로 구성되어 있다. 구체적인 예로, 메일 수신의 폴더 배분으로 지정할 수 있는 조건이 메일 주소만이서, 메일과 통화만을 요구하는 사람이 사용하기에 적당한 기종이라 할 수 있을 것이다.

〈그림〉

	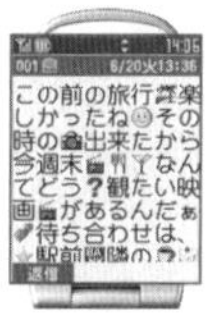	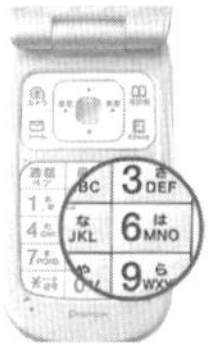
Simple 한 모델 전경	최대 210 문자 수 가능	편리한 Key Pad

원터치 키를 통한 통화편의	2.4인치 대형 액정 화면	방범 부저 (호신용)

포지셔닝 전략

팬택앤큐리텔은 우선 기존 사업자와의 제품 프로모션 전략 모델을 차별화하였다. 기존 사업자들이 다수의 모델을 출시하여 고객들에게 다양한 기호에 맞추려고 하는 경향이 있었다. 그러나 팬택앤큐리텔은 오히려 연간 "1종 특화 라인업"이라는 전략 모델을 통하여 초기 일본시장 진출에 있어 생산 공정에 투입되는 비용을 최소화하며, 단일 품종에 대한 집중화된 마케팅을 실시하는 전략을 시도하였다.

또한, 제품 기획에 있어서도 기존에 이미 출시되어 있는 단말기 등의 장점 등을 조합하여 (원터치 키, 대화면, 큰 글자, 볼륨 키패드, 스마트 모드, 방범 부저, 휴대성, 고급스러움) 표적 고객에 최적화된 사양으로 기획, 개발하였다.

제품 기획에서 우선시되었던 부분은 불필요한 기능 제거와 함께 과다 사양을 지양하는 것이었으며, 최대한 "간단 휴대폰"이라는 컨셉에 최적화된 제품을 개발, 생산하는 것이었다.

이러한 "1종 특화 라인업"과 "간단 휴대폰"이라는 제품 기획 컨셉은 현지 기호와 잘 부합하여 현지에서의 폭발적인 반응을 이끌어냈다.

표적 고객

팬택앤큐리텔은 앞에서 언급한 대로 전체 시장인 senior, elder, junior 중에서 정확도 높은 시장 경험 데이터에 근거해 elder 층만을 집중 공략하는 STP

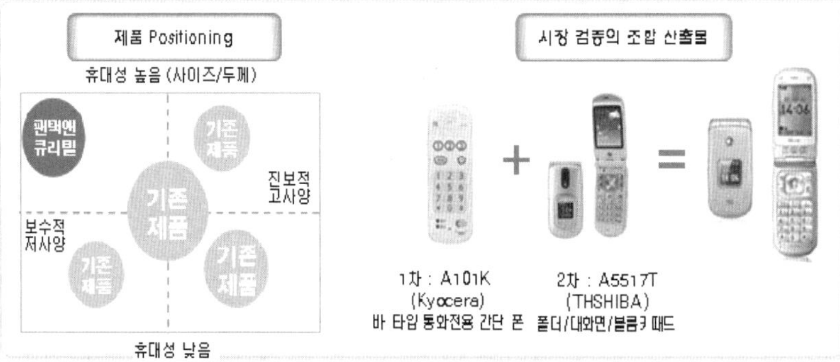

전략을 사용하였다. 또한 소비자 니즈에 따라 시장을 발굴하여 제품을 공급하였으며, 특히 elder 층에 맞는 프로모션(경노의 날 등)을 적절히 이용하여 소비자의 수요를 충족시켰다.

전략적 제휴

현지 파트너 측면에서 팬택앤큐리텔은 KDDI au 상호 필요에 의한 전략적 제휴는 일본 마케팅에서의 성공의 중요한 요소로 작용되었다. 팬택앤큐리텔은 핵심 성공요인으로 철저한 제품 현지화 전략에 초점이 맞추어졌으며, 이러한 전략에 가장 선행되어야 하는 전제 조건으로 현지 기업과의 전략적 제휴가 필요하다고 판단한 것이었다.

KDDI au 역시 제휴 당시 "간단휴대폰"서비스에 대한 고객 니즈가 증가하고 있음을 인식하고 있었으며, KDDI au와 독점적 관계를 유지하며 마케팅을 전개할 수 있는 파트너를 찾고 있었다. 이는 일본 시장에 진출하고자 하는 팬택앤큐리텔의 전략과도 잘 부합되어 공동의 시너지 창출을 통한 전략적 제휴가 가능하게 되었던 것이다.

KDDI au에서 팬택앤큐리텔을 선정한 배경을 살펴보면, 팬택앤큐리텔은 CDMA 분야에 있어 높은 기술을 보유하고 있으며, KDDI au 와의 제휴 체결 당시인 2005년 8월에는 국내 스카이텔레텍 인수를 통하여 외적 성장과 함께 국내 시장에서의 위상 강화를 계획하고 있었다. 반면에 KDDI는 일본내에서는 KDDI만을 위한 CDMA 방식의 "간단휴대폰"서비스 업체을 선정하는 데에 어려움을 격고 있었던 상황에서, 대규모 투자와 함께 KDDI au 만을 위한 CDMA 방식 휴대폰 서비스 제휴를 제안한 팬택앤큐리텔을 최종 선정하게 되었던 것이다.

제휴 당시 양사가 합의한 내용은 살펴보면,

• 일본내 제품개발센터 설치

－가장 중요한 고객의 수요, 문화 등이 한국과 큰 차이를 보여, 일본 내에

서의 R&D센터 설립을 통한 제품의 현지화가 필수적인 것으로 인식

- KDDI au 와의 현지 개발에 있어 역할
  - KDDI au : 현지 시장 조사 및 제품 기획, 디자인 등을 위한 제품 현지화 전략 제시
  - 팬택앤큐리텔: CDMA 방식의 선진 기술 및 관련 단말기 기능 및 응용 프로그램 개발
- R&D(일본), 생산(한국)의 분리
  - 현지 생산 공장 설립에 대한 비용 및 위험요소를 줄이기 위해 국내 외주업체를 통해 생산
  - 향후 추가 제품개발 계획 및 시장 진출 상황에 따라 엄격한 품질관리를 위해 국내 자체 생산라인 활용 계획

현지 제품 브루슈어

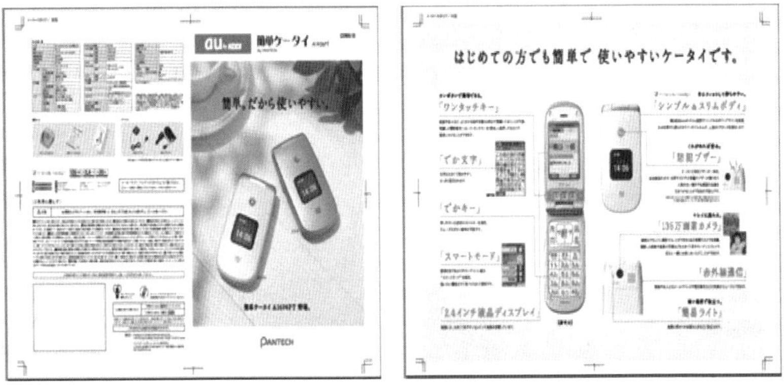

3. 브랜드 세계화를 위한 제품 전략

기업이 브랜드 세계화를 달성하기 위해서는 우선 경쟁력이 있는 제품을 확보해야 하는 것은 너무 자명한 일이다. 그러면 제품경쟁력을 어떻게 확보할 수 있는가? 앞에서 언급했지만 크게 두 가지 방법이 있을 수 있다. 첫 번째는 현지 시장 진출 전에 경쟁력이 있는 제품을 보유하고 있고 이를 현지에 이전하는 방법이고, 두 번째는 현지에서 새롭게 제품 개발을 하는 방법일 것이다.

두 번째의 방법은 첫 번째 방법에 비해 추가적인 비용이 발생한다는 사실을 우리는 명심해야 할 것이다. 현지에서 새로운 인력을 확보하고, 새로운 시장 조사를 하고, 새로운 제품 개발 노력을 전개함에 따라 발생하는 비용을 기업은 부담해야 할 것이다. 게다가 현지에서 새롭게 개발하는 제품이 아직 그 성공 가능성을 타 시장에서 검증받았지 않았기 때문에 성공 여부를 확신할 수 없는 문제도 있다.

따라서 기업은 시장 진입 초기에는 제품 경쟁력 확보를 현지에서 구할 것이 아니라 우선 기존 시장에서 찾아서 이를 현지에 이전하는 방법으로, 즉 제품 표준화 방식으로 접근할 필요가 있다. 그러나 이 방식은 제품이 현지 시장 여건에 적절하지 못하는 경우가 발생할 수 있다. 그러므로 기업은 제품 표준화를 추진하되, 제품의 현지 적절성을 확보하기 위해 제품 현지화도 동시에 추진할 필요가 있다.

글로벌 기업들은 이 문제를 “global core and local tailoring” 방

식으로 접근하고 있는데, 이와 관련된 자세한 내용은 앞에서 언급된 바가 있다. 즉 제품의 핵심 기능과 가치는 해외에서 이전하되, 제품의 작동성을 위해 주변부는 현지화를 한다는 전략이다. 여기서 주목할 점은 제품 core가 경쟁력이 있어야 한다는 것이고, 주변부로 승부한다는 전략은 아니라는 점이다. 즉 제품 core로 현지에 고객가치를 제공하고 주변부로 고객가치를 추가한다는 의미이다. 이와 관련된 몇 가지 사례들을 살펴 볼 필요가 있다.

우선 두산의 소주 브랜드인 경월의 일본 시장 사례를 살펴보면, 경월이 "global core and local tailoring"을 어떤 방식으로 달성할 수 있었는지 알 수 있다.

경월소주 일본 시장 사례 - global core and local tailoring

일본에서 판매하고 있는 경월소주는 우리나라 소주와 달리 단 맛이 나지 않는다. 일본 소비자들은 소주를 보통 물이나 차, 쥬스 등에 섞어 마시는 것이 일반적이기 때문에 한국과는 달리 단맛을 내는 성분은 넣지 않고 있는 것이다. 하지만 모든 제조는 한국내의 제조 시설을 통해 생산하고 있으며 설악산 천연수 등 표준화된 원료를 사용하고 있다. 다시 말해 제조 기술과 원료는 표준화를 지향하고 소주의 기본 맛은 유지하되, 당도는 현지화를 지향한다고 할 수 있다. 뒤에서 자세히 언급되겠지만 경월은 브랜드 전략면에서 한국적 정체성을 강조하는 등 핵심적인 전략 부분에는 표준화에 의존하는 방식을 채택하고 있다.

경월과 유사한 전략은 NC소프트의 일본 시장 사례에서도 찾을 수 있다. NC소프트는 사용 환경이 다르고 경쟁이 치열한 일본 시장이지만 제품의 core를 유지해야만 경쟁력이 있다고 판단하고 제품 표준화를 추진하여 왔다.

NC소프트 일본 시장 사례 - 제품 표준화 / 현지 delivery

NC소프트의 리니지는 공성전(성을 바탕으로 싸우는) 기반의 그래픽 머드게임으로 전략 시뮬레이션 게임의 경쟁 구도와 롤플레잉(Role-Playing) 게임의 자아성장 개념을 적절히 조화시켜 실감나는 가상현실을 구현하는 온라인 게임이다. 리니지는 국내와 대만에서 크게 성공한 게임이다. 따라서 NC소프트는 일본 현지에서 차별적인 경쟁우위를 확보하기 위해서는 국내외에서 성공하였던 프로그램을 과감히 이전할 수밖에 없었다. 물론 NC소프트는 일본어 번역과 함께 디자인 설계는 현지에 적합하도록 수정하였다. 그러나 NC소프트의 현지화 정도는 시장 진입 초기에는 상대적으로 낮은 수준에 그치고 있었다.

경월소주와 NC소프트와 매우 유사한 사례는 미스터피자의 중국 사례에서 찾아 볼 수 있다. 미스터피자가 한국에서 성공적이었던 제품과 서비스를 현지에 과감하게 이전하고자 하였던 점에 주목할 필요가 있다. 그럼에도 불구하고 미스터피자는 제품과 서비스의 현지 전달 즉 delivery에는 현지화를 꾀하였던 점도 아래에서 언급된다.

미스터피자 중국 시장 사례 - 제품 표준화

미스터피자는 피자의 차별화된 맛을 중국에 이전하기 위해 메뉴, 서비스, 제품 컨셉 등 거의 모든 부분에서 표준화를 실행하고, 브랜드 가치에 손상을 주지 않는 내에서 부분적인 현지화를 꾀하였다.

제품 표준화

미스터피자는 국내에서 사용하는 메뉴와 레시피를 중국에서도 그대로 사용하였다. 100% 손으로 만들고 석쇠로 구운 피자, 미스터피자만의 노하우로 맛의 차별화를 시도하였으며, 팬에 기름을 두르고 굽는 팬 피자가 아닌, 스크린 망을 통해 기름기를 뺀 스크린 피자도 국내 레시피 그대로 적용하였다. 중국인들이 기름기가 많은 미국식 피자에 입맛이 길들여져 있음에도 미스터피자는 담백한 수타 피자와 스크린피자라는 고유의 제품 컨셉트를 고수하였다. 중국 고객들이 기름기가 많은 피자에 대한 거부감이 아직 많지 않지만 향후 1~2년내로 웰빙 바람을 타고 미스터피자의 담백한 맛을 선호하게 될 것이라고 생각했기 때문이었다.

또한 국내와 마찬가지로 중국내 매장에서 고객들이 주문하자마자 만들기 시작하는 '오더 메이드(order-made)' 방식을 도입하여 수타 피자의 차별화된 맛을 즐길 수 있도록 했다. 오더 메이드 방식이란, 피자의 신선도를 유지하기 위해 미리 만들어 놓은 도우나 냉동도우를 사용하지 않고 반죽부터 완성될 때까지 주문 후 즉시 만들어 내는 시스템을 말한다.

서비스 표준화

서비스 부분에서는 주방을 개방시켜 손으로 도우를 만드는 과정부터 완제품이 나오는 제조 과정을 누구나 볼 수 있게 하여 고객에게 음식 청결에 대한 신뢰를 제공할 수 있을 뿐만 아니라 호기심과 색다른 체험의 기회를 부여할 수 있도록 했다. 또한 고객 만족을 위해서 고객과 눈높이 맞추는 서비스를 표방하여 서버(웨이터/웨이트리스)가 무릎을 꿇고 친절히 메뉴를 설명해 주고 선택에 도움을 줄 수 있게 하였다.

여성을 위한 피자 - 컨셉 표준화

중국 미스터피자의 브랜드 컨셉은 한국에서 했던 것과 매우 비슷한 양상으로 진전되고 있다. 초기에는 '수타 피자'임을 적극적으로 내세우다가 어느 정도 북경 내에서 미스터피자의 인지도가 상승되었다는 판단 아래, 한국에서와 마찬가지로 'love for women'이라는 슬로건을 내세우고 있는 것이다. 피자를 먹는 고객의 상당수가 여성 고객이며, 특히 여성의 경우 다이어트와 웰빙에 관심이 많아 '여성을 위한 피자'를 메뉴·마케팅 컨셉트로 하는 것은 매우 효과가 있을 것으로 판단한 것이다.

현지화하는 부분

중국에서는 혼자서 식사를 하는 고객들이 많아 이들 고객을 위해 중국 미스터피자의 메뉴판에는 small, regular, large size 세 종류의 피자를 제공한 점이 한국과 다른 점이다. 이와 함께, 남성 서버의 비율이 한국에 비해 높은 편

인데, 이는 남녀가 평등하게 일하는 분위기가 조성되어 있기 때문이다. 한국에서는 대체로 여성이 서비스 하는 것을 선호하는 풍토이나 중국은 그렇지 않은 문화적 차이를 보이는 것이다.

기타 현지화된 부분은 중국 외식업소에는 한 명씩 치안을 담당하는 직원이 있다는 것이다. 붉은 색 완장을 찬 이들이 하는 일은 손님들의 지갑이나 귀중품 도난에 주의를 주는 일과 다툼이 생길 시 해결사 역할을 하는 것이다. 또한 한국과는 달리 중국에서는 배달서비스 시 오토바이 배달과 함께 공해가 없는 자전거로도 배달을 하고 있다는 점이 색다르다.

LG전자는 전통적으로 현지화를 통해 브랜드 세계화를 추진하는 경향을 보여 왔다. LG전자의 현지화 전략의 중심에는 제품개발 기능을 현지로 이전하여 현지 R&D를 통해 제품 현지화를 꾀하는 것이다. 이와 같은 전략은 LG전자 휘센의 중국 시장 사례에서 찾을 수 있다.

LG전자 휘센 중국 시장 사례 - 현지 R&D를 통한 제품 현지화

LG전자는 중국 시장 진출에서 성공하기 위한 핵심적인 전략 중 하나로 중국 시장에서 히트할 수 있는 제품을 출시하고 조기에 판매 기반을 구축하고자 하였다. 제품 개발에서 가장 중점을 둔 요소는 '현지 환경에 대응하는 제품'을 개발하는 것이었다. 이는 LG전자가 중국 시장 진출 초기에 중국 시장을 너무 쉽게 생각하고 한국에서 2~3년 전에 개발된 제품을 판매하려고 했다가 시행착오를 겪은 경험에서 비롯된 것이다. LG전자가 1996년에 에어컨 시장에 진출할 당시 중국은 패키지형 에어컨(PAC) 제품이 가정에 진입 되는 시기였다. 그러나 LG제품이 중국의 환경에 적합하지 않은 면이 많았기 때문에 중국진출 초기의 판매 실적은 매우 저조하였다.

중국은 냉방 능력 뿐 아니라 난방 능력도 구비하여야 하는데, LG제품은 한국 시장에 맞게 개발되어 난방 능력이 없어 중국인의 관심을 끌 수 없었다. 또한 중국은 가옥 구조가 10평 정도이므로 에어컨이 일반적으로 머리맡 바로 위에 설치되거나 벽에 설치되기 때문에 소음이 크면 안 되는 환경이었으나, LG전자는 진출 초기에 이를 간과하였던 것이었다.

결국 LG전자는 이러한 실패를 통하여 치열한 중국 시장에서 성공하기 위해서는 세계 최고의 제품을 개발하여야 하고 중국의 환경에 적합하고 중국 소비자 정서에 맞는 제품을 생산하고 판매해야 한다는 점을 인식한 것이다. LG전자는 이러한 점을 고려, 중국에 맞는 제품을 먼저 개발하고 신제품도 중국에서 먼저 출시하였다.

LG전자는 또한 중국산 저가 제품과의 가격 경쟁이 아닌 고성능, 특화형 제품 개발을 통한 경쟁력을 확보하는 전략을 추진하기 시작한 것이다. 지역, 계절에 따른 기후 특성과 주택의 난방 시설의 미비 등의 현지의 환경에 적합한 제품으로 외관이 세련되면서 사용이 편리하고 사계절 사용이 가능한 에어컨을 개발하는 등 다양한 제품을 출시하여 소비자의 선택폭을 넓혔다.

에어컨 시장의 경쟁이 심화되면서 바뀌는 제품의 트렌드에 상응하는 소형화된 모델뿐만 아니라 기능도 건강·절전(전력이 부족한 중국 현지 상황에 적합) 등의 다기능을 제공하고 있고, 생활수준 향상에 따라 디자인도 중시되기 시작했다. 또한 황사나 사스에 대비하여 공기정화 기능을 강화한 제품을 출시하여 LG전자는 소비자들의 관심을 유도하였다.

제품 현지화의 필요성은 현지 소비자의 기술적 역량이 다를 때 발생하기도 한다. 해외 소비자들이 한국 기업의 IT 제품에 대해 익숙하지 못한 경우가 많고, 제품 사용 환경이 다른 것도 많다. 따라서 기업은 제품이 현지에서 누구에 의해 사용되고 어떠한 환경 속에서 사용되는지를 면밀히 분석할 필요가 있다. 앞에서 언급한 아이디스 사례에서도 유사한 상황이 발생하였다.

아이디스 제품 현지화

아이디스는 DVR 제품으로 국내 시장점유율 35%로 1위, 2006년 기준으로 세계 시장 점유율 15%로 1위를 달성한 기업이다. 이러한 성공을 뒷받침한 아이디스 핵심 역량은 기술력으로 평가되고 있다. 그러나 아이디스는 DVR제품의 해외 사용 환경이 국내와 달라 제품을 해외 환경에 맞춰 현지화를 할 수밖에 없었다.

국내시장은 PC기반의 DVR[12] 제품이 주를 이루고 있지만, 미국 보안장비 유통업체들은 Stand-alone 방식[13]의 제품을 요구하고 있었다. 그 이유는 미국 경비원들은 대부분 중졸이하 흑인들인데, 이들은 PC 마우스 더블클릭도 못하는 수준이다. 이 때문에, 아무리 뛰어난 성능의 PC기반 제품이라도 이들에겐 무용지물이었다. 따라서 미국 시장을 타겟으로 아주 간편한 조작으로 DVR을 다룰 수 있는 Stand Alone 타입과 GUI[14]에 초점을 맞춰 제품을 개발할 수밖에 없었다.

기업이 해외 시장에서 제품 현지화를 추진하기 위해서는 현지

---

12) PC Based DVR: 윈도우를 OS로 사용하고, 부가기능이 많으며, 복잡한 소프트웨어 방식이기 때문에 조작 편의성이 떨어짐.

13) Stand Alone DVR: PC Based DVR보다는 단순하나, 필수적인 기능이 있으며, 간편한 하드웨어 방식의 조작방식을 보이고 있어 조작이 용이함.

14) GUI(graphical user interface): 사용자가 컴퓨터와 정보를 교환할 때, 그래픽을 통해 작업할 수 있는 환경을 말함.

기업보다 배전의 노력이 필요한 경우가 많다. 그 이유는 기업들이 현지 환경에 친숙하지 않기 때문에 현지 기업에게 당연한 지식도 부단한 노력이 없이는 확보하기가 어려운 경우가 많다. 이마트는 현지화를 위해 어떠한 노력을 경주하였는지 사례에 잘 나타나 있다.

이마트 중국 시장 사례 - 제품 현지화 노력

이마트는 현지화를 위해 중국인들의 특성을 철저히 분석했다. 심지어 근처에 있는 까르푸 매장에서 중국인들이 무엇을 사들고 나오는지 그 봉투 속까지 열심히 훔쳐보며 중국인들이 좋아하는 것, 구매 습관 등을 분석했다. 우선 판매 품목부터 중국인들이 좋아하는 것들을 고려하여 갖추었다.

중국인들은 전통적으로 단 것을 좋아한다. 특히 상해지역은 우리나라로 치자면 강정과 비슷한 전통 과자들이 발달해온 지역으로 상해를 방문하는 관광객들은 물론 현지인들도 과자를 매우 좋아한다. 이를 고려하여 식품 판매에서 과자류의 비중을 강화하였는데, 현재 전체 식품 매출 중 10% 이상을 차지하고 있을 정도로 인기가 좋다.

또한 중국은 아직 물류 등 제반 여건이 좋지 않기 때문에 신선한 채소나 과일, 수산물의 공급이 좋지 않다. 이에 착안하여 이마트는 물류비가 조금 비싸게 들더라도 신선한 채소와 과일, 수산물을 직접 공급하는 직영 체제를 운영하여 신선도에 대한 중국인들의 욕구를 충족시켰다. 또 중국인들의 호기심을 자극하는 전략도 세웠다. 각 진열대마다 매일 2~3개씩 신상품을 구비하고, 시연 판매나 시식 코너를 운영하여 호기심 많은 중국인들의 구매를 유도하고자 하였다.

4. 브랜딩 전략

브랜드 전략의 출발은 브랜드의 정체성을 명확히 하고 브랜드에 담겨줘야 하는 가치를 결정하는 작업에서 이루어진다. 브랜드의 정체성은 브랜드가 가지는 경쟁우위 요인, 브랜드의 비전과 포지셔닝 등 전략적 요인에 의해 결정되어야 할 것이다. 따라서 현지 시장에서는 기업이 결정한 브랜드 정체성을 현지에서 어떻게 표현할 것인가를 결정하는 것이 현지 브랜딩 전략의 핵심 과제가 될 것이다. 현대자동차의 사례에서는 현대자동차의 브랜드 세계화 비전과 함께 중국 현지에서의 브랜드 전략에 관한 내용이 나타나 있다. 현대자동차 사례를 통해 브랜드의 글로벌 비전과 현지 브랜드 전략이 통합되고 조정되어야 함을 알 수 있다.

현대자동차 - 글로벌 브랜드 비전과 현지 브랜드 전략

우선 현대자동차의 비전은 "글로벌 top 5" 브랜드로 성장한다는 것이다. 현대자동차는 불과 수년 전까지만 해도 신뢰할 수 없는 저가 자동차로 비아냥거림의 대상이 되어 왔다. 현대자동차는 최근 빠른 속도로 품질을 개선하면서 J. D. Power평가에서 호평을 받고 세계 경쟁업체와의 품질과 대등한 수준에 달하였지만 아직 취약한 브랜드 이미지 때문에 제대로 평가받지 못하고 있었던 것이다. 이에 현대자동차는 Hyundai 브랜드 가치를 높이기 위해 새로운 브랜드 비전을 선포하고 이를 현대자동차의 브랜드 세계화의 핵심 가치로 추진하여 왔다. 그 당시 설정한 브랜드 세계화 비전은 다음과 같다.

Drive your way™ - HYUNDAI	
고객 측면	현대자동차는 고객의 삶과 미래를 그들 자신의 방식 그대로 나아가도록 격려해 준다는 의미와 고객 개개인의 삶의 방식을 배려하고 존중한다는 의미
내부 임직원 측면	현대자동차 내부 임직원으로서 자신감과 자부심을 갖고, 글로벌 Leading 브랜드가 되기 위해 본인이 맡은 바 최선을 다하는 목표를 이룰 수 있도록 지속적으로 노력하는 자세를 갖도록 함을 의미
기업 측면	글로벌 시장의 새로운 주역으로 떠오르는 현대자동차의 자신감을 바탕으로 고객들에게 자부심과 만족을 주는 기업이 되겠다는 의지를 표현
딜러 / 유통 측면	현대자동차 브랜드에 대한 확신을 갖고 스스로 현대자동차의 대표라는 생각으로 고객 한 사람, 한 사람에게 만족을 주기 위하여 최선을 다할 수 있도록 격려하는 의미
자동차 산업 측면	기존의 경제적인 자동차의 이미지를 넘어, 정제되고 세련된 현대자동차의 새로운 아이덴티티를 구축하여 자동차 시장에 있어서의 차별적 위상을 확보하겠다는 의지를 표현

현대자동차의 중국에서의 브랜드 전략은 북경현대차가 준중형차시장에서 구축한 대중적 이미지에서 벗어나 '프리미엄 브랜드'로 자리매김한다는 전략이다. 현대자동차는 이를 위해 '탁월함을 계승한 완벽함의 표현(秉承瑋越, 完美呈現)'이라는 브랜드 슬로건을 내걸고 프리미엄 마케팅 및 서비스를 실시하였다. 제품면에서 에쿠스를 통해 유럽과 일본, 미국의 고급차와 경쟁하는 기업이라는 이미지를 확보하고자 했다. 현대자동차의 브랜드 의미를 "Up to Date"로 '최신의, 현대적인'이라는 뜻으로 설정하고, 유행에 민감하고 뒤쳐지지 않으려는 중국인들의 특성을 반영하여 최신 제품을 적시에 출시함으로써 현대의 이미지를 제고시키겠다는 전략을 추진하기 시작하였다.

현대자동차는 중국 소비자에게 친근감을 주고 브랜드 인지도를 높이기 위한 수단으로 모델명에 중국식 subbrand를 부착하였다. 중국어의 표의문자적 특성과 중화사상의 영향으로 중국은 오래 전부터 외래어를 자의적으로 음차해석해왔다. 이러한 관행에 소비자들도 익숙해져서 영문 브랜드보다 중문 브랜드를 익숙하고 이해하기 편하다고 인식하게 되었다.

현대자동차 모델 브랜드를 중국어로 바꾸는 과정에서 중국 소비자에게 어필할 수 있는 브랜드명을 공모를 통해 채택하였다. 그렇게 채택된 중국식 모델명은 엘란트라 → 伊蘭度(yilandu), 소나타 → 索納塔(suonata), 투싼 → 途勝(tusheng)이었다. 현재 중국 규정은 차량에 제조사는 반드시 표기되어야 하지만 중국 브랜드명는 법규상 표기하지 않아도 무방하다. 북경현대의 경우 뒤쪽 왼편에 北京現代(제조사) 오른쪽에 영문 Elantra 명칭이 붙어 있다. 중국명 브랜드(ex: 伊蘭度)는 광고 등에서 사용하고 있다. 이렇게 중국표기의 브랜드명이 사용되면 외국자동차 이미지에 부정적인 영향을 끼칠 가능성이 있기 때문에 공식적인 브랜드명은 영문으로 표기하였다.

경월소주 브랜드 전략 - 일본 시장

경월소주는 일본 시장에서 고급 위스키와 일본소주 사이의 프리미엄 소주라는 브랜드 정체성을 확보하고자 노력하였다. 경월소주의 프리미엄 이미지 전략은 크게 2가지에 기초를 두고 있었다.

첫째는 한국적 정체성을 강조하였다. 한국 소주는 프리미엄이라는 이미지를 가지고 있다. 경월소주도 이러한 인식을 이용하기 위해 고급 한국 소주라는 점을 강조하여 왔다. 이는 한국의 정체성을 강하게 부각시키지 않았던 진로의 전략과 사뭇 대비되는 전략이었다.

둘째는 기존 일본 소주가 가지고 있지 않는 새로운 기능을 추가하고자 하였다. 경월은 설악산 천연수라는 문구를 제품에 넣어 깨끗한 소주라는 이미지를 확보하고자 노력하였다. 이러한 이미지 전략은 지난 10년 이상 지속되어 온 일본의 웰빙 트렌드와 잘 맞았던 것으로 자체적으로 평가하고 있다. 웰빙 트렌드는 일본 소비자들이 물이라는 원료에 관심을 가지게 하였고, 설악산 천연수는 이런 트렌드에 적절한 컨셉이었던 것이다. 몇 해 전 와인이 유행했을 때에는 와인의 소비량이 크게 늘었으나 최근 들어 계속 떨어지고 있고, 웰빙이라는 트렌드와 맞물려 건강에 좋다는 증류식소주(을류 소주)의 판매가 늘어나고 있었다.

대부분의 기업은 고유 브랜드가 프리미엄 이미지를 확보하기를 원할 것이다. 프리미엄 이미지는 경쟁 기업으로부터 차별화될 수 있는 알파를 보유하고 이를 브랜드로 표현할 수 있어야 가능할 것이다. 프리미엄을 확보한다는 것은 어려운 과제이나, 경월소주는 일본 시장에서 차별화된 제품과 브랜드 정체성으로 이를 확보할 수 있었다.

한국 기업이 해외 시장에서 브랜드 이미지를 제고시키고 프리미엄 브랜드로 발전시키기 위하여 여러 가지 전략을 사용하여 왔다.

그중 삼성전자가 사용하여 온 전략에 주목할 필요가 있다. 삼성전자는 90년대 중반이후 소위 "히트상품 전략", 즉 히트 상품을 통해 브랜드 이미지를 높이고자 하는 전략을 사용하여 왔고, 이 전략이 삼성의 브랜드 이미지를 제고시키는 데에 상당한 효과가 있었던 것으로 자체적으로 그리고 다수 전문가들이 평가하고 있다. 삼성전자가 유럽 시장에서 사용하였던 히트상품 전략을 포함한 프리미엄 브랜드로 발전시키기 위해 노력하였던 활동을 아래에서 소개한다.

삼성 핸드폰 유럽 브랜드 전략 - 프리미엄 전략

삼성은 고급 브랜드로서 포지션닝 하는 것을 기본 브랜드 전략으로 삼았다. 이를 위해 실시된 것이 앞에서도 언급한 "Flagship campaign"으로 고가 시장에서 연달아 히트 상품을 출시함으로써 삼성의 고급적 이미지를 강조하려는 전략이었다. E700, 일명 벤츠 폰이 큰 성공을 거두고 D500 즉 블루블랙폰이 이를 이어받음으로써 이 전략은 효과를 발휘했다. 물론 E800은 이렇다 할 성과를 거두지 못했으나 D500을 빠르게 런칭함으로써 E800의 부진이 브랜드 이미지에 악영향을 미치는 것을 최소화했다.

2005년에는 오디오 명가 BANG & OLUFSON와 합작으로 프리미엄폰인 Serene를 출시하여 1000유로라는 최고가로 판매했다. Serene는 '적을수록 오히려 많다(less is more)'라는 모토 아래 미니멀리즘 디자인을 표방해 고급스러운 고전미로 유럽에서 화제를 일으켰다.

삼성은 브랜드 인지도를 높이려는 활동 또한 활발히 전개하여 왔다. 우선 삼성은 휴대폰 부문에서 국내 및 아시아 시장에서 통용되는 Anycall이라는 명칭이 영어권에서 call girl을 떠올리게 해 부정적인 이미지를 준다는 점을 인식하고 대신 기업명인 Samsung을 유럽 및 미국 시장에서의 핸드폰 브랜드로 사용하였다.

이와 함께, 삼성은 홍보효과가 큰 스포츠 행사들을 적극적으로 지원하여 왔다. 삼성은 올림픽 파트너로서 올림픽 행사를 통해 삼성이 경쟁 기업들에 비해 우위를 갖추었던 무선 데이터 시스템의 기술을 공개하여 주목받기도 했다. 잉글랜드 프리미어 리그의 Chelsea FC의 스폰서로서 유니폼과 모바일 콘텐츠를 제공하였으며 축구 스타들을 마케팅에 활용하기도 했다. "Hold a Samsung mobile, and you're holding the whole world"라는 주제로 삼성 휴대폰을 든 대형 손 조각을 설치하기도 하였다. 이 조형물은 프랑스 드골공항을 시작으로 20개국의 국제공항에 설치하였는데 조형적 가치도 높아 주목받기도 하여 삼성의 인지도 상승에 도움을 주었다.

핸드폰은 전반적으로 시간이 흐름에 따라 가격이 하락하는 추세를 보여 왔다. 이것은 제품의 출시 초반에는 R&D 비용, 판매 촉진비 등이 가격에 반영되기 때문이었는데, 시간이 경과하게 되면 가격이 하락하고 브랜드와 모델간 가격 경쟁이 치열해지는 경향이 있었다. 이러한 추세에도 불구하고 삼성전자는 휴대폰 가격을 다른 경쟁사에 비하여 최대 140% 이상 높게 책정해 왔다. 이는 삼성이 프리미엄 폰이라는 이미지를 심어주기 위한 의도적인 고가 정책인 것이다. 같은 맥락에서 삼성전자는 경쟁사들과는 달리 중저가 폰은 출시하지 않고 고급 제품만을 판매해 왔다.

기업들이 브랜드를 사용하는 이유는 여러 가지가 있을 수 있다. 그 중 대표적인 이유는 차별화를 하기 위한 것이다. 특히 우리나라 기업의 경우, 중국과 같은 개도국 시장에서 현지 제품과의 가격 경쟁으로 수익성을 확보하기가 어려운 경우가 많다.

앞에서 논의되었던 삼성전자와 LG전자의 사례에서 보듯이 중국 토종 기업의 역량 강화로 인해 일반 대중 시장에서는 경쟁력 확보가 여의치 않는 경우가 많다. 이에 따라, 기업들은 브랜드를 도입하여 가격 경쟁을 회피하고 제품의 차별성을 확보하고자 하는 노력을 하게 되는 것이다. 아래의 SK네트웍스의 ZIC 사례는 현지 중저급 제품으로부터 차별성 확보를 위한 전략이 언급된다.

SK ZIC의 중국 시장 사례 - 브랜드 차별화

SK가 중국 윤활유 시장에서 다양한 브랜드를 가지고 진출하였다. 고급 브랜드로는 ZIC, 그리고 중·저급의, 수명이 짧은 제품들은 다른 브랜드를 가지고 중국에 진출을 하였다. 중·저급의 제품들은 부수적인 Cash cow역할을 하는 것에 그치고, ZIC를 일반 브랜드와 차별을 하여서 프리미엄 브랜드로 진출하였다. 중·저급의 제품들이 ZIC의 브랜드 아이덴티티에 큰 영향을 주지 않게 하려는 의도 또한 있었다.

저가제품은 현지의 많은 업체들이 이미 꽌시와 생산시설·유통루트 확보를 통하여 장악을 하고 있다. 그런 이유에서 저가 상품의 경쟁이 치열하기도 하지만, 사업(제품) 수명 또한 길지가 않다. SK는 중국에 진출을 할 때에 단기적인 목적이 아니라 장기적인 관점에서 중국을 내수 시장으로 제2의 SK 건설을 목표로 하고 있었다. 그런 이유로 고급제품을 ZIC 브랜드로 진출을 하였던 것이다.

SK는 국내의 ZIC 브랜드를 중국 시장에 확장하고자 하였다. 그 이유는 첫째, 사업부 미션으로 ZIC 브랜드를 글로벌 브랜드로 성장을 시키기 위해서였다. 둘째는, 현재 동북시장에서는 어느 정도 ZIC라는 브랜드 입지가 자리 잡힌 상황이었다. 브랜드 네임을 바꾼다면 동북시장의 소비자들의 인식 혼란을 가져올 우려가 있고, 한편으로는 동북시장에서부터 외부로의 확산 효과를 기대할 수 있기 때문에 ZIC를 포기할 수 없었다. 셋째, 일부의 제품에 대해서는 한국과 호환이 될 수도 있었다. 이는 생산에 있어서의 유연성과 미래 글로벌 제품으로써 이점을 가질 수 있다고 판단하였기 때문이었다.

SK는 중국 진출 초기에는 ZIC보다는 SK라는 그룹명을 강조하였다. 그룹 내 다른 진출 사업(의료사업, 아스팔트사업, 이동통신 사업, SK커뮤니케이션즈 등)들과의 시너지 효과를 기대하기 위해서였다. 중국에 제2의 SK를 건설한다는 목표에서, SK그룹의 인지도를 높이기 위한 것이다. ZIC 브랜드 도입 이후에도 ZIC라는 브랜드와 함께 항상 SK라는 그룹을 강조하는 전략을 계속한다는 것이 SK의 전략이었다.

기업들이 해외 시장에 사용하는 브랜드 이름은 대체로 소수의 브랜드로 통일하는 경우 즉 글로벌 표준화가 많다. 이러한 추세는 한국 기업들에 매우 두드러진 현상이다. 대부분의 한국 기업들은 해외 시장에서 개별 시장에서 현지화된 브랜드를 개발하기보다는 기업 브랜드를 사용하거나 소수의 글로벌 브랜드를 사용하는 경향이 크다. 이는 개별 브랜드 개발과 홍보에 따른 막대한 비용 때문인 것으로 평가된다.

전 세계적으로 통일된 글로벌 브랜드 전략이 일반적인 현상이나, 이는 현지 시장에서 의미나 발음이 적절하지 못하고 소비자에게 친근감을 주기에는 미흡한 경우가 많다. 따라서 다수의 기업들은 현지 시장용 subbrand 또는 보조 상호를 개발하는 전략을 사용하기도 한다. 아래에서는 이마트의 브랜드 전략과 LG전자의 글로벌 브랜드 전략 그리고 중국 현지화가 소개된다.

이마트 브랜드 전략 - 표준화 / 중국식 상호

이마트는 중국 진출에 있어 중국적인 상호 발굴이 첫 관문이라 여기고 많은 시간과 노력을 들여 상호 명을 정하였다. 수개월간 중국인을 대상으로 설문 조사를 펼쳐 "이마트"와 발음이 비슷하면서 뜻도 좋고 중국인들에게 좋은 어감과 인상을 주는 이름을 찾았다. "易买得(이마이더)"가 이러한 작업을 통해 얻은 이마트의 중국 상호이다. 쉽게 사고, 사면서 이득을 본다는 뜻으로, 이러한 중국 상호를 통해 중국인들에게 더 친근하게 다가갈 수 있었다. 이러한 상호를 이마트 고유의 노란 색과 중국인들이 너무나도 사랑하는 빨간색을 함께 매치시켜 시각적으로도 중국인들에게 잘 받아들여지도록 했다. 중국적 상호 사용으로 한국 기업의 이미지를 잃게 되지는 않을까 하는 염려가 있을 수도 있지만, 코카콜라와 펩시 간판마저도 중국어로(可口可乐, 百事) 표기하는 중국에서 중국적인 상호 개발은 필수적이었다.

비록 중국적인 상호를 쓰고 있기는 하지만 브랜드 자체가 한국 것임을 알리는 데에는 지장이 없다고 한다. 한류 덕분에 요즘 중국인들은 한국 것에 대한 관심이 너무나 높아져서 먼저 자랑하지 않아도 한국 기업과 한국 물건을 잘 알고 있다. 더구나 이마트의 경우 매장 오픈 때 대장금의 '오나라' 노래를 틀어놓기도 하고, 매장 내에 한국 제품들도 많이 구비해 놓는 등 운영 면에서 한국적 identity를 충분히 나타낼 수 있었다.

LG전자 브랜드전략 - 기업 브랜드 / 중국 subbrand

LG전자는 중국 시장에서 제품별이 아닌, 크게 IT, 가전 등으로 구분한 통합 마케팅을 전개하고 있어 BI보다는 CI에 무게를 두고 있다. 실제로 중국 에어컨 시장 진입 초기에 물량을 확대하여 LG 브랜드 노출을 크게 늘어 왔다. 에어컨 실외기에 적혀있는 "LG"라는 기업명과 로고가 중국 시장의 고객들에게 LG를 알리는 데 큰 역할을 했다. LG전자 자체의 인지도를 높이는 노력을 해 왔고, 그 결과 삼성, 하이얼과 함께 '토털 가전 메이커'로서의 입지를 굳혔다.

LG전자 에어컨이 국내를 비롯한 대부분의 해외 시장에서는 "휘센(Whisen)"이라는 브랜드명을 사용하는 것과는 달리 중국에서는 '휘센'이 아닌 "清新"이라는 닉네임(清新은 브랜드명이 아닌 일종의 닉네임처럼 사용되고 있다고 한다.)으로 알려져 있다. 清新이라는 브랜드 현지화 전략은 중국 고객들이 중요하게 여기는 공기정화기능을 강화한 LG에어컨의 깨끗한 이미지를 나타냄으로써, 제품 특징과 브랜드의 일관성으로 인해 고객으로 하여금 제품 연상과 기억을 용이하게 하고 신뢰도와 친숙도를 높이는 효과를 가져 올 수 있다고 판단한 것이었다.

한국 기업들이 브랜드 세계화 전략에 있어 걸림돌이 되는 요인이 여러 가지가 있다. 그 중 하나가 우리나라의 국가이미지이다. 이러한 현상은 선진국 시장에서 두드러지게 나타난다. 국가이미지가 기업이미지 그리고 브랜드이미지에 미치는 영향에 대해서는 앞에서 자세히 설명되어 있다. 우리 기업이 취약한 한국의 국가이미지를 극복하기 위한 방법으로 2가지 방법이 아래에서 소개되어 있다. NC소프트는 제품 브랜드를 강조하는 전략으로, 그리고 HJC은 국제 규격을 확보함으로 국가이미지 문제를 최소화시키고자 했다.

NC소프트 브랜드 전략 - 기업보다 제품을 알리는 전략

NC소프트는 일본 시장에서 기업 브랜드보다 리니지라는 차별화된 콘텐츠 브랜드를 알리는데 주력하여 왔다. 이것은 NC소프트의 한국적인 이미지가 일본 현지에서 긍정적으로 반응하지 않기 때문이다. 온라인 게임의 특성상, 기업이 갖는 브랜드가 시장에서의 성공과 연결되지 않는다. 우수한 게임 콘텐츠가 존재한다면 소규모의 알려지지 않은 신생 기업이라고 하더라도 크게 성공할 수 있는 것이 온라인 게임 시장의 특성이다. NC 소프트가 기업보다 리니지에 대한 브랜드를 강화하고 알리는 것은 리니지의 우수성이 뒷받침되었기 때문에 가능한 것이었다.

HJC 브랜드 전략 - 안전 규격 확보로 Made in Korea 극복

HJC는 자사의 고유 브랜드를 오랫동안 고집해왔다. 이는 OEM으로는 세계 최고가 될 수 없다는 경영진의 판단 때문이었다. 이를 뒷받침 하는 일화 하나를 소개한다.

HJC가 DOT 규격 심사와 스넬 규격 심사를 통과하여 품질을 인정받자 미국의 가장 큰 판매 업체였던 로키사이클사가 자신들의 상표인 스파르탄을 부착하는 OEM 방식으로 제품을 제조해 달라는 제의를 해온 일이 있었다. 확실한 유통 라인이 확립되지 않은 상태였던 HJC에겐 단시간에 매출을 증대할 수 있는 좋은 기회였다. 그러나 HJC는 단기간의 성과보다 장기적인 안목으로 여러 나라 기업들과의 승부를 예상하고 있었기 때문에 이러한 OEM의 유혹을 뿌리치고 손해를 감수해 가면서 끝까지 고유 브랜드를 고집했다.

미국 시장 진출 초기에 가졌던 고유 브랜드 고수 전략은 현재까지도 유지되고 있으나 일부분(국내의 경우 에스원과 피자헛에 private labeling, 외국의 경우 할리데이비슨과 야마하)에는 OEM을 제공하고 있기도 하다.

HJC가 고유 브랜드 전략을 고집하는 데에 있어 가장 큰 장애 요인 중 하나는 made in Korea 이미지였다. 고객들은 made in Korea이기 때문에 가격은 좋으나 품질이 떨어지는 제품 정도로 HJC의 헬멧을 인식하였던 것이다. 이러한 이유 때문에 HJC는 기본적으로 한국 국적을 부각시키지 않는 전략을 채택하게 되었던 것이다. HJC는 각종 국제 전시회나 언론에서의 made in Korea 노출을 최소화하는 노력을 펼쳐 왔다. 이와 함께, made in Korea의 부정적인 이미지를 극복하기 위해 각종 안전규격을 획득하는데 큰 노력을 경주해 왔다. HJC는 안전규격 확보를 대대적으로 홍보함으로써 made in Korea를 보완하고자 하였던 것이었다.

5. 시장 진입 전략

기업이 성공적 브랜드 세계화 전략을 달성하기 위해서는 표적시장에 적절한 진입 전략을 수립해야 한다. 즉 표적시장에 어떠한 방식으로 진입할 것인가를 결정해야 하는 것이다. 진입 전략에서는 우선 진입 모드에 관한 전략과 표적 시장 선정에 관한 전략이 있을 수 있다.

우선 진입 모드 전략을 살펴보면, 수출 방식과 현지 생산 방식이 있다. 기업은 수출과 현지 생산에 따른 생산 비용 우선 비교해야 할 것이다. 이와 함께 다른 요인에 대한 고려도 필요하다. 수출에 비해 현지 생산은 기업에게 리스크 부담이 큰 단점은 있으나, 물류비용과 관세 절감 혜택과 함께 현지화에는 유리할 수 있다.

수출 vs. 현지 생산 방식에 관한 한국 기업의 사례를 살펴보면, 경월소주와 SK의 ZIC 사례를 들 수 있다. 이들 사례를 통해 기업이 진입 모드 결정에 있어 어떠한 요인들을 고려하는지 알 수 있다.

진입 전략 - 현지 생산 대신 수출

경월소주의 일본 시장 진입전략

두산은 처음에 직수출이라는 형태로 진입을 하였으나 곧 Suntory의 요구로 현지 파트너를 통한 진입으로 선회하게 된다. 수출하는 모든 제품은 한국에서 생산되며 현지에서의 생산은 고려되지 않고 있다. 그 이유는 일본이 땅값이나 인건비를 고려하면 현지에서 생산하는 것보다 수출방식을 채택하는 것이 비용이 적기 때문이다.

SK ZIC의 중국 시장 진입전략

SK는 중국 진출 초기(1998~2002년) ZIC를 중국에 간접 수출 방식으로 진출하였다. 그 당시에는 SK는 중국의 시장을 전략적으로 개발을 한다거나 확장을 한다는 등 그런 계획은 없었다. 단지 한국에서 생산 및 판매되고 남은 잉여 제품을 수출하여서 재고 처리를 한다는 개념이었다. 그리고 그 당시는 중국 시장에 친숙하지 않기 때문에 우리와 지리적 그리고 문화적으로 유사한 동북3성부터 수출을 시작하였다.

2001년 중국이 WTO에 가입하면서 많은 분야에서 중국 시장은 개방되고 본격적인 시장경제체제를 갖추기 시작하였다. 또한 2001년 ZIC는 국내의 시장에서는 시장 선도 브랜드로 어느 정도 입지가 굳었으나 국내 시장이 성숙화되어 높은 매출 성장을 기대하기가 어렵게 되었다. 이에 반해 중국 시장이 성장 가능성이 훨씬 크고 매력적인 시장이었다.

ZIC는 본격적인 중국 진출을 결정하고 1년간의 제품 연구와 개발을 통해서 2002년 중국 진출사업을 펼치기 시작하였다. 초기에는 인지도가 낮은 관계로 해외 메이저업체들에게 경쟁에 있어서 많이 밀릴 수밖에 없어서 판매물량이 적을 수밖에 없었다. 물량이 적어서 현지 생산을 할 필요 없이 국내에서 생산하여 수출하는 방식을 사용하였다. 그러나 ZIC의 제품을 중국에 성공적으로 판매하기 위해서는 국내에서 생산하던 제품을 그대로 파는 것이 아니라, 중국의 특성에 맞게 현지화를 시킬 필요가 있다고 느꼈다. 제품의 특징을 현지화 시키는 작업이 1년간 계속되었고, 2002년 본격적인 중국 현지화 사업이 시작되었다.

기업이 해외 시장에서 성공하기 위해서는 현지 시장에 대한 지식을 습득해야 한다. 소위 시장 학습은 오랜 기간 동안의 노력과 투자가 필요하다. 따라서 기업들이 시장 진출전에 현지에 사무소를 개설하거나 관련 사업체를 운영함으로써 시장 학습을 할 수 있다. 신세계 이마트의 경우에는 중국 진입전에 홍콩 사무소와 신세계백화점 운영을 통해 필요한 시장 지식을 습득할 수 있었고, 이를 바탕으로 본격적인 중국 시장 진출을 계획한 바가 있다. 구체적인 내용은 아래에서 언급된다.

이마트 시장진입전략 - 시장 학습을 위한 노력

신세계는 중국 유통시장 진출을 오랜 기간 동안에 계획하고 있었다. 신세계는 중국 시장 기회를 탐색하고 진입에 필요한 시장 지식을 습득하고자 1993년 홍콩에 사무소를 개설하였다. 홍콩사무소를 중심으로 중국 유통시장 진출을 검토하던 중 일본계 유통업체인 야오한의 요청을 받고 상해 푸동 지구의 한 쇼핑몰 1500평을 임차하여 신세계 백화점을 개점하게 되었다. 이를 통해 신세계는 중국 시장에 대한 본격적인 학습이 가능했고, 신세계를 중국에 알릴 수 있는 기회가 되었다.

신세계에 좋은 인식을 갖게 된 상해시의 고위 인사가 상해시 인민정부 상업위원회 산하 국영기업인 상해상무중심주식회사를 신세계에 소개하여 특혜적 합작 법인을 설립하게 되었다. 신세계는 중국 파트너를 통해 중국 진출에서 필요한 많은 정보를 얻을 수 있었다. 신세계는 96년 말 이마트를 설립하게 되었으며 97년 1월 이마트 개점시점에서는 실질적인 독자 경영을 하게 되었다. 그리고 97년부터 7년간 단독 운영된 중국 이마트 1호점인 상해 1호점이 그 자체로 중국 시장 정보를 수집하기 위한 중요한 테스트 마켓 기능을 하였던 것이다.

기업은 시장 학습으로 습득한 시장 지식을 적극적으로 활용함으로써 글로벌 시너지를 창출할 수 있다. 과거 현대자동차가 미국 시장을 진입하기 전에 미국 시장과 유사한 캐나다에서 테스트마케팅을 하고, 여기서 습득한 시장 지식을 바탕으로 미국 시장을 진출한 사례가 있다. LG전자도 90년 초반에 필리핀 시장에서 본격적인 브랜드 사업을 시작했으며, 여기서 습득한 지식과 정교화된 브랜드 세계화 모델이 동남아 시장에서의 브랜드 성공에 뒷받침이 된 적이 있다. 유사한 사례로 NC소프트가 대만 시장에서의 성공 모델을 일본에 적극적으로 적용시키려는 전략을 들 수 있다. 아래에서 NC소프트가 대만 시장에서의 성공 요인을 어떠한 방식으로 일본에 적용시키려고 했는지에 관한 내용이 언급된다.

NC소프트 일본 시장진입 전략 - 대만 시장 경험의 활용

대만에서의 시장 경험

NC소프트의 일본 시장 진출에 앞서 처음으로 해외 진출 대상으로 삼았던 대만의 진출사례에 대해서 분석해 볼 필요가 있다. 이를 바탕으로 대만에서의 성공요인이 일본에 어떤 방식으로 적용되었는지 살펴볼 필요가 있다.

대만은 당시 동아시아권에서 근소한 차이로 한국의 뒤를 쫓고 있는 개도국으로서 한국과 환경이 유사하고 향후 최대의 시장으로 손꼽히는 중국 시장 진출의 교두보로 가장 적합하다고 판단되었다. 이에 NC소프트는 2000년, 대만 최대 게임 개발 유통사인 Gammania사와 라이센싱 계약을 통해 매출액의 25%를 받기로 하고 상용화서비스에 들어갔다.

리니지는 현지 언론으로부터 극찬을 받았고 선풍적인 인기를 얻으며 대만 최우수 온라인 게임상을 수상했으며 서비스를 시작한지 12일 만에 회원수 8만 명, 최대 동시접속 사용자수 1만 명을 돌파했다(참고: 국내 회원수 1만 명 돌파에는 14개월 소요). 2000년 9월 한 달 간 서비스에 대한 로열티로 20만9521달러(2억4300만원)를 받았으며, 이 같은 금액은 국내에서 리니지 서비스를 시작한 98년 리니지 총 매출액을 능가하는 액수였다. 2001년 2월에는 리니지가 대만 온라인 게임시장의 80%를 점유했으며 로열티 수입만 100억 원에 달하였다.

성공 요인을 살펴보면 일단 리니지 게임 컨텐츠 자체가 게임 전문가와 소비자들에게 호평을 받았으며 감마니아사(社)와의 전략적 제휴가 가장 큰 성공 요인으로 손꼽을 수 있다. 특히 국내보다 강화된 마케팅 공세가 라이센싱 업체인 유통사인 감마니아에 의해 펼쳐져 큰 성공요인으로 작용하였다. 감마니아는 리니지가 담긴 CD 60만장을 대만 곳곳에 풀었고 홍콩 스타TV에 약 7000회 이상 광고 계약을 맺었으며, 10억원을 들여 게임 전야제를 갖는 등 리니지 홍보에 45억 원을 쏟아 부었다. 그리고 이런 성공적인 라이센싱 계약을 바탕으로 2003년에는 감마니아사(社)와 Joint Venture를 설립하였고 성공의 행보를 지속해 오고 있다.

일본 시장으로의 진입

대만에서의 이러한 성공에 힘입어 NC소프트는 자신감과 경쟁력을 바탕으로 시장성장 가능성이 큰 일본 온라인 게임시장에 도전하게 된다. NC소프트는 대만에서의 성공과 더불어 일본 시장에서 성공하여 전 세계 대표적인 온라인 게임업체로 거듭나겠다는 목표를 가지고 일본 시장에 진출하였다.

2001년 일본 소프트뱅크 그룹과 6:4의 비율로 NC JAPAN의 합작 법인을 설립하였다. 이것은 성공적이었던 대만시장의 초기 진출 방식인 라이센스 방식이 아닌 합작투자 방식이었는데, 여기에는 여러 이유가 있다. 첫째는 대만에서의 성공적인 해외진출 경험, 둘째는 일본의 온라인 게임 시장의 성장 가능성, 그리고 셋째, 일본 최고의 IT기업으로 손꼽히는 소프트뱅크와의 합작이라는 점이 조심스러운 진출방식인 라이센싱보다 적극적인 해외진출 방식인 Joint Venture를 선택하게 된 배경이다.

NC소프트는 주로 콘텐츠와 기술력을 제공하고, 소프트뱅크는 마케팅과 유통을 담당하는 방식을 선택하였다. NC JAPAN은 대만에서의 성공과 마찬가지로 큰 성공을 거두었다. 리니지는 일본시장에서의 성공을 인정받아 일본 컴퓨터 엔터테인먼트 협회(CESA)가 주최하는 최고 권위의 게임대상을 수상하기도 하였다.

전략적 제휴

NC JAPAN은 한국 NC소프트와 일본 소프트뱅크가 6:4의 비율로 투자한 합작회사이다. NC소프트는 일본시장에 진출하기 전 대만시장에서 큰 성공을 거둔바 있다. 하지만 일본 시장은 대만 시장과 그 성격이 다르다고 생각하였고 진입 방식에 있어서 합작투자의 방식을 전략적으로 택하게 되었다. 이로서 NC소프트는 파트너인 소프트뱅크의 일본 시장에 대한 전문 지식과 현지 유통망을 활용할 수 있게 되었던 것이다. 또한 초기 투자비용도 직접투자에 비해서 현저히 절약할 수 있었다. 이로 인해 까다롭다고 유명한 일본시장에서도 리니지는 성공적인 결과를 가져올 수 있었다.

기업의 해외 시장 진입방식은 고객에 따라 달라질 수 있다. 예를 들면, 대형 기관이 고객인 경우에는 기관간의 직접 거래가 이루어지고, 따라서 현지에 법인을 설립할 필요가 없다. 다만 본사간의 거래를 지원하는 현지 사무소 정도만 필요한 정도이다. 한편 소형 기관이나 다수의 end user가 고객인 경우에는 현지에서의 적극적인 마케팅과 유통이 필요하게 된다. 이 경우에는 현지 법인 설립이나 현지 유통기관과의 제휴를 통해 진입해야 할 것이다. 아래 사례에서 삼성전자가 LCD패널 판매에 있어 일본 시장에서 이원화된 진입/유통 방식이 소개된다.

삼성전자의 이원화된 일본 시장 진입전략 - 대형(본사) vs 소형(현지 법인)

삼성전자는 소형 LCD패널과 대형 패널에 대한 일본 시장진입과 유통을 차별화하고 있다. 소형 LCD패널의 경우는 현재 일본에 판매 법인을 두고, 본사는 판매 법인으로 수출을 하며, 판매 법인은 대리점을 두어 대리점을 통한 판매를 하는 직접판매 방식을 취하고 있다.

한편 대형LCD패널의 경우 소니 등과 같은 대형 고객이 많아, 한국 공장에서의 직수출 형태를 취하고 있다. 이러한 이유는 대형 패널과 소형 패널의 고객 특성에 기인한다. 대형 패널은 고객이 한정되어 있고 대부분의 고객이 공급 부족을 우려해 안정적인 공급을 원하고 있다. 그러나 소형 패널의 경우는 고객이 대형 패널과 달리 다수로 이루어져 여러 지역의 원활한 공급을 목적으로 하고 있기 때문이다.

6. 브랜드 세계화를 위한 전략적 제휴

기업이 브랜드 세계화를 추진하는 전략에는 여러 가지 자원과 역량이 필요하다. 앞에서 브랜드 세계화 역량에서 구체적으로 언급이 된 바가 있다. 우선 브랜드 세계화를 달성하기 위해서는 현지 유통이 확보되어야 하고, 이와 함께 현지 유통을 관리할 수 있는 역량이 필요하다. 동시에 현지 시장의 여러 가지 촉진 활동에 관한 역량이 뒷받침되어야 하고, 현지 시장 정보를 수집·분석할 수 있는 시스템이 구축되어 있어야 한다. 아래의 경월소주 사례에서 보듯이 경월은 일본 시장에 전략적 제휴를 통해 현지 브랜드 마케팅 역량을 확보할 수 있었다.

두산 경월소주의 일본 시장에서의 전략적 제휴

일본에 진출하는 기업들이 느끼는 가장 어려운 문제 중의 하나가 바로 복잡한 유통이다. 일본은 전통적으로 유통 단계가 길어 전국 대도매, 소도매 마케터에게 직접 상품을 줄 수 없고 채권 등의 문제로 중간 상인 2단계는 꼭 거쳐야한다. 즉 다른 나라에서처럼 직접 유통을 통해 지출의 감소를 이루기가 쉽지 않다는 것이다. 또한 각 지역 색이 매우 강하여 이 모든 것을 외국 기업이 직접 유통하기에는 매우 어려운 구조를 가지고 있다.

두산과 전략적 제휴를 체결한 선토리는 일본 내에서도 취업 선호도 3위안에 드는 대기업이다. 이미 일본시장에서 그 위치는 우리나라의 삼성과 LG와 견줄 만하다고 한다. 그런 기업과의 제휴는 두산의 경월소주 유통에 힘을 실어줬다. 일본은 유통 구조가 복잡하기로 유명한 나라이다. 두산에서 직접 유통을 할 경우 그 비용이 만만치 않을 뿐만 아니라 유통망을 확충하기 어려운 실정에서 선토리와의 전략적 제휴는 매우 적절한 조치였다고 평가될 수 있다.

경월소주의 현지 유통은 년 2회 마케팅회의에서 조율된 것을 기본으로 선토리에서 전적으로 수행하기로 하였다. 그리고 기타 현지 마케팅에 관한 업무도 기본적으로 선토리에서 책임지는 것이었다. 대신에 두산은 마케팅 분담금을 주는 형태로 간접적으로 참여하였다.

따라서 주요 의사결정은 두산재팬보다 주로 본사(해외사업부)에서 이루어졌다. 비용이 500억을 초과하는 프로젝트는 두산 그룹에서 의사결정을 한다고 한다. 이렇게 함으로써 두산재팬의 인원은 20명 내외로 최소화시킬 수 있었다. 주요 업무에는 모두 파견 형식으로 한국인을 사용하고 있으며 현지인들이 일상적인 업무를 담당하는 형태를 띠게 되었다.

경월소주 사례와 더불어 전략적 제휴를 통해 해외 시장에 진출한 사례들은 앞에서 소개된 적이 있었다. 전략적 제휴는 일반적으로 독자적인 브랜드 사업을 추진하기 하기가 상대적으로 어려운 선진국 시장에서 흔히 필요한 경향이 있다. 아이디스는 선진국 시장에서는 전략적 제휴, 그리고 개도국에서 독자적 브랜드 사업 전개의 차별화된 방법은 사용하는 것으로 알려졌다. 아래에서 아이디스의 구체적인 사례가 소개된다.

아이디스의 이원적 시장 진입 - 선진국 vs 개도국 유통

— 선진국에서는 전략적 제휴, 개도국에서는 기술 선도 이미지

아이디스는 해외시장을 크게 2개 권역으로 나누어, 차별적인 방식으로 공략하고 있는 전략을 사용하여 왔다. 첫째는 미국과 같은 선진시장으로서 첨단기술을 수용할 수 있는 고급 소비자층이 많은 전략시장(북미, 유럽, 호주, 일본 등), 둘째는 일반 수요는 많지 않으나, 어느 정도 국가 경제가 뒷받침되고 빈부 격차가 많이 나며, 치안이 상대적으로 불안한 나라의 특수층을 대상으로 한 잠재시장(브라질, 중국 등)이다.

아이디스의 수출 방식은 이러한 2개 그룹에 다르게 적용되었다. 첫 번째 경우는 선진국 시장의 경우 상위 10위 이내의 업체와 전략적 제휴를 통한 시장 진입에 주력하고 있다. DVR은 제품 특성상 제품별 성능이 다르고 고장이 나서는 안 되며 지속적인 애프터서비스를 받아야 한다. 특히 지속적인 하드웨어, 소프트웨어 업그레이드가 일어나야 하는 디지털 장비의 경우에는 이런 경향이 더욱 강하다. 따라서 보안 장비의 특성상 생산자와 판매자(distributor), 설치 업자(installer)간의 관계가 매우 밀접하여 처음 관계를 맺기는 어려우나 한번 관계를 맺으면 오랫동안 지속되는 경향이 있다.

아이디스는 이런 디지털 보안장비 시장의 특성 때문에, 미국 시장의 경우에는 10위 이내의 업체와 지속적인 전략적 파트너쉽 관계를 유지하며 시장을 공략해 왔다. 아이디스는 이와 같은 전략을 취함으로써 매출이 증가하더라도 몇 개의 업체만 관리하면 되기 때문에, 영업규모 확대에 따른 비용 증가 위험을 회피할 수 있었다, 대부분의 수출 물량이 이와 같이 판매되는 물량이었다. (2006년 기준 전체 수출 물량의 80% 차지)

일례로, 미국내 조달시장 납품 성공사례를 들 수 있다. 뉴욕 지하철 입찰 참가시 아이디스의 미국 주요 거래선 중의 한 업체가 아이디스의 제품을 갖

고 입찰에 참가한 것이다. 주요 선진국에서의 조달시장 참여도 유사한 방법이 사용되어 왔다고 한다. 거래선을 통한 입찰 참여 방식에 대해 회사측은 매우 효과적인 전략이라고 밝히고 있다. 아이디스는 일반기업들의 보통 판매관리비가 40%인데 반해 15%라는 적은 비용을 들이면서도 매출은 지속적으로 증가하고 있는 이유도 바로 여기에 있다고 한다.

두번째의 경우는 중국, 중남미 국가와 같이 보안 시장이 성장기에 있는 나라들인데, 특별한 선두업체가 없기 때문에, 첨단 제품의 이미지 선점을 위해 자사 브랜드를 강조하며, SI성 사업에 주력하는 방식을 취하고 있다.

〈그림〉 아이디스의 DVR 제품 유통 경로-미국 시장

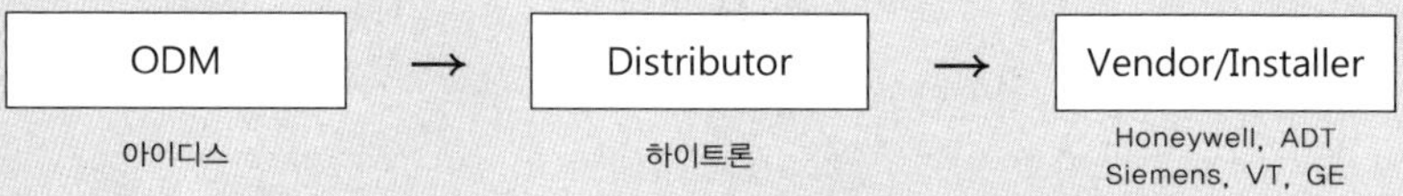

국내 약 200여개의 DVR 공급업체는 국내외 벤더로 제품을 납품하는 OEM 형태가 대부분이다. 하지만, 아이디스는 ODM[15] 방식을 취하고 있다. 즉, 판매업자가 건네준 설계도에 따라 단순히 생산만 하는 OEM 방식과는 달리, 판매업자가 요구하는 기술을 자체 개발해서 납품하기 때문에, 해외시장에서 판매할 경우 개발 로열티를 받을 수 있고, 부품을 구매할 때도 제조업체가 주도적으로 참여할 수 있어 원가를 낮추는 데도 도움이 되는 등 고부가가치를 이룰 수 있었다.

아이디스는 미국 시장에서 하이트론을 전략적 파트너로서 이를 통해 vendor와 installer에 유통시키는 전략을 사용하여 왔다. Vendor는 제품을 직접 판매하거나 SI형식으로 최종 고객에게 제품을 판매하고 있다. 주요 vendor

[15] ODM(Original Development Manufacturing): 제조업체가 보유하고 있는 기술력을 바탕으로 제품을 개발해 유통업체에 공급하고, 유통업체는 자사에 맞는 제품을 선택함으로써 유통에 핵심역량을 집중할 수 있다는 점에서 기존의 주문자상표부착생산방식인 OEM과 구별됨.

로 Honeywell(총매출액의 10% 차지, 2006년 기준), ADT(8~9%), 지멘스(8~9%), VT(8~9%) 등에 제품을 공급돼 있었다.

아이디스는 distributor인 하이트론과 여러 가지 협력이 이루어지고 있었다. 우선 유기적인 정보 공유가 이루어지고, 이를 바탕으로 전략 수립도 공동으로 이루어진다 한다. 이와 동시에 아이디스는 해외 vendor 및 installer들과는 인터넷을 통한 그룹웨어를 이용하여 여러 가지 정보에 대해서 공유하기도 하였다.

7. 브랜드 촉진 전략

한국 기업의 브랜드 세계화를 위한 촉진 수단으로 다양한 방법이 사용되고 있다. 그 중 특기할 만한 촉진 전략으로 한류 마케팅을 들 수 있다. 한류 마케팅은 한국적 정체성이 제품 판매에 도움이 되는 경우에 사용되는데, 최근 한류 붐이 크게 일어난 중국과 일본을 포함한 아시아 지역에서 흔히 활용되고 있다.

한국 기업은 한국적인 브랜드 정체성을 확보하기 위해 한류 스타를 이용하거나, 한국 지명을 강조하는 방식으로 촉진하고 있다. 이러한 현상은 단순 한류 붐 때문이 아니고, 향후 아시아지역 주민들의 정보 교류, 미디어나 여행을 통해 한국에 대한 지식이 늘어남에 따라 장기적으로 확대될 가능성이 높다. 아래 사례에서 한류를 이용한 브랜드 세계화 사례가 소개된다.

경월소주의 한류 마케팅 - 일본 시장

성숙기 시장에서 경쟁력을 가지기 위해서는 프로모션이 매우 중요하다고 할 수 있다. 경월소주의 촉진 전략은 크게 광고 전략과 세일즈 프로모션 전략으로 나눌 수 있다. 첫 번째로 광고는 강예솔이라는 미스 춘향 출신의 한국인을 고용하여 한국적이고 깨끗한 이미지를 강조하였다. 진로와 비교할 때 진로는 Young, Light, Fun 등의 카피라이트로 광고를 하고 있으며 한국 술 이미지를 잘 보여주지 않는다고 한다. 하지만 두산은 한국 술이라는 것을 강조함으로써 더 좋은 이미지를 획득한 것으로 보여진다.

이마트의 한류 마케팅 - 중국 시장

이마트는 한국적 정체성을 적극적으로 활용한 대표적 사례이다. 중국에서의 한류는 비단 드라마나 가수들의 중국 진출에만 나타나는 현상이 아니다. 삼성이나 LG와 같은 한국 기업에 대해서는 소개하지 않아도 잘 알고 있고, 심지어 제품에 한글 표기를 넣어 한국 상품인 척 하여 판매하려는 중국 상품이 있을 정도로 한국 기업과 한국 제품에 대한 선호도가 크다. 이마트는 한국 식품을 파는 '한국관' 등을 매장 내에 설치함으로써, 이 효과를 극대화하고자 하였다. 또 '중국에서 만들어진 중국 물건을 파는 중국 기업'이라는 슬로건의 노출로 '한국 기업이지만 중국 사회 경제 발전에 이바지 한다'는 긍정적인 이미지를 강조하였다. 이러한 이미지 제고의 노력으로 진출 도시 내의 고객들에게 '친근한 기업'으로 각인되었다고 자체적으로 평가하고 있다.

일반적으로 한국에서 유행하는 제품은 1개월 정도의 시간차를 두고 중국에서 곧 유행하게 된다. 이러한 패턴을 파악한 이마트는 한국의 히트 상품들을 발 빠르게 제공하고자 하였다. 또 약 850여종의 한국 먹거리만을 한 곳에 모아 판매하는 '한국식품전문관'을 별도로 설치하여 인기를 끌었다. 고추장, 김치, 떡갈비, 유자차 등의 전통 식품에서 과자 종류까지 다양한 상품이 구비되어있는데, 중국 전 지역 방송국마다 번갈아 방송하고 있는 '대장금' 덕에 인기가 아주 좋다고 한다. 이런 점은 매출에도 도움이 되지만, 월마트나 까르푸가 따라잡을 수 없는 우리 기업만이 가지는 경쟁 요인이기도 하다.

기업들은 제품이나 기업에 대한 소비자의 편견을 극복해야 하는 문제가 직면하는 경우가 많다. 소비자의 편견은 기존 관행이나 시장의 특성에서 나타나는 현상인데, 예를 들면 한국 기업에 대한 편견이 부정적으로 작용할 수 있다. 부정적인 made in Korea 이미지 때문에 발생하는 문제와 이를 극복하기 위한 전략은 앞에서 언급되었다.

또 다른 소비자의 편견은 우리 제품이 기존 제품과 다르거나 사용 방법이 다른 경우에 발생할 수 있다. 예를 들면, 우리에게 익숙한 슬라이드 형태의 핸드폰이 유럽 소비자에게는 생소할 수 있다. 그리고 우리에 당연하다고 인식하는 카메라 기능이 유럽 소비자에게는 달리 인식될 수 있다. 아래의 삼성전자 사례에서 이러한 소비자의 인식을 바꾸기 위해 어떠한 노력을 했는지 설명되고 있다.

삼성 핸드폰 유럽 - 촉진 차별화

—새로운 기능을 강조 / 슬라이드 디자인의 한계를 극복하기 위해 스타일을 강조

삼성전자 현드폰 D500은 “style of business”을 컨셉으로 포지셔닝했다. 삼성이 표적 소비자 집단은 20대 후반에서 30대 초반의 직장인 남성이었다. 핸드폰을 digital life의 파트너로 여기며, 자신의 분야에서 능력이 있으면서도 삶의 여유를 즐길 줄 아는 남성이 대상이었다. 그 뿐 아니라 그러한 삶을 동경하는 사람들 또한 표적으로 설정하였다.

D500의 프로모션에서 삼성은 슬라이드 디자인이라는 점과 4배줌 캠코더 기능을 중점적으로 다루었다. 삼성은 슬라이드 디자인이 유럽에서 생소했던 상황에서 슬라이드형 핸드폰인 E800을 출시하여 판매 부진을 겪었었다. 두껍고 무거웠던 E800의 부정적 이미지를 불식시키기 위해 D500은 슬라이드형 디자인이 주는 세련된 이미지를 강조했다.

또한 D500은 캠코더 기능이 강했지만 핸드폰에 있어서 캠코더 기능이란 낯선 것이었고 특히 유럽의 소비자들은 핸드폰의 부가적인 기능을 그다지 중시하지 않았다. 그렇기 때문에 삼성은 광고를 통해 캠코더 기능을 반드시 필요한 것은 아니지만 유행에 앞선 사람의 핸드폰이 갖추어야 할, 세련된 기능으로서 강조하여 소비자들의 좋은 반응을 얻을 수 있었다.

우리 기업이 해외 시장에서 경쟁 기업과 차별화할 수 있는 요인이 여러 가지가 있다. 그중 하나는 국내 시장에서 습득한 노하우를 현지에 이전하는 것인데, 이와 관련된 내용은 앞에서 자세히 언급되었다. 한국 기업이 국내에서 이전할 수 있는 요인은 촉진 수단에서도 찾을 수 있다. LG전자의 중국 시장 사례에서 이런 전략을 발

견할 수 있다.

LG전자 중국 - 촉진 차별화

LG전자는 중국 시자에서 현지 기업이나 선진 외자기업에 비해 상대적으로 낮은 브랜드 인지도를 가지고 있었다. 따라서 제품이나 기업의 이미지를 보다 체계적으로 소비자에게 알려 시장 점유율을 높여야 했다. 종합가전 기업으로서 LG전자는 다양한 제품을 동시에 소비자에게 알리고 판매해 나가는 촉진 전략을 사용하였다.

특히 LG전자는 국내에서의 가전유통 노하우를 충분히 살려 현지 업체에 비해 매장 Display나 현장 판매촉진 활동에 우위를 보였다. 중국 소비자들은 판촉물에 상당히 민감하게 반응하였고, 초기 LG전자의 촉진전략은 이런 점에 맞춰 다양한 판촉 전략을 실행하였다. 예를 들어 상대적으로 낮은 가격을 가지는 전자레인지 등을 고가 제품인 TV나 에어컨에 끼워 파는 촉진 전략을 실행할 수 있었다.

성수기를 가지는 에어컨의 경우 성수기 이전에 TV 및 신문을 이용한 대대적인 광고를 지속적으로 방송하였다. TV의 보급 수준이 성숙해진 중국에서 TV광고의 효과는 상당히 크게 나타났다. 그 밖에도 신제품의 출시에 맞춰 이벤트를 기획하였고, 유통상들에게 지속적인 지원활동을 펼쳐 유통망의 촉진 활동에도 심혈을 기울였다.

Public relations

LG전자는 중국사회와 함께 하는 공익기업으로서의 이미지를 높이고자 노력하였다. 지난 2003년 사스극복 활동으로 시작한 「I LOVE CHINA」 캠페인을 통해 중국 각지에서 다양한 문화 행사, 기부 활동, 장학 사업, 빈곤층 의료 지원 활동을 활발히 펼치는 등 중국 사회에 기여하는 기업 이미지를 꾸준히 심어왔다. 그 결과 중국의 3대 당 기관지 중 하나인 '광명일보(光明日報)'가 중국에 진출한 외자기업의 공익사업을 평가해 선정하는 「광명 공익상(光明 公益奬)」 수상 기업으로 선정되기도 하였다.

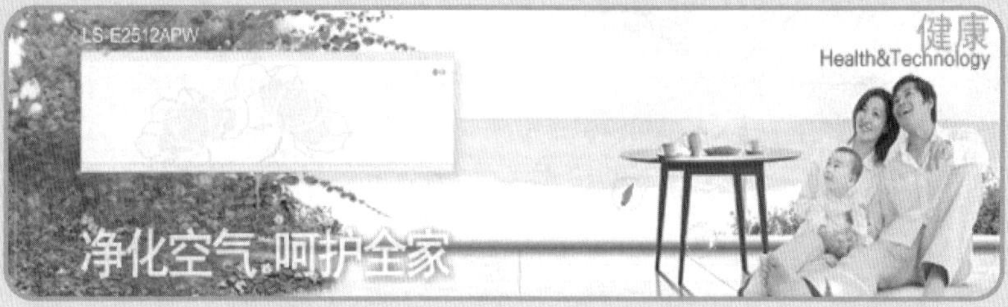

한국 기업들은 브랜드 인지도를 높이고 이미지를 제고시키기 위해서 다양한 방법을 사용한다. 물론 매체 광고를 이용하는 경우도 많지만, 높은 비용 때문에 다양한 판매촉진 수단을 이용하는 경향이 크다. 아래에서 한국 기업들이 사용하는 다양한 판매촉진 수단들이 소개된다.

미스터피자의 판매촉진 - 중국 시장

미스터피자는 중국 시장에서 매체 광고는 전혀 하지 않았다. 중국내에서 매체 광고의 효과는 매우 크지만, 현재 중국내 미스터피자의 사업 영역이 북경, 천진 일대에만 한정되어 있기 때문에 매체 광고가 효율적이지 못하다고 판단하였기 때문이었다. 광고 단가가 비싸고 방송국 수가 너무 많음에 비해 사업 영역이 특정 지역에 한정되어 있기 때문이다. 실무자에 의하면, 추후에 미스터피자의 사업 영역이 중국 전역으로 확대되면 매체 광고를 할 예정인 것으로 밝히고 있다.

미스터피자는 매체 광고대신 판매촉진에 중점을 두고 브랜드 인지도를 높이고자 하였다. 첫째 dough-show를 주요 수단으로 이용하였다. 도우쇼란 소비자들에게 '손으로 만드는 피자'라는 것을 눈으로 보여주기 위해, 미스터피자의 직원들이 북경시내 주요 번화가에 나와 dough를 던지며 쇼를 보여주는 것이다. 북경의 주요 번화가에 자리 잡고 있는 미스터피자의 입지를 감안할 때, 매체 광고보다는 이와 같은 지역적 프로모션의 형태가 더 효율적이라는 판단을 한 것이다.

둘째, 점포 단위에서 이루어지는 판매촉진 수단을 사용하였다. 미스터피자에서는 LSM(local store marketing, 점포마케팅)이라고 지칭하는 것으로, 지점에서 자체적으로 쿠폰, 전단지를 배포하는 등의 촉진 활동을 의미한다. 지역적으로 북경 지역에 한정되어 있다는 점과 각 매장마다 고객층이 서로 조금씩 다른 점을 감안할 때, 지점별로 판매촉진을 달리하는 것이 더욱 효율적이라 판단하는 것이었다.

셋째는 매장 즉 road shop을 유동 인구가 많은 대로변에 위치시키는 것이었다. 이를 통해 브랜드의 노출을 극대화시키고자 한 것이다.

중국 시장에서 미스터피자와 함께 판매촉진을 주요 촉진 수단으로 활용한 기업으로 이마트를 들 수 있다. 이마트는 후발업체로서의 핸디캡을 극복하기 위해서는 좀 더 튀고 차별화한 수단을 사용하고자 한 것이었다.

이마트의 판매촉진 - 중국

중국 이마트는 경쟁업체에 비해 두드러지는 촉진 수단을 이용하고자 하였다, 후발업체로서 좀 더 차별화된 촉진 수단이 필요하다고 판단한 것이다. 크게 3가지 수단이 경쟁업체에 비해 차별화된 수단으로 사용되었다.

전단 광고(DM)

중국에서는 TV광고뿐 아니라 전단지를 브랜드 인지도를 높이는 데 적극 활용하였다. 경쟁업체인 까르푸의 경우는 전단 광고를 전혀 하고 있지 않으나, 이마트는 후발업체로 인지도를 높일 필요가 있었기 때문에 전단 광고를 꾸준히 실시하여 까르푸에는 없는 상품과 저렴한 가격, 특별 행사 등을 광고한 것이다. 이 광고지는 인근 3개구 대상의 중점 고객을 중심으로 정기적으로 발송되며, 전단 광고지의 디자인을 항상 일정하게 유지함으로써, 광고지만 보더라도 이마트 광고임을 알 수 있도록 하였다. 실제로 이 광고지를 보고 쇼핑을 오는 고객이 50%를 웃도는 것으로 조사되었다.

Point of Purchase

상품가격 표시, 판매행사 고지, 상품 설명 등의 POP를 까르푸 등 경쟁업체보다 두 배 이상 점내에 설치하였다. 광고물은 시각적 효과가 크도록 이마트 고유의 노란색과 중국의 빨간색을 혼용해 사용하여 고객들이 원래 구매하려고 했던 품목 이외에도 다른 상품에 관심을 가질 수 있도록 유도하였다.

이마트는 메킨지의 조사 결과 즉, 중국인들은 매장에서 구매를 결정하는 경우가 많다는 점에 착안한 것이다. 사전에 유명한 브랜드에 대해 미리 조사해보고, 광고도 보고 쇼핑에 나서지만, 가족끼리 매장에 나가 구경하다가 정작 구매 시점에는 마음이 확 바뀌어버리는 경우가 많다는 것이다. 중국 이마트는 이 점을 파악하고 매장 관리에서 인적 요소의 투입 조절과 POP관리에 집중하였다.

이벤트

이마트는 까르푸 등 경쟁업체가 할인 행사를 실시할 때 함께 이벤트 행사를 진행함은 물론, 경쟁업체가 행사를 전혀 진행하지 않을 때에도 깜짝 행사를 실시하는 전략을 사용하였다. 심지어는 프랑스 월드컵 때 프랑스 기업인 까르푸보다도 먼저 프랑스 낙농업체와 접촉하여 이벤트를 벌이기도 했다. 시간대별 할인상품 운영, 주말 특판 행사 등의 가격할인 행사 뿐 아니라, 매장 앞 광장에서 맥주 빨리 마시기, 노래 자랑 등의 각종 이벤트를 벌여 지역 소비자에게 친근한 이미지로 다가가려는 노력을 하였던 것이었다.

중국인들은 워낙 호기심이 많고 이벤트를 좋아한다고 한다. 나레이터 모델이 한 명 와서 홍보 행사를 하고 있으면 연예인이라도 나타난 것처럼 많은 사람들이 모여서 구경을 하고, 우리나라 사람들은 귀찮아서 혹은 앞에 나서기 민망해서 눈으로 흘끗 보고 지나가는 각종 이벤트에 중국인들은 적극적으로 참여하는 경향이 있다. 때문에 이벤트를 이용한 촉진 활동이 매출 증대는 물론, 주요 경쟁 기업인 월마트와 까르푸에 비해 뒤늦게 진출한 후발업체인 이마트라는 브랜드의 노출을 극대화하는 데에도 큰 도움이 되었다고 한다.

촉진 수단 중 판매촉진은 매체 광고에 비해 좀 더 현지 시장 특성이나 관행에 맞춰 현지화해야 하는 필요성이 제기된다. 특히 일본과 같은 성숙된 시장은 촉진 관행이나 소비자의 습관이 오랜 기간에 걸쳐 형성되었기 때문에 기업은 이에 맞춰 판매촉진 활동을 계획할 수밖에 없는 경우가 많다. 일본 시장에서 한국 기업들이 사용하였던 판매촉진 수단이 아래에 소개되어 있다.

일본에서의 판매촉진 - 현지화

경월소주

경월소주는 일본에서의 판매촉진 수단으로 우롱차나 소형 미니어처를 하나씩 붙여서 판매하는 direct premium(on-pack) 전략과 샘플링을 사용하여 왔다. 한국 내에서 소주는 신제품 출시할 때를 제외하고 판매촉진을 하지 않는다고 한다. 하지만 일본 내에서 판매되는 경월소주는 프리미엄 제품인 만큼 가격이 만만치 않기 때문에 이런 세일즈 프로모션을 통해 판매를 촉진해야 했다고 한다. 이런 판매촉진은 기본적으로 일본에서의 전략적 파트너인 선토리에 의해서 진행되며, 구체적인 계획은 경월-선토리 마케팅 회의를 통해 조율되어진다고 한다.

삼성전자 LCD패널 - 수량 할인

일본 시장의 특수성 중 하나는 판매 리베이트 제도이다. 엄밀한 의미에서 판매 리베이트는 가격 차별화로 반경쟁적이라고 해석될 수 있다. 그러나 수량 할인인 판매 리베이트는 일본에서는 관행으로 자리 잡아져 있다. 삼성전자는 우선 전략적으로 중요한 고객에게 매출 할인을 통해 일종의 인센티브를 주었다. 구체적으로 목표 수량만큼 구매를 하게 되면 1% 정도를 판매가에서 할인하여 준다. 이는 전략적으로 중요한 고객과의 장기적인 관계 정립을 위해서 시행하는 것이었다. 삼성전자는 수량 할인과 함께 장기 계약을 체결하여 고객과 일정 기간 내에 상호 호혜적인 공급자-구매자 관계를 맺고자 하였다.

NC소프트의 판매촉진 - 결제사와의 제휴

NC소프트가 일본 시장에서 한국 시장과 다른 결제 시스템에 대한 적응이 필요했다. 일본은 우리나라와 달리 무통장 입금이나 신용카드의 사용과 같은 온라인 결제 수단에 대해 부정적인 인식을 가지고 있다. 일본에서는 대신 편의점에서 주로 판매되는 웹머니와 넷캐쉬 등으로 불리는 선불카드를 이용한 결제가 보편화 되어 있다.

일본에서는 인터넷 사이트에서 여러 가지 게임의 결제를 대행해주는 결제 대행업체들도 결제 수단을 제공하고 있다. 특히, 결제 대행업체는 다양한 할인 제도가 있어 온라인 게임 유저들이 많이 이용하고 있다. 따라서 NC소프트 일본은 엔터맵과 알파니프티 등과 같은 결제 대행업체들과 제휴가 필요하게 된 것이다. NC소프트는 이 경로의 고객 참여를 유도하기 위해 게임넷 아이템을 제공하기도 하였다. 즉 결제 대행업체를 통한 프로모션을 통해 제품을 광고하고 판매 촉진하는 효과도 발생하는 것이다.

기업이 매체 광고를 계획할 때, 크게 3개 영역으로 나눠 글로벌 정도를 결정하는 경향이 있다 - ① 전략/기획, ② 크리에티브(creative), ③ 매체 선정. 이 3개 영역 중 전략/기획 영역은 대체로 표준화하는 경향이 높다. 왜냐 하면, 이 부분은 브랜드의 정체성과 포지셔닝에 관한 결정이기 때문이다.

한편 크리에티브과 매체 선정은 현지 문화 및 매체 환경에 따라 현지화를 허용하는 것이 글로벌 광고의 일반적인 특성이다. 특히 매체 선정은 국가별로 미디어 환경이 사뭇 다르고 효과적인 매체가 국가별로 동일하지 않기 때문에 현지화 정도가 높은 것이 일반적인 관행이다. 물론, 글로벌 미디어와 인터넷의 출현으로 과거 보다 표준화 정도가 높아진 것은 사실이다.

우리 기업도 매체 선정시 현지 미디어 환경을 고려하여 현지화하는 경향을 보인다. 아래에서 NC소프트와 삼성전자가 각각 일본과 유럽 시장에서 사용한 미디어 전략이 소개된다.

NC소프트의 미디어 전략 - 일본

일본에서는 잡지가 한국과 다르게 문화적인 측면에서 큰 비중을 차지하고 있다. 다양한 분야에서 다수의 독자층을 확보하고 있다. 이런 일본 시장의 특성상 NC소프트 Japan은 잡지에 기사가 게재되는 데에 신경을 써 왔다. 특히 2006년 합작회사인 소프트뱅크 의 계열사가 '웹진 4 gamer'를 인수함으로써 더욱 활발하게 노출시킬 수 있는 매체를 확보할 수 있었다. 웹진은 현재 일본의 온라인 게임 미디어 중 가장 중요한 매체로써 자리매김을 하고 있다.

NC소프트는 2000년 중반에는 심야의 라디오 프로그램을 통해 게임과 관련한 20부작 특집 방송을 편성하여 게임 유저들에게 매우 좋은 반응을 얻은 바 있었다. 심층적으로 게임을 분석하고 함께 토론해 가는 프로그램으로 게임 유저들의 큰 관심을 얻었던 것이다. 최근에는 일본의 대표적인 여가수인 '쿠라키 마이'와 계약을 맺어 게임과 함께 음악을 즐길 수 있는 새로운 방식의 아이템 개발에도 착수하여 게임 유저의 관심을 끌고자 한 바가 있다.

삼성전자의 미디어 전략 - 유럽

삼성전자의 유럽에서의 매체 광고 전략은 상당히 표준화되어 있다. 기본적으로 본사가 가이드라인을 제시하고, 현지에서 매체 집행을 하는 방식으로 이루어졌다. 유럽은 국가별로 매체별 광고 효과의 차이가 컸기 때문에 표준화된 광고를 제작하는 데는 어려움이 따랐다.

삼성전자 휴대폰 광고의 경우에, TV 광고는 스타일리쉬한 비즈니스 폰임을 강조함으로써 잘 받아들여졌지만, 인쇄 광고는 모델에 대한 선호도가 지역별로 두드러지게 달라 여러 버전으로 재촬영해야 했다. 삼성전자는 휴대폰 광고에 기본적으로 인쇄 매체, TV, 비즈니스 잡지 등을 활용했다. 그러나 국가별로 매체 사용 정도는 달랐다. 즉, TV광고의 효과가 큰 러시아에서는 TV광고의 비중을 높이고, 프랑스에서는 옥외광고 부문에 많은 예산을 집행하였다.

기업들은 전통적인 촉진 수단인 매체 광고, 판매 촉진, PR이외 다른 수단들도 흔히 사용한다. 대표적인 예가 스포츠마케팅과 문화마케팅이다. 삼성전자의 올림픽 후원, 현대자동차의 월드컵 후원, LG전자의 축구팀 후원, 그리고 문화 행사 지원 등이 이에 해당한다. 이외 다른 창의적 수단들을 기업들은 끊임없이 적용하고자 노력한다. 그 이유는 전통적인 수단보다 비용이 저렴하고 전통적인 방식에서 획득할 수 없는 이미지를 확보할 수 있기 때문이다. 아래 사례에서 전통적인 방식이 아닌 촉진 수단들이 소개된다. 특히 현대자동차의 북경에서의 택시 수주를 통한 노출 확대는 주목할 만하다.

현대자동차의 중국 촉진 전략 - 북경 택시 수주

북경시는 2008년 베이징 올림픽을 앞두고 2007년까지 6만대의 택시를 교체하는 계획을 발표하였다. 북경시는 택시의 차량 색상을 춘하추동 사계절을 뜻하는 초록, 빨강, 파랑, 자주색으로 규정하였다. 이에 북경현대는 이러한 색상을 다른 경쟁업체보다 빠르게 출시함으로써 시장 선점의 효과를 누리게 되어 폴크스바겐, GM 등을 누르고 북경시 택시 수주 1위를 달성한 바가 있었다. 인지도가 상대적으로 떨어지는 현대자동차는 택시 "달리는 광고"로 브랜드 노출에 큰 도움이 될 것을 기대한 것이다.

베이징 시에서 채택된 아반테XD와 EF쏘나타 택시

아이디스의 촉진 - 소비자 교육

아이디스는 DVR이라는 제품이 일반 구매자들에게는 낯선 제품이기 때문에 소비자 교육이 이루어지지 않으면 판매로 연결될 수 없다는 사실을 잘 이해하고 있었다. 따라서 아이디스는 미국 시장에 소비자 교육을 가장 중요한 촉진 수단으로 이용하여 왔다. 구체적으로, 전문 전시회 참가, 관련 심포지엄 개최 등을 통해 잠재 구매자들로 하여금 제품이 어떻게 구성되어 있고, 어떻게 작동하는 지에 대한 정보를 지속적으로 알려나가는 활동을 펼쳐 왔다. 아이디스는 이러한 소비자 교육이 브랜드와 제품 인지도를 높이는 데에 매우 효과적이었다고 평가하고 있다.

8. 브랜드 유통 전략

유통은 기업에게 브랜드 세계화를 달성하는 데에 주요 수단이다. 그러나 기업이 유통에 의존하는 전략적 중요도는 기업의 전략에 따라 다르다. 유통은 단순히 유통일 수도 있고, 유통과 동시에 주요 촉진 수단이 될 수도 있다. 기업이 유통을 주요 촉진 수단으로 사용하는 전략을 소위 push 전략이라고 한다. Push전략은 대체로 유통상의 영향력이 매우 큰 경우, 그리고 브랜드간의 경쟁이 치열하여 소비자 서비스나 유통상의 촉진력에 의존해야 할 경우에 사용되는 전략이다. 우리 기업의 경우에는 브랜드 경쟁력이 떨어질 때는 대체로 영업력에 의한 유통 push로 판매하는 전략을 사용하는 경향이 크다. 아래의 SK의 ZIC 사례가 여기에 해당된다고 볼 수 있다.

SK ZIC의 Push 전략 -중국

ZIC가 중국 시장에서 진입 초기에 push전략을 사용할 수밖에 없었다. 이는 우선 중국 윤활유 시장의 특성 때문이었다. 중국 윤활유 시장의 특성상 8:2가 push 마켓이었다. 윤활유라는 제품의 소비자 구매행태는 손님이 스스로 고르기보다는 대부분 카센터 직원의 권유로 어느 제품을 사용할 것인가를 결정하게 된다. 이는 소비자들의 제품에 대한 지식 수준이 낮기 때문이었다.

따라서 ZIC는 TV광고를 거의 하지 않았다. TV광고를 하고 고객들이 ZIC의 제품을 사고 싶다는 생각을 가지게 되더라도, 막상 소매점에서 ZIC를 취급하지 않으면 최종 소비자들의 구매가 이루어질 수 없었던 것이었다. 대신 유통 채널들을 많이 확보하는 것과 채널에 있는 직원들에 의한 촉진 판매가 매우 중요하였다. 그래서 훈련된 영업사원들을 유통 채널들에 계속적으로 접촉을 시키고 그들과의 관계 형성에 노력할 수밖에 없었다.

ZIC는 우선 많은 수의 소매점(1차 구매자)들의 확보하고자 하였다. 중국에 윤활유는 고·저급 제품을 모두 합하여 수백 개의 상품이 있다. 현실적으로 재고의 문제와 진열 공간의 제한, 수요량의 고려 문제로 소매점에서는 그 많은 제품 가운데 몇 개만의 제품을 취급하게 된다. 특히 후발업체인 ZIC로서는 현재 시장에 취급되고 있는, 많은 상품들 중에서 어떻게 ZIC를 차별화할 수 있을까가 도전 과제였다.

ZIC는 우선 초기에 판매촉진 활동을 공격적으로 추진하였다. ZIC가 사용한 판매촉진 프로그램은 ① 무상증정, ② 10+1판매, ③ 마일리지 적용, ④ 설비 지원 등이 있었다. SK는 이와 함께 라디오 광고도 시작하였다. 이는 소매점이나 카센터, 트럭 운전자들을 대상으로 하는 판매촉진 프로그램을 지원하기 위한 것이었다. 라디오 광고는 다소 긍정적인 효과를 가져왔다. 택시 기사들이나 트럭기사들, 혹은 운전하는 중에 라디오를 듣는 사람들이 많기 때문에 ZIC의 브랜드 네임을 운전자(고객)들에게 접할 수 있는 기회를 제공한 것이다.

업체간의 판매촉진책은 소매점들에게는 이제 익숙한 것이 되었고, 윤활유 업체들의 경쟁은 더욱 치열해졌다. 여기서 ZIC는 또 한 번 꽌시를 중요시하는 전술을 사용하였다. 다른 업체들과 같이 주는 것만으로는 우위를 점하기 힘들었다. 그래서 ZIC는 소매점들과의 계속적인 접촉과 관계 형성에 더욱 열의를 다하였고, 그 결과는 해외 메이저들의 제품을 취급하던 소매점 상당수까지도 자신들의 제품을 취급하여 주는 성과를 얻을 수 있다.

SK네트웍스에서 중국에 많은 주유소들을 늘리고 있었다. 따라서 SK 주유소를 통한 촉진도 큰 효과가 있었다. 주유소에서 ZIC의 제품을 소개받을 때에 소비자의 입장에서 저항감이 굉장히 감소하게 된다. 그리고 이렇게 소비자들과의 잦은 접촉을 함으로 인해서 SK의 ZIC제품에 대한 인식을 높일 수 있고 친숙도를 높일 수 있는 장점도 있었다.

ZIC 초기 시장 실패

ZIC의 제품 특성상, 윤활유는 소비자들에게 있어서 저관여도의 상품이다. 자가운전자들이 많이 늘어나면서 예전보다 많은 사람들이 직접 브랜드를 고르기도 하지만, 여전히 대부분의 소비자들이 판매원의 권유에 의해서 제품 선택을 하는 경향이 있다. 따라서 SK는 초기에는 카센터와 같은 작은 상점에 제품을 유통시켰다. 카센터와 같은 작은 상점들은 진입이 쉬우나, 매출을 창출하기가 쉽지가 않았다. 카센터는 자신들의 이익을 위하여 저가의 제품을 위주로 취급하였다. 그래서 가격에 굉장히 민감하고 저급·저가제품을 많이 사용하는 실정이었다. 더욱 중요한 것은 물량이 얼마 되지 않는다는 것이었다. 이는 ZIC사업부의 원래 목표인 고급 시장의 개발과도 부합되지 않는 전략이었다.

ZIC는 이러한 전략적 시행착오를 겪은 후 타겟을 중·대형 이상의 수리점으로 바꾸었다. 이곳을 찾는 고객들이 사용하는 자동차들은 대부분 고급 자동차였고 그러한 운전자들은 윤활유도 좋은 것을 사용하여야 한다는 인식을 가지고 있었다. 또 그들은 고급 윤활유를 사용할 수 있는 구매력이 있었다. ZIC의 고급시장 개발과도 맞아 떨어지는 타겟이었다. 그러나 이러한 전략은 SK에는 최종 소비자를 대상으로 고급 브랜드 이미지를 심어야 하는 또 다른 도전으로 남게 되었다.

기업이 유통 전략을 수립하는 데에 있어 가장 핵심적인 전략적 과제중의 하나는 유통 채널 경로를 결정하는 것이다. 특히 직접 유통 vs, 간접 유통을 결정하여야 한다. 직접 유통의 장점은 유통 경로를 통제할 수 있다는 점이고, 간접 유통은 비용 부담이 적으며, 유통 커버리지가 확대시킬 수 있는 장점이 있다. 이와 관련된 사례를 살펴봄으로써, 직접 vs. 간접 유통 결정시 고려되어야 하는 요인에 관한 시사점을 도출할 수 있다.

미스터피자 직영점 체제로 시작 - 중국

미스터피자는 북경, 천진 일대의 직영점을 개설하는 것으로 중국 시장 진입을 시작했다. 미스터피자 입장에서 직영점 체제는 서비스 교육, 촉진, 메뉴 관리 등을 표준화하기가 용이하여 브랜드 가치 상승에 도움을 줄 것으로 판단한 것이다. 시스템이 정착이 안 된 상태에서 가맹점을 운영하면 지점마다 다른 서비스를 제공할 여지가 있어 초기에는 직영점을 운영하는 것이 유리하다는 판단이었다.

미스터피자는 직영 매장을 지역적으로 크게 늘리지 못했는데, 그 이유는 비용 부담과 함께 물류 센터의 한계 때문이었다. 여러 지역으로 확장하면 다수의 물류 센터가 설립하여 뒷받침해주어야 함을 고려한 것이다. 피스터피자는 직영점 운영으로 통해 시장 학습이 어는 정도 이루어지고 표준화된 매장 관리 시스템이 구축되어야 다수 지역으로의 확장이 가능하다고 판단한 것이다. 미스터피자는 실제로 조만간에 가맹사업을 시작하여 2015년까지 중국 전역 1,000개 매장을 설립하는 계획을 가지고 있었다.

현대자동차의 중국 유통 - 딜러망 활용

현대자동차는 중국 진출 초기에 동부 연안 지역과 내륙의 대도시에 우선적으로 유통망을 확충하고자 하였다. 현대자동차는 2005년 현재 275개의 딜러를 확보하고 있었다. 딜러는 독립 사업자로서 신문과 인터넷을 통해 모집 공고를 내고, 동일지역 복수 신청자 중에서 자동차 판매 경험, 재무 상태, 지리적 위치, 정비 시설 등을 평가하는 선발 과정을 거쳐서 선발되었다. 딜러의 마진은 차종에 따라 다르지만 평균 7% 정도로 딜러들에게 판매에 따른 인센티브를 보장하고 있다. 모든 딜러점은 차량서비스 시설을 기본적으로 보유하여 판매, 정비, 부품 및 고객관리시스템(4S 체제)을 갖추고 있어야 했다.

현대자동차는 통제력과 이미지 관리 차원에서 직영점 운영이 유리하다는 점을 숙지하고 있었다. 그럼에도 불구하고 직영점 체제를 선택하지 않은 것은, 첫째 중국 정부가 체인점 형태의 판매점에 외국 지분 제한을 두는 등 외국회사의 자동차 소매에 제한을 두고 있었기 때문이었다. 두 번째 이유는, 방대한 중국 시장에서 빠르게 입지를 구축하기 위해서는 딜러 형태가 많은 자본과 시간이 소요되는 직영점 형태보다 효과적이라고 판단하였기 때문이었다.

우리 기업이 직접 유통 대신 간접 유통을 선택하는 또 다른 이유는 유통업체의 유통 장악력이다. 유통업체들의 소위 파워가 강하면 유통업체를 통하지 않고서는 충분한 유통 확보가 어렵기 때문이다. 이러한 현상은 선진국에서 두드러지게 나타나는 현상인데, 개도국 시장에서도 흔히 목격되고 있다. 중국의 경우는 최근 유통업체의 성장이 급격히 이루어짐에 따라 유통업체와의 협력이 중요시 되고 있다. 이러한 현상이 아래의 LG전자의 사례에서 나타나 있다.

LG전자 중국 유통 - 유통업체의 파워

중국의 에어컨을 비롯한 백색가전 유통구조를 보면, 80% 이상의 물량이 전문유통 채널을 통해 공급되고 있다. 전문유통 채널은 [생산자 — 전영점(대형 경소상) — 소형 경소상 — 소비자]로 이루어져 있으며 일반적으로 양판점의 형태인 전영점이 생산자를 장악하고 있는 실정이다. 전영점은 특정 브랜드 전문매점 체제가 아니라 여러 브랜드를 혼합·판매하는 형태를 취하고 있으며, 1년 단위로 여러 생산자들과 계약을 체결한다.

초창기의 유통은 생산업체가 시장을 주도하며 특정 회사의 제품만 파는 에어컨 전문점을 통해 주로 이루어졌지만, 최근에는 궈메이, 다중, 쑤닝 등 가전 양판점이 성장함에 따라 이들 양판점의 유통 지배력이 크게 확대되었다. 따라서 LG전자는 이들 양판점과의 협력이 불가피하게 되었다.

한국 기업들이 현지 유통 전략을 수립할 때, 현지 유통 여건에 맞춰 유통 전략을 현지화해야 함은 당연한 일이다. 그러나 현지화에만 의존하다 보면, 우리 기업들이 유통 부문에서 경쟁력을 확보하기 어려운 경우가 발생한다. 따라서 기업들은 현지 유통을 기획할 때도 현지화와 동시에 한국에서 축적된 유통 노하우도 이전할 수 있는 방안 즉 표준화도 동시에 간과해서는 안 될 것이다. NC소프트는 유통 구조가 복잡한 일본에서도 한국에서의 유통 노하우를 이전하고자 노력한 바가 있다. 아래 사례에서 자세히 살펴보자.

NC소프트의 일본 유통 - 표준화 / 현지화

표준화: ① PC방(Net Cafe)의 적극적 공략

NC소프트는 한국에서 리니지를 상용화하면서 자체적인 PC방 사업으로 시장 유행을 선도하였다. 이런 경험은 한국과 같이 PC방이라는 독특한 구조를 가지고 있는 일본에서도 비슷하게 적용하고자 하였다. 공인 Net Cafe를 위해 담당 팀을 따로 구성하면서 별도의 지원 페이지와 포인트 이벤트 등을 실시하였다.

현지화: ② 전자전문점, 양판점, 게임점, 편의점 등을 통한 공략

일본에서는 전자전문점, 양판점, 게임점은 통상적인 게임의 유통망으로써 대다수의 고객이 이런 유통 채널을 통해 게임을 구입하고 있다. 독특한 점은 2003년부터 시작된 '미니스톱', 'Circle K' 등의 편의점을 활용한 유통 구조이다. 일본의 편의점은 일본의 10년간의 장기불황 속에서도 성장을 멈추지 않았던 유통이었다. 편의점은 활용하는 계층이 젊은 층이나 독신 계층 등으로써 대부분 온라인 게임 플레이어들과 중복되는 특징을 가지고 있었다.

현지화: ③도시바와 같은 PC 메이커 등의 제휴 통한 제품 공급

한국 사람들은 스스로 부품을 골라서 조립하는 조립 PC를 애용하는 경향이 있다. 또한 전자 상가를 통해서 보다 저렴한 조립된 PC를 구입하고 있다. 그러나 일본인들은 PC 구매에 대해 우리나라와 다른 관행을 가지고 있다. 대다수의 일본인들은 고급 사양의 브랜드를 가진 컴퓨터를 구매를 선호하고 있다. NC소프트 JAPAN은 일본인들의 특성을 파악하여 대책을 마련하였다. 그 방법으로 우리에게도 잘 알려진 고급 PC브랜드인 도시바와 제휴를 통해 제품을 유통시켰다. 이들 제품은 주로 우리나라의 하이마트와 비슷한 일본의 양판점인 베스트전기를 통해 판매되고 있었다. 제품은 패키지 형태로 판매되었다.

현지 유통과 관련하여 중요시 되는 영역이 물류이다. 물류는 선진국에서는 크게 문제가 없으나, 개도국에서 물류 인프라가 제대로 개발되지 않아 기업들이 곤욕을 치르는 경우가 많다. 아래 사례에서는 이마트가 중국 시장에서 겪는 물류의 어려움이 잘 나타나 있다.

이마트 중국 유통 - 물류 문제점

중국은 물류 시설 및 운송 수단이 낙후되어 물류 비용이 지나치게 높으며 납품의 정확도가 떨어진다는 문제점이 있다. 또한 중국에서는 종합도매상이 발달되어 있지 않아 소매업체들이 영세 도매업체와 개별적인 물류 활동을 수행해야 하는 어려움이 있다. 중국 메이커들은 자체 유통망을 확보하고 않고 영세한 대리점들을 통해 상품을 공급하는 관행이 있다.

상해 이마트의 경우 약 800여개 이상의 업체와 거래 관계를 맺고 있으며 이들 대리점들은 창고 및 수송 수단이 열악한 문제점을 가지고 있다. 따라서 주문부터 납기까지의 소요 시간이 길고 비용이 높을 수밖에 없다. 열악한 물류 여건 때문에 납기가 제대로 지켜지지 않고 있는데, 특히 상해는 교통 혼잡으로 납입 상품의 대부분이 밤에 도착하고 있으며, 심지어 새벽에 도착하는 경우도 종종 있다. 따라서 상품의 판매 계획이 종종 차질을 빚게 되는 문제가 발생하기도 한다고 이마트 실무자가 밝히고 있다.

9. 현지 브랜드 경영 체제

기업들이 브랜드 세계화를 성공적으로 추진하기 위해서는 핵심 역량을 바탕으로 적절한 브랜드 전략과 이를 뒷받침하는 마케팅 전략이 수립되어야 한다. 그러나 아무리 훌륭한 전략이 수립되어 있어도 이를 올바르게 집행하지 않으면 시장 성공으로 이어질 수가 없을 것이다. 기업이 브랜드 세계화 전략을 성공적으로 집행하기 위해서 이를 지원하는 현지 경영 체제가 마련되어야 할 것이다.

기업에게 필요한 현지 브랜드 경영 체제로는, 우선 적절한 브랜드 조직이 있어야 한다. 브랜드 세계화에 합당한 조직 문화, 조직 구조 및 관리 시스템이 구축되어야 할 것이다. 동시에 브랜드 세계화를 추진할 수 있는 인력이 확보되어야 하고, 인력관리 시스템도 마련되어야 한다. 이와 함께, 브랜드 세계화를 기획하고, 모니터하고, 평가할 수 있는 시장정보시스템에도 투자되어야 할 것이다.

아래 사례에서는 우리 기업이 브랜드 세계화를 추진하기 위해 필요한 경영체제를 ① 브랜드 세계화 조직, ② 브랜드 세계화 인력, 그리고 ③ 브랜드 세계화를 위한 시장정보시스템으로 구분하여 논의한다. 특히 필자가 강조하는 것은 기업이 글로벌 브랜드 경영을 추진하기 위해서는 글로벌 조직, 글로벌 인력 및 글로벌 정보시스템이 구축되어야 하고, 반면에 현지화를 달성하기 위해서는 조직, 인력 및 시스템의 현지화가 이루어져야 하는 점이다.

우선 LG전자의 경영 체제가 논의된다. LG전자는 중국 시장에서의 기본 전략이 현지화에 있었다. 따라서 LG전자는 현지 완결형 체제를 중국에 건설하고자 노력하였다. 자세한 내용은 아래에서 살펴보자.

LG전자 중국 - 현지 완결형 체제

LG전자는 1980년대 초부터 최대의 잠재 시장인 중국 진출을 모색하기 시작하였다. 당시 중국은 활발한 개방 정책과 투자 유치로 경제가 활성화되고 있는 상황이라 최고의 시장성을 갖고 있었다. 그러나 핵심 기술 이전, 바이백 등 요구 조건이 까다로운 데다 이미 일본의 주요 가전업체들이 진출해 있어 우리 기업이 진출하는데 어려움이 많았다.

LG전자는 1988년 우선 홍콩에 현지 판매법인인 GSHK를 설립, 중국 진출의 교두보를 마련하였고, 중국 시장 개척이 본격화 된 1993년에는 광동성 혜주시 현지 기업과 합작 형태로 혜주법인을 설립한 이래 첨단 가전제품과 정보통신 제품을 생산, 공급하는 중국의 대표적인 디지털 기업으로 성장해왔다. 1996년에는 중국 사업의 사령탑 역할을 할 LG전자중국지주회사(LGECH)를 설립하여 중국 내 사업을 확장했으며, 이어서 LGETA 등의 생산 공장을 준공하고 가동하면서 중국 현지 생산체제를 확립하게 되었다.

2000년대 중반까지 LG전자는 중국 주요 지역에 13개의 생산 법인을 설립하고, 가전기술 연구를 위한 톈진연구소, CDMA 단말기와 중국의 사용자 환경(UI) 및 부가서비스 연구를 위한 옌타이연구소 등 각 생산법인 별로 연구소와 디자인 연구소 등을 운영하는 체제를 구축하였다. 또한 베이징에 영업본부 LGECH를 두고 베이징, 상하이, 광저우, 난징, 톈진, 청두, 우한, 선양 등 주요 핵심 지역에 8개의 분공사(分公司: 지역영업본부), 7개의 서비스센터, 28개의 대리점을 운영 중이었으며, 약 23,000여명의 임직원이 중국 전역에서 근무하고 있었다.

LG그룹 전체로 보아, LG. Phillips LCD, LG이노텍, LG마이크론, LG Philips Displays 등 관계사 합작 법인을 포함하여 총 15개의 생산법인을 가동하고 있다. 2002년 12월에는 '베이징 R&D센터'를 개설, 생산·판매뿐 아니라 연구개발에 이르는 "현지 완결형" 체제를 완성시켰다.

브랜드 세계화 조직

기업이 해외 현지에서 브랜드 경영을 원활하게 수행하기 위해서는 본·지사간의 적절한 분업 구조를 달성해야 한다. 특히 현지 법인에의 권한 위임 정도를 결정해야 한다. 아래에서는 현지 법인으로의 권한 위임에 관한 기업의 사례가 언급되고 있다.

미스터피자 중국 - 현지 법인의 역할

미스터피자는 사업 권한을 상당 부분 현지 법인에 위임해 왔다. 전략적으로 매우 중요한 의사결정은 정책은 본사에서 수행하지만, 나머지는 현지 법인에서 자체적으로 수행하고, 한국의 본사에서는 관여하지 않는 방식이다. 한국 미스터피자가 '맛'과 '시스템관리'에 있어서 경쟁우위를 가지고 있다고 하더라도 외식 산업의 특성상 어느 정도 현지 법인에게 일임해야 하는 부분이 있기 때문이다.

구체적으로 살펴보면, 교육, 서비스 정책, 현지 조달 등의 안건에 대해서는 현지 법인이 전적으로 책임을 지고 수행하였다. 인력 교육에 있어서 문화적인 차이를 고려해야 하고, 서비스 제공에 있어서 현지 소비자의 취향과 특성을 고려해야 하고, 또 산지의 재료를 신속하고 적절하게 조달해야 하기 때문에 이에 관한 업무는 현지 법인에 위임될 수밖에 없었다.

SK도 ZIC의 중국 마케팅을 위해 상당 부분 현지 법인에 권한을 위임할 수밖에 없었다. 그 이유는 SK가 중국에서 현지 영업력을 통한 push 판매를 추진하였기 때문이었다.

SK네트웍스 조직의 현지화 - 중국

SK네트웍스는 중국 시장에서 ZIC를 비롯한 다양한 제품을 원활하게 판매하기 위해서 2003년 천진윤활유라는 독립 법인을 설립하였다. SK네트웍스는 본사의 역할을 현지 법인으로 대부분의 권한을 위임하기로 결정하였다. 가장 중요한 요인은 마케팅 현지화를 달성하기 위해서였다.

첫째, 언어 장벽을 극복하는 것이 중요하다고 판단하였다. 소매점들과 관계를 갖기 위해서 많은 접촉이 필요하다. 유통의 확보가 윤활유 사업에서는 매우 큰 부분을 차지하는데, 유통(고객)과의 접촉에 있어서 언어적인 장벽을 없애는 것을 중요한 과제였다.

둘째, 현지인들의 외국기업에 대한 거부감을 무마시키기 위해서 현지화가 필요하다고 판단했다. 외국인이 경영하고 거기다 외국인 인력들이 대부분이면 자신의 나라에 대한 침투라고 생각하게 된다는 것이다. 그래서 많은 부분 현지 법인에 권한을 위임하고, 거의 현지 인력을 사용함으로써 친숙함을 느끼게 하고자 하였다. 대외적으로는 고용 창출과 선진 기업 노하우 및 제품 이전이라는 홍보 효과도 달성하기 위해서였다.

천진윤활유는 SK네트웍스의 중국 업무, 생산과 판매의 모든 면에서 본사의 역할을 하고 있는 것으로 알려졌다. 그러나 핵심적인 사안에 대해서는 본사와 천진윤활유가 함께 협의를 하고, 나머지는 천진윤활유가 모든 것을 책임지고 결정하는 구조를 가지게 되었다. 2004년부터 원화 가치 상승과 함께 현지에서 생산을 하는 것이 생산성이 더 높을 것이라는 판단하고 현지 생산을 시작하였다. 이로써 권한 위임은 더욱 더 이루어지게 되었다.

브랜드 세계화 인력

다음은 우리 기업이 브랜드 인력의 현지화를 위해서 어떠한 노력을 하고 있는지 살펴볼 필요가 있다. 이와 함께 현지 인력을 통해 어떠한 방법으로 생산성을 높이고자 하는 노력들이 언급된다.

미스터피자의 인력 현지화 정책 - 중국

미스터피자는 중국에서 높은 수준의 인력 현지화를 달성하고자 노력하였다. 2007년 기준으로 300명의 중국 법인 임직원 중 단 3명을 제외한 나머지는 모두 중국 현지인으로 이루어져있다. 조직의 중간 관리자 이상은 외부에서 영입하지 않고 매장에서 단계를 밟아 올라간 현지인들에게 기회를 부여하고자 하였던 것이다.

미스터피자는 중국 진출 초기에 한국에서 파견된 직원들이 현지인들에게 기술이전을 했고, 한국에서 사용하는 레시피와 서비스에 대한 매뉴얼이 그대로 번역되어 중국에서 사용한다. 지금은 중간관리자인 현지인이 맡아서 현지 인력교육을 담당하고 있다. 미스터피자는 중국에서 현지 인력을 쓰는 이유로, ① 인건비와 ② 타민족에게 교육받기 싫어하는 중국인의 배타성을 지적하고 있다.

삼성전자의 인력 현지화 - 일본

삼성전자도 일본에서 LCD패널 판매를 위해서 현지 인력을 통해 달성하고자 하고 있었다. 삼성전자는 업무와 현지 마케팅의 거의 모든 부분을 표준화시켜 진행하고 있으나, 현지 마케팅조직은 현지 인력으로 구성하였다. 일본 판매 법인에서 본사 파견 주재원 10 여명을 제외하면 모두 현지 채용한 일본인으로 구성되어 있다(2007년 기준). 대체로 비율이 주재원 1: 현채인 10로 되어 있었다.

삼성전자는 인력 현지화를 추진하는 이유는 첫 번째로 소형 패널 시장에서의 고객이 다양하기 때문이라고 한다. TV용 대형 패널의 경우는 고객이 본사와 직접적인 거래를 통해 수입해 가고 있지만 소형 패널의 경우는 규모가 작고 본사와의 직접적인 거래가 어렵기 때문에 이러한 마케팅 조직을 통하여

구매할 수밖에 없었다. B2B업체의 특성상 판매 혹은 구매시 해당 업체와 협상을 통하여 가격이나 판매량 등을 결정하기 때문에 언어 소통의 어려움, 문화적인 어려움이 존재한다고 할 수 있다.

삼성전자는 본사 파견 인력은 일본 판매 법인과 한국 본사와의 중간 소통 역할만 하고, 현지 채용인이 소형 패널의 판매를 전적으로 담당하는 구조로 업무 분장을 한 것이었다.

기업에게 현지 인력은 비용과 현지에서의 영업에서 유리하나. 그러나 현지 인력이 본사 인력에 비해 전문성이 떨어지는 경우가 많다. 특히 제품에 관한 기술적 지식, 브랜드 경영과 마케팅에 관한 전문 지식, 그리고 고객 서비스에 관한 의식이 부족한 것이 문제점으로 지적되고 있다. 이러한 현상은 개도국 시장에 두드러지게 나타나는데, 이마트와 LG전자도 중국에서 이와 유사한 어려움을 겪은 적이 있다. 이러한 이유 때문에 기업들은 현지 인력의 교육에 상당한 투자를 하지 않을 수가 없다. 이마트와 LG전자의 구체적 경험이 아래에서 언급된다.

이마트의 중국 인력 교육

이마트는 중국에서 궁극적으로 인력의 100% 현지화를 지향하며 인력을 관리하고 있다. 초기에는 점장을 비롯하여 여러 명의 한국인 직원을 본사에서 파견하여 매장을 운영·관리하고 현지 직원들을 교육하였으나, 최근에는 핵심포스트에만 한국 주재원을 투입·활용하고 있으며 점장들도 이미 100% 중국인으로 교체되었다.

파견되는 한국 인력들은 우수한 중국어 실력을 갖추고 있어야 했다. 개점 초기, 현지 인력들을 직무 관련 제반 사항을 일대일로 교육해야 했고, 교육 부족으로 손님과의 마찰이 잦아 직접 손님들을 접촉해야 했던 시기에 파견 인력의 중국어 실력은 중요한 요소로 작용한 것이다.

현재 중국 이마트는 중국인 인력에 대해 다양한 인센티브를 제공하고 있다. 한국 본사 출장이나 견학 기회, 조직적이고 정기적인 전문지식 교육 등을 제공하는 등 대우가 좋아 현지에서 인기 있는 직장이 되었다. 덕분에 많은 고급 현지 인력을 채용할 수는 있으나, 여전히 한국 인력에 비해 업무 지식이 상당 부족하다고 한다.

이마트는 현지 인력의 교육에 상당한 투자를 한다고 한다. 특히 핵심 인력은 국내로 초청해서 한국 이마트 연수원에서 교육을 하고 있다. 반면에 일반 인력은 한국에서 파견 교육을 실시한다. 이마트는 장기적으로 판매 직원의 교육과 관련된 인력 양성 프로그램을 현지에 구축하고자 한다. 현재 이마트는 단계적으로 현지에서 담당할 수 있는 교육프로그램의 개발에 노력하고 있는 것으로 알려지고 있다.

중국에 진출한 한국 기업들은 한국에서의 기업 이미지나 명성만 믿고 한국식으로 중국 현지 인력들을 관리하려는 경향이 있다. 그러나 중국에서는 중국의 룰을 따라야 하는 것처럼 중국 현지 인력 관리에 성공하려면 중국 사람의 특성을 먼저 파악하고 이에 맞는 인적 자원 관리가 필요하다. 이것이 바로 중국에서 성공할 수 있는 현지 인력 관리의 핵심이라고 할 수 있다.

LG전자의 인력 교육프로그램의 현지화

LG전자는 중국 본사 즉 중국 업무를 담당하는 조직은 지주회사로, 베이징에 있다. 8개의 분공사가 각각 베이징, 상하이, 광저우, 청두, 난징, 톈진, 우한, 선양에 있고, 35개의 영소부가 존재한다. 인력은 거의 100% 중국 현지인으로 1,500~2,000여명의 영업사원과 15,000명의 판매원으로 구성되어 있다(2005년 기준).

한편 고위급 인력은 난징 분공사 지사장을 제외하고 대부분이 아직 한국인인데, LG전자는 향후 이들 인력도 중국인으로 대체할 계획을 가지고 있다. 현지 인력을 고용함으로써 중국 시장 내 인맥 활용에 유리하고, 국내와 다른 문화·사회·법 체제에서 발생할 수 있는 상황에 효과적으로 대처할 수 있기 때문에 인력의 현지화는 필수적인 요소임을 인식하고 있다.

LG전자는 우수 현지 인력 확보를 위해 칭화대와 연계한 차이나MBA, 러닝센터 차이나, 중국 내 유수 대학과의 산학협동 등의 프로그램을 추진하고 있다.

LG전자는 중국 현지 인력이 같은 동아시아 문화권에 있지만 우리와 다른 특성을 가지고 있는 것으로 인식하고 있었다. 구체적으로, 실리 추구, 관시 중시, 남녀 평등, 회사에 대한 낮은 충성도 등과 같은 점이다. 이러한 차이로 LG전자는 현지 인력 관리와 핵심 LG인력으로 육성하는 데 어려움을 겪고 있다. 이는 중국 현지 사원들의 특성 파악이 이루어지지 않은 채 성급하게 국내의 경영 방식을 적용했기 때문이다. 따라서 성공적인 중국 현지인 인력 관리를 위해서는 무엇보다도 중국 현지 사원들의 특성을 먼저 파악하고 이들의 특성에 맞는 인적자원 관리가 필요함을 인식하고 있다.

특히 LG전자는 핵심 인재를 조기에 확보하고 육성하고자 노력하고 있었다. 지금까지 중국에 진출한 대다수의 한국 기업들은 주로 경력 사원들을 중심으로 인력을 확충해왔다. 그러나 이들의 이직률이 높아 우수 인력 유지 및 관리에 많은 어려움을 겪어온 것이 사실이다. 이를 해결하기 위해서는 LG전자는 캠퍼스 리크루팅이나 우수 대학 인턴십 제도 등을 실시하여 신입 사원 중심의 핵심 인력을 확보하고자 노력하고 있다.

구체적으로 LG전자는 칭화대와 베이징대 등 중국 내 유수 대학을 대상으로 장학 사업을 실시해 오고 있다. 또한 LG 경영진들은 중국 내 15개 대학을 순회하며 우수 인력을 채용하고 있다. 성공한 중국 기업으로 뿌리 내리기 위해서는 인재 확보가 필수이며, 현지 인재 확보를 통해 현지 기업의 근간을 마련하고 지역 사회에 기여하는 LG브랜드의 이미지를 적극 확립해 나갈 수 있는 계기가 된다는 것이다.

LG전자는 확보된 인력을 대상으로 체계적인 육성 프로그램을 실시해서 이들을 미래 사업을 이끌어갈 차세대 핵심 인재로 키우고자 노력하였다. 이를 위해 한국 본사 파견 교육, E-Learning, 어학 교육 등을 통해 체계적으로 현지 인력을 육성하고자 하고 있다.

구체적인 교육을 살펴보면, 영업 부장 및 과장급의 핵심 인력을 선발하여 교육 센터 중심으로 교육하고 있으며, 이와 별도로 매년 제품 관련 교육도 실시한다고 한다. 그리고 중국 직원 대상의 '혁신 학교'와 한국 기업으로 최초로 중국 직원 대상 연수센터를 운영하고 있으며, 중국 인력 육성책을 통해 경영대학원(MBA) 교육도 지원하고 있다. 또한 매년 국내와 세계 각국의 해외법인 인사 담당자 90여명이 함께 세계 인재확보 방안과 육성 전략을 논의하는 'HR 컨퍼런스' 행사도 개최하고 있다고 한다.

기업이 현지 인력을 활용함에 있어 여러 가지 문제가 발생한다. 위에서 언급한 전문성 문제뿐만 아니라 문화적인 차이에 의해 발생하는 문제도 기업의 현지화 노력에 걸림돌이 될 수 있다. NC소프트의 경우, 일본 현지 개발 인력과의 발생하는 문화적 충돌이 현지에서의 개발 성과에 상당한 영향을 미친 것으로 알려지고 있다.

아래 사례에서 자세히 살펴보자.

NC소프트의 일본 현지 개발인력과의 문화적 충돌

온라인 게임 시장에서는 우수 콘텐츠의 개발이 우선적으로 중요한 핵심 성공요인이다. NC소프트 Japan에게도 예외가 아니다. 시장에서는 하루가 다르게 경쟁 콘텐츠들이 등장하고 있고 언제 어디서 강력한 경쟁자가 등장할지 모르기 때문이다. 따라서 NC소프트에서 콘텐츠 개발에 많은 인력과 비용을 투입하여 왔다.

NC소프트 Japan은 약 100여 명의 인력 중에서 NC소프트에서 파견한 한국인원이 10여 명밖에 되지 않는다고 한다. 일본 현지에서 채용한 한국인들도 있지만, 기본적으로 현지 채용 인력에서 일본 문화와 한국 문화 사이에 문화적 이질감이 생각 이상으로 존재한다고 한다. 기업 문화에 대한 교육이 부족하고 공유하는 가치가 부족하기 때문에 발생하는 것으로 NC소프트는 이해하고 있다. 따라서 현지 개발 인력에 대한 기업 문화에 대한 교육과 개발팀 내에서의 소통이 강화되지 않으면 원활한 문제 해결이 어렵다는 것을 인식하고 있었다.

또 다른 갈등으로는 부서 간의 갈등이 있었다. 마케팅과 경영지원 업무를 하는 인원들과 게임 개발과 제작을 맡고 있는 엔지니어들 간의 생각의 차이가 크다고 하다. 이로 인해 의사소통의 문제도 심각하게 겪고 있는 것으로 알려지고 있다. 이 또한 비전의 공유와 활발한 의사소통으로 해결해 나가야 할 사안이다. NC소프트는 이런 문제들이 조기에 수습되지 않으면, 가까운 미래에 NC소프트 Japan의 현지화에 가장 큰 위협 요인이 될 수 있음을 인식하고 있었다.

마지막으로 현지 브랜드 경영 체제의 마지막 요소로서 시장정보 체제이다. 기업의 브랜드 사업 전략 기획부터 평가에 이르기 까지 현지 시장의 반응을 정확하게 파악하고 있어야 함은 너무나 당연한 일이다. 동시에 주요 시장 추세와 경쟁 기업의 동향도 파악되어야 하는 것이다.

한국 기업들은 일반적으로 현지에 설립된 조직, 인력, 사업장을 통해 시장 정보를 수집한다. 동시에 좀 더 종합적인 시장 정보를 수집하기 위해 자체적으로 시장조사 조직과 인력을 확보하기도 한다. 이와 동시에 기업들은 현지 distributor나, 제휴 파트너로부터 시장 정보를 확보할 수 있다. 특히 현지 체제가 구축되어 있지 않는 중소기업의 경우 현지 파트너의 의존도가 높을 수밖에 없다. 아래에서 이마트 중국과 HJC의 시장 정보 수집 활동을 살펴보자.

시장정보 체제 - 브랜드 세계화 체제의 마지막 초석

이마트 중국의 시장정보체제

이마트 중국은 현지 시장정보체제에 있어서 가장 핵심적인 요소는 현지에 설립된 시범 매장이었다고 한다. 특히 중국 시장 진출 초기에는 상해 1호점을 운영함으로 다양한 시장 정보를 수집할 수 있었고, 다양한 프로그램을 실험할 수 있었다고 한다. 즉 상해 1호점은 핵심적인 마켓 테스트 장소였다고 한다.

동시에 이마트는 경쟁 매장의 모니터링의 거점 역할을 했다고 한다. 상해 1호점은 까르푸와 불과 700미터밖에 떨어져 있지 않았다. 이마트는 현지 상황을 주의 깊게 살피고 정보를 수집하는 일 외에 경쟁업체인 까르푸에 대한 모니터링도 게을리 하지 않고 있었다. 심지어 매일 까르푸에서 나오는 고객들의 쇼핑백을 살핀다는 말이 돌고 있을 정도였다. 그 결과, 이마트는 중국 현지에서 발 빠른 마케팅 활동을 할 수 있었다고 한다.

HJC - 현지 distributor를 통한 시장 정보 수집

HJC는 미국과 유럽에 있는 distributor들을 시장정보 수집의 중요한 매개로 이용하여 왔다. 헬멧은 한편으로는 패션 상품이기 때문에 시장의 동향과 소비자 기호 파악은 제품 기획에 매우 중요한 일이다. HJC의 조사 자료에 따르면 헬멧에 입혀지는 그래픽은 매년 바뀌고 디자인은 2년에 한 번 꼴로 바뀌고 있다고 한다.

HJC은 제품 기획 단계에서 해외 distributor들을 참여시켜 왔다고 한다. 대체로 미국 현지 distributor는 1년에 총 4차례, 유럽 측과는 3차례의 대면 미팅을 하는 것으로 실무자는 밝히고 있다.

LG전자 시장 정보체제 - 영국

[시장정보 체제 Feedback]

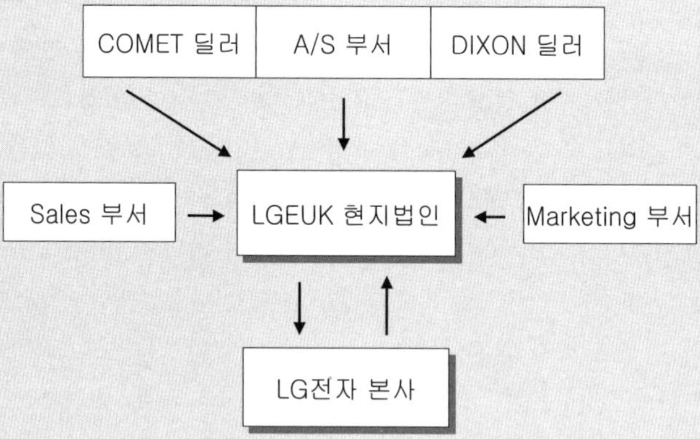

LGEUK의 시장정보체제를 살펴보면, 우선 마케팅 조직상의 Sales 담당 부서와 Marketing 담당 부서를 중심으로 영국의 시장 상황 및 동향, 제품의 판매현황 등을 매 분기 조사하여 보고서를 작성한다. Service 담당 부서는 현지 업체들과의 연계를 통해 LG제품에 대한 애프터서비스를 해주고 소비자의 욕구와 불만사항 등을 파악하여 현지 법인장에게 보고한다. 또한 매월 영국내의 딕슨, 꼬멧 등의 유통업체 딜러들과의 정기적인 모임을 통해서 디지털 TV의 판매 추이와 경쟁 업체들의 판매 활동에 대한 정보를 얻고 있다.

현재 영국의 디지털 TV시장은 제품의 수명주기상 도입기에 해당하기 때문에 본사와 현지 법인간에 활발한 정보 교류가 필요하다. 영국 법인의 마케팅 조직과 유통업체 딜러를 통해 수집된 정보는 현지 법인내의 지사장을 통해 한국 본사의 구주수출팀과 해외마케팅부서로 보고되며 한국의 본사에서는 영국 현지 법인으로부터 수집된 정보를 바탕으로 제품 기획에 대한 feed-back을 해 준다.

제3부

특별주제 1

중소기업의 공동 브랜드 전략

특별주제 2

브랜드 세계화 결정요인에 관한 실증적 분석

특별주제 3

아시아 기업의 브랜드 세계화 사례

특별주제 4

브랜드 세계화 역량 평가
–한국과 독일 자동차 업체 역량 비교

중소기업들이 독자적인 마케팅을 수행하는 데에는 엄청난 초기 고정투자가 필요한 것이 사실이다. 특히, 독자적인 마케팅 수행에는 상표 출원, 상표 개발, 광고 촉진, 유통망 구축, 마케팅 인력과 조직 확보, 고객 서비스 및 시장정보 체제 구축 등 상당 규모의 초기 투자비용이 필요하다. 그러나 이러한 고정투자는 자금력, 인력 및 마케팅 인력이 떨어지는 중소기업에는 상당한 부담으로 작용하여 중소기업의 마케팅 수행에 큰 걸림돌로 작용하여 왔다.

따라서 중소기업의 초기 고정투자 부담을 경감시키기 위한 방안으로 공동브랜드 개발에 따른 공동마케팅 방식이 제시되어 왔고, 상당수의 기업들이 이에 참여하여 왔다. 그러나 대부분의 공동브랜드 사업은 성공적이지 못하였고, 운영상의 여러 가지 문제점이 발견되어 왔다.

이상과 같이 공동브랜드 사업의 중요성에도 불구하고, 이에 대한 체계적 연구 노력이 매우 제한적인 것이 사실이었다. 따라서 이 장에서는 공동브랜드 사업이 과연 무엇이며, 중소기업들에게 바람직한 사업인가에 관한 재조명을 시도하고 이를 바탕으로 공동브랜드 사업의 효율화를 위한 과제를 도출하고자 한다.

1. 공동브랜드 사업의 내용과 유형

공동브랜드 사업의 내용

통상적으로 공동브랜드 사업은 공동브랜드를 통해 공동마케팅을 수행하는 것을 의미한다. 그러나 정확한 의미에서의 공동브랜드 사업은 완전한 공동마케팅뿐만 아니라 다양한 영역에서의 협력 또는 제휴 활동도 포함될 수 있을 것이다. 공동브랜드 사업을 통해 수행될 수 있는 마케팅기능은 다음과 같이 정리할 수 있다.

〈표 1〉 공동브랜드 사업의 내용

협력 영역	협력 기능
1. 공동브랜드 개발	·브랜드만 공동 개발하여 사용함.
2. 공동 판매 촉진	·광고 ·홍보 ·공동 전시장
3. 공동 유통 및 물류	·공동 물류, 배송 ·공동 유통 경로 ·공동 판매 조직
4. 공동 제품 개발	·제품 구색 ·디자인 개발 ·생산 협력
5. 공동 서비스 체제	·공동 고객 서비스 ·공동 시장정보 시스템

공동브랜드 사업은 협력 기업 또는 기관간의 비용 공유를 목적으로 외국에서 성공적으로 추진되어 왔던 사업이었다(〈표 2〉 참조). 일본의 경우, 1971년 통일상표법을 제정하여 견직물, 안경테, 식탁용 가구 등의 중소기업들이 통합상표를 개발하여 수출한 바가 있다.

〈표 2〉 외국의 공동 브랜드 사례

국가명	공동 상표명	사용 품목	참여 업체
이태리	Premax Voice of Gold	칼붙이, 가위류, 귀금속, 보석류	칼붙이, 가위류 제조업체 55개사 귀금속, 보석류 생산업체 21개사
독 일	Bioland	농산물 가공	농산물조합 회원사(2,900여명)
미 국	Sunkist	농산물 가공	농산물조합 회원사(8,000여명)
프랑스	Bernardeau	도자기 제조	일본회사
덴마크	Danish	덴마크산 돈육	도축조합조합협회 산하 전양동농가
멕시코	Lala	살균우유 등 낙농제품	목축협회소속 120여 낙농업체
러시아	Wimim-Bill-Dann	우유, 쥬스, 넥타류 제조	관련엽계 5개사
영 국	NAWDC	폐기물 처리 서비스	폐기물처리협회 소속 170여개사
일 본	Monjou	안경테	후쿠이현 안경테조합 회원사

자료: 중소기업청

좀 더 성공적인 사례는 미국의 Webb-Pomerene Act에 의해 설립된 협동조합브랜드에서 찾을 수 있다.[16] 대표적인 협동조합브랜드로서 Sunkist, Sun Maid, Blue Diamond 등이 세계적인 브랜드로 성장하였다. 중소기업의 비중이 매우 높은 이탈리아의 경우에도, 특정 지역을 단위로 소규모 기업들이 공동 브랜드를 개발하여 각사 단위로 전문화된 제품을 생산·판매하여 왔다.

정부 주도하에 이루어진 공동브랜드 사업의 대표적 성공 사례는 이스라엘의 감귤 사업에서 찾을 수 있다.[17] 이스라엘 정부는 Citrus Marketing Board의 조직을 통해 Jaffa 브랜드를 개발하여 구주 지역에 수출하여 구주 지역 시장점유율 20% 이상을 달성한 바가 있다.

16) Terpstra, Vern and Ravi Sarathy (2001), International Marketing, 7th ed, Dryden.

17) Jaffe, Steven (1992), Exporting High-Value Food Commodities, World Bank Discussion Papers 198, World Bank.

공동브랜드 사업의 유형

공동브랜드 사업은 사용 브랜드, 브랜드 대상, 협력 형태 및 사업 주체에 따라 다양한 유형이 가능하다. 구체적인 내용을 살펴보면 다음과 같다.

〈표 3〉 공동브랜드 사업의 유형 및 내용

분류 기준	유형	비고
사용 브랜드	• 신규 브랜드 • 기존 브랜드 사용 • 연합 브랜드(endorsing brand)	귀족 카파치 LG-IBM
브랜드 대상	• 제품 브랜드 • 소재(material) 브랜드	대부분 콜롬비아 커피, Intel
협력 형태	• 업무 제휴(공동판촉, 공동물류, 공동광고) • 연합 체제	분야별 협력 관리회사 설립
관리회사 주체	• 선도 협력 업체 • 공동출자법인 • 협동조합, 단체 • 지방자치단체 • 제3의 기관	카파치, 세누피 CCC 귀족, 각시번, 코스타 경북무역 종합상사, 유통기관

주: 〈표 1〉 참조

2. 공동브랜드 사업의 경제성 평가

기업이 공동브랜드 사업을 결정하기 전에 경제성에 관한 면밀한 분석이 뒤따라야 한다. 우선, 독자적인 고유 브랜드 사용과 타사브랜드 사용에 대한 평가가 이루어져야 할 것이다. 이 평가에서 고유 브랜드 사용이 결정되면, 단독브랜드와 공동브랜드 사용에 대한 평가가 뒤따라야 할 것이다.

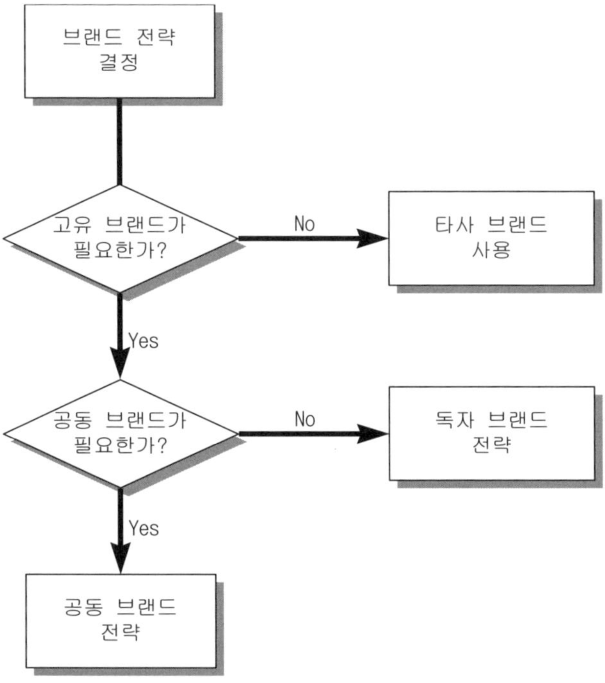

고유 브랜드와 타사브랜드 전략 비교[18]

가. 고유 브랜드 사용에 따른 잇점

첫째, 로얄티나 프랜차이징 비용을 절약할 수 있다.

둘째, 가맹비나 보증금을 절약할 수 있다.

셋째, 시장 경험을 습득하여 장기적으로 시장 자립기반을 구축할 수 있는 장점이 있다.

넷째, 성공시 수익을 독점할 수 있어 잠재 수익성이 높다.

나. 타사브랜드 사용에 따른 잇점

타사브랜드 사용은 라이센싱, OEM 계약 및 프랜차이징 등 다양한 형태를 띨 수 있는데, 이에 따른 잇점은 다음과 같다.

첫째, 브랜드 소유주의 기술 및 마케팅 기법을 이전받을 수 있다.

둘째, 브랜드 소유주의 기존 판매 경로를 이용할 수 있다.

셋째, 브랜드 개발·출원·등록, 광고·촉진, 유통망 구축, 마케팅 인력 확보 등에 필요한 초기 고정투자 비용을 절감할 수 있다.

넷째, 시장 진입을 위한 초기 투자와 준비 기간을 단축시킬 수 있어 신속한 시장 진입이 가능하다.

다섯째, 마케팅은 브랜드 소유주에 위임할 수 있어 생산에만 전문화할 수 있다.

---

18) 한충민(1996), "한국 기업의 브랜드 국제화에 관한 탐색적 연구: 고유 브랜드 전략의 특성을 중심으로," 「경영학연구」, 44호(5월), 333-353.

공동브랜드와 독자브랜드 전략 비교

가. 공동브랜드 사용에 따른 잇점

첫째, 초기 시장 진입에 필요한 고정투자 비용을 공유할 수 있다.

둘째, 협력사간의 기술, 마케팅 지식 및 시장 정보를 공유할 수 있는 장점이 있다.

셋째, 독자브랜드에 비해 신속한 시장 진입이 가능하다.

나. 독자브랜드 사용에 따른 잇점

첫째, 협력사의 뒷거래나 독립과 같은 기회주의적 행위를 방지할 수 있다.

둘째, 공동브랜드 사업에서 발생하는 투자와 수익 배분에 따른 갈등이 없다.

셋째, 수익을 독점할 수 있어 잠재 수익성이 높다.

넷째, 신속한 의사결정이 가능하다는 장점도 있다.

종합 평가

이상과 같이 공동브랜드, 독자브랜드와 타사브랜드 전략에는 다양한 장 · 단점이 존재한다. 따라서 종합적으로 볼 때 투자 위험-투자 성과와 예상 판매 물량 평가에 따라 선별적으로 추진되어야 한다.

우선, 투자 위험-투자 성과 면에서 3가지 대안을 평가하면 독자브랜드는 투자 위험이 높으나 잠재 수익성이 높다. 반면에, 타사브랜드는 투자 위험과 성과가 3가지 대안 중 제일 낮음을 알 수 있다.

이와 함께, 예상 판매 물량에 따라 위의 3가지 대안의 경제성이 달라진다. 독자브랜드 전략은 초기에 상당 규모의 고정 투자 비용이 필요한 반면에, 타사브랜드 전략은 로얄티 또는 프랜차이징 비용 등의 변동 비용 부담이 크다.[19] 한편, 공동브랜드 사업에는 초기 고정투자에 대한 공유분(고정 비용)과 함께 판매 물량에 따라 변동하는 로얄티 비용과 협력사의 기회주의적 행위에서 발생하는 비용(변동 비용)이 예상된다.

〈그림 1〉 투자 위험-투자 성과에 따른 평가

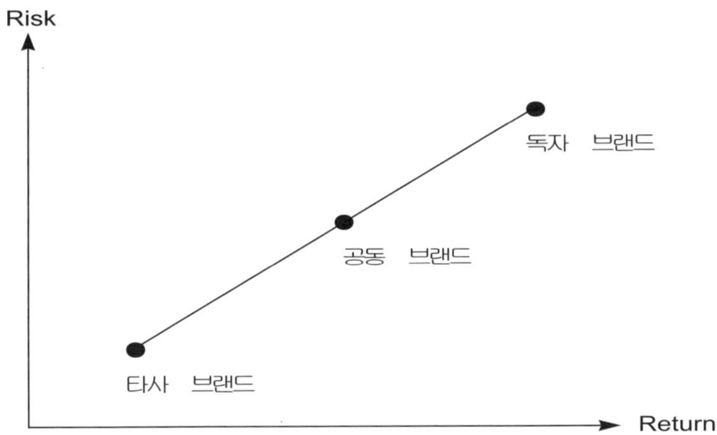

따라서 〈그림 2〉에서와 같이 예상 판매 물량이 많으면(Q_2^*이상) 독자브랜드 전략이 가장 경제적이고, 판매 물량이 적으면(Q_1^*이하) 타사 브랜드 사용이 경제적이다. 한편, 공동브랜드 전략은 중

19) 한충민 (1995), 「브랜드 세계화」, 21세기 북스.

간 규모의 판매물량($Q_1{}^*$과 $Q_2{}^*$사이)이 예상될 때 가장 경제적인 것으로 추정될 수 있다.

〈그림 2〉 예상 판매 물량에 따른 평가

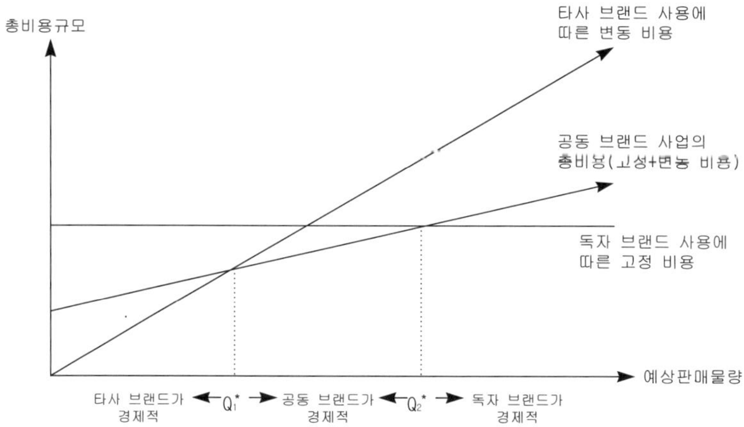

3. 공동브랜드 사업 운영에 따른 문제점

공동브랜드 사업의 현시적 경제성과 정부 및 지방자치단체의 지원에도 불구하고 공동브랜드 사업의 성과는 기대에 미치지 못하고 있는 것이 사실이다. 이는 공동브랜드 사업에 대한 경험 미숙과 운영상의 갈등과 문제점에 연유한 것으로 추정되고 있다. 공동브랜드 사업 운영에 따른 문제점은 관리 회사와 가맹 조합원으로 구분하여 살펴보면 다음과 같다.

관리 회사에 관한 문제점

다양한 공동브랜드 사업을 통해서 여러 가지 문제점이 발견되어 왔다. 이런 문제점은 관리 회사의 경험과 운영 미숙 그리고 본연적인 한계에 연유한 것으로 구체적인 문제점은 다음과 같다.

첫째, 관리 회사가 장기적 시장 기반 보다 단기 수익 극대화에 치중하는 경향이 있다. 이는 다양한 조합원의 지속적인 투자와 참여를 유도하기 위해서는 단기적인 실적을 보여야 하기 때문인 것으로 보여진다.

둘째, 관리 회사가 로얄티 수익 확보에 노력하여 '마구잡이'식 가맹이 발생하고 있다. 이로 인해 가맹 품목간의 품질 수준이 일정하지 않으며, 상호 보완적인 이미지 연계성이 확보되지 않은 경우도 많았다. 예를 들면, G 브랜드의 경우, 조합 간부가 상표권을 소유함에 따라 로얄티에 따른 분쟁이 발생한 바가 있다.

셋째, 관리 회사의 리더십 부재로 인해 조합원간의 갈등이 효과적으로 해소되지 못하고 있다. 공동브랜드 사업은 본연적으로 조합원간에 투자와 성과의 배분 그리고 운영상의 다양한 갈등이 발생할 수밖에 없는 사업이다.

넷째, 마케팅 전문 인력이 부족하다는 문제점이 나타났다. 대부분의 관리 회사는 외부의 전문브랜드와 마케팅 전문 인력을 영입하거나 활용하는 점에 매우 인색한 편이었다. 예를 들면, 브랜드 작명이 외부 브랜드 기획업체 이용보다는 조합원의 회의에서 이루어진 경우가 많았던 것도 사실이다.

가맹 조합원에 관한 문제점

가맹 조합원의 특성과 능력이 상이함에 따라 운영상의 다양한 갈등이 나타나고 일부 조합원의 기회주의적 행동도 발견되고 있다. 주요 문제점은 다음과 같다.

첫째, 조합원이 재정난으로 인해 '뒷거래'를 통해 제품을 덤핑하는 경우가 발생하여 왔다. 이러한 불법적인 제품 유통은 공동브랜드의 이미지에 상당한 타격을 줄 수 있다. 가파치의 경우에는, 이러한 뒷거래를 예방하기 위해 원가 계산서와 견본 제시 후에 구입금액과 수량을 결정하는 등의 대책을 사용하기도 했으나, 근본적인 대책은 되지 못하고 있는 것으로 평가되고 있다.

둘째, 조합원들이 공동브랜드 사업 참여로 얻은 지식과 거래선을 가지고 독립할 수 있는 가능성이 상존하고 있다. 이러한 기회주의적 행동을 미연에 방지하기 위해서 계약시 일개 업체당 일개 품목만 참여할 수 있도록 하는 방법이 활용되기도 하였다.

셋째, 조합원들이 지속적인 품질 및 디자인 개발 노력을 소홀히

하여 조합원의 제품이 품질 기준에 충족시키지 못하는 경우가 발생할 수 있다. 이로 인해 브랜드의 품질 이미지를 실추시켜 공동브랜드 사업조합의 공동 이익을 저해시킬 수 있을 것이다.

넷째, 투자와 성과의 배분에 관해 조합원간의 갈등이 발생하여 왔다. 이는 조합의 본연적인 한계로서, 특히 인기 품목과 비인기 품목간의 갈등 문제는 효과적으로 처리되기가 어려운 과제이다.

다섯째, 조합원간의 협동 정신이 부족하여 공동의 이익보다는 개인의 이익에 치중하는 결과가 발생하고 있다. 이에 따라 조합원들이 정보나 지식의 공유에 소극적이고, 장기적이고 지속적인 투자를 꺼려하는 경우가 많은 것도 사실이다.

공동브랜드 사업의 성공 조건

공동브랜드 사업의 내용과 유형, 경제성 그리고 운영상의 문제점을 분석한 결과, 공동브랜드 사업의 성공적 추진을 위해서는 적절한 사업 및 운영 조건을 갖추어야 하는 것으로 판단된다.

첫째, 공동브랜드 사업이 경제성을 확보하기 위해서는 적정 판매 물량이 예상되어야 한다. 대규모의 판매 물량이 예상될 때는 공동브랜드보다는 독자브랜드 개발이 더 경제적이고, 판매 물량이 소규모로 기대될 때에는 브랜드 개발을 위한 투자보다는 타사브랜드 사용이 유리하기 때문이다. 판매 분량에 대한 확신이 없고 공동브랜드 사업 참여에 필요한 투자 리스크에 대한 우려가 있을 때는, 타사브랜드 사용으로 시장테스트(market test) 후에 공동브랜드 사업에 참여하는 것도 효율적인 전략으로 평가된다.

둘째, 모든 기업간의 제휴가 성공하기 위해서는 참여 기업이 상호 보완적 자산(complementary assets)을 보유하여야 한다. 즉 참여 기업이 공헌할 수 있는 분야와 타 기업으로부터 획득할 수 있는 자산에 대한 명확한 이해가 선행되어야 할 것이다. 공동브랜드 사업에 있어서 조합원의 보완적 자산은 전문화된 제품과 지식 그리고 공유 가능한 자금력과 인력 등으로 평가될 수 있다.

셋째, 배분의 정의에 관한 공통적 인식과 경영의 투명성이 확보되어야 한다. 공동브랜드 사업에는 투자 비용과 성과의 배분에 관한 조합원간 갈등이 불가피하나, 이에 관한 사전적 인식과 성기석인 커뮤니케이션이 필수적이다. 이와 함께, 배분에 관한 조합원의 갈등을 줄이기 위해서는 경영의 투명성이 확보되어야 하고, 경영에 대한 조합원의 충분한 이해가 이루어져야 할 것이다.

넷째, 효과적인 통제와 감사가 이루어져야 할 것이다. 공동브랜드 사업의 최대 애로 요인인 조합과 조합원의 갈등을 줄이기 위해서는 조합이 조합원의 기회주의적 행동을 감시·통제하는 효과적인 제도가 마련되어야 한다. 이와 함께, 조합의 경영 투명성 확보를 위해 철저한 외부 감사도 이루어져야 할 필요가 있다.

다섯째, 공동체 의식이 필요하다. 공동브랜드 사업의 효율적인 운영을 위해서, 조합원이 개인의 이익보다는 공동의 이익을 위해 자발적으로 노력하는 공동체 의식이 무엇보다 중요하다. 이를 위해서는 명확한 브랜드 정체성 확립, 조합과 조합원의 정기적인 커뮤니케이션 그리고 경영 투명성 확보가 동시에 이루어져야 할 것으로 보인다.

제3부

특별주제 1

중소기업의 공동 브랜드 전략

특별주제 2

브랜드 세계화 결정요인에 관한 실증적 분석

특별주제 3

아시아 기업의 브랜드 세계화 사례

특별주제 4

브랜드 세계화 역량 평가
–한국과 독일 자동차 업체 역량 비교

특별 주제 2에서는 우리 기업의 브랜드 세계화 성공 정도를 결정하는 요인들을 실증적으로 분석한 연구의 내용을 소개한다. 이 연구는 필자가 2003년 국제무역연구원에서 발표한 자료를 옮긴 것이다.

필자는 우리 기업의 브랜드 세계화 현황을 파악하고, 브랜드 세계화 성과에 영향을 미치는 요인들을 실증적으로 분석하고자 하였다. 이를 위해 한국 2000대 수출 업체 중 458개 업체를 대상으로 설문조사를 실시하였다.

주요 결과는 크게 두 가지로 나타났다. 첫째, 우리 기업들이 개도국보다는 선진국에서, 대기업보다는 중소기업들이, 그리고 기술집약적 업종보다는 노동집약적 업종에서 브랜드 세계화 정도가 낮은 것으로 나타났다. 둘째, 기업의 브랜드 세계화 성과는 제품 및 디자인 경쟁력, 제품의 현지화, 독자적 유통력, 시장조사 활동 및 마케팅 전문 인력과 같은 해외마케팅 체제의 구비 정도와 밀접한 관계가 있는 것으로 나타났다. 마지막으로 본 연구에서는 이상의 연구 결과를 바탕으로 브랜드 세계화를 위한 시사점을 도출하였다.

1. 서언

한국 기업의 브랜드 세계화는 그 어느 때보다 중요한 과제이다. 이는 대부분의 품목이 국내 시장에서 성숙기 또는 포화 상태에 있기 때문이다. 더구나 최근 들어 국내 내수시장이 극심한 불황을 보이는 동시에 시장 개방과 시장진입 규제 완화 등으로 경쟁은 한층 더 치열한 지경에 이르러, 국내 시장에서 더 이상 기업 성장을 기대하기 어렵게 된 것이다.

한편 우리를 둘러싸고 있는 세계 시장은 빠른 속도로 성장하는 대조적인 상황이 전개되고 있다. 특히 중국과 같은 신흥 성장시장이 대표적인 성장지역이다. 예를 들면, 중국에서 상당수의 제품 시장이 연 30%를 상회하는 성장률을 보이고 있으며, 롯데제과, 삼성전자, LG전자 등의 우리 기업도 이러한 성장 기회를 효과적으로 활용하고 있다.

이상에서 보았듯이 국내 시장의 성숙과 세계 시장의 성장이 맞물려 우리 기업의 세계 시장 공략이 절대 절명한 과제로 대두되고 있다. 이를 위해, 본 연구는 한국 기업의 고유 브랜드 수출을 증대시키기 위한 방안을 모색하고자 한다. 구체적으로, 고유 브랜드 수출을 성공적으로 수행하고 있는 기업의 특성과 주요 전략적 요인을 분석할 필요가 있다. 본 연구는 이를 위한 전국 2000대 수출업체를 대상으로 설문조사를 실시하였다.

2. 조사방법 및 조사업체의 특성

조사 방법

주요 조사방법은 다음과 같다.

- 표본 프레임: 2000대 수출업체
- 표본 추출기법: Quota Sampling
- 조사방법: 자필응답방식(수도권 소재 업체는 조사요원을 고용하여, drop-off/pick up 방식을 사용하였고, 지방소재 업체는 전화 접촉 후 팩스나 이메일을 통해서 설문서를 발송, 수거하였음)
- 표본 규모: 458개 업체(대략 500개 업체가 응답하였으나, 458개 업체의 응답만 분석에 포함시켰음)

조사업체의 특성

가. 기업 특성

조사 업체의 주요 기업특성은 다음과 같다.

- 규모: 중소기업 259업체, 대기업 187개 업체
- 업종: 음, 식료품(4.6%), 섬유제품(23.6%), 봉제의복, 가죽, 신발 등(18.1%), 펄프, 종이(3.7%), 화학, 고무제품(9.4%), 비금속, 금속(5.7%), 조립금속, 기계(7.7%), 전자부품, 통신장비(7.6%), 자동차, 부품(5.2%), 가구 및 기타제품(5.2%), 기타(6.9%)

나. 수출 성과

조사 참여 업체의 수출 성과를 살펴보면, 지난 3년 간 수출 실적을 평균적으로 5~14% 성장률을 보였다. 이와 함께 다소 양호한 것으로 나타났으나, 매출 전망은 다소 중립적인 것으로 조사되었다. 한편, 고유 브랜드 수출 비중을 약 60% 수준으로 나타나, 조사업체의 수출 성과 정도는 비교적 중립적으로 평가된다.

〈표 2-1〉 조사 업체의 수출 성과

	종합 (N=458)	중소기업 (N=259)	대기업 (N=187)
연평균 매출 신장률	5-14%	5-14%	5-14%
수익성	4.24[1)]	4.20	4.31
매출전망	4.00	3.83*	4.22
고유 브랜드 수출비중	58.96%	53.60*%	66.36%

주: 1) 별도로 표시되지 않은 변수는 모두 7점 척도로 측정되었음.
2) *는 중소기업과 대기업의 차이가 5% 수준에서 통계적으로 유의함을 나타냄.

다. 브랜드 전략 및 이미지

조사참여 기업의 수출 제품 브랜드는 대체로 영어 발음 브랜드가 64% 수준으로 한글 발음 브랜드보다 월등히 많은 것으로 나타났다. 이는 우리 제품이 브랜드 이름 면에서는 다소 세계화가 이루어진 것으로 해석될 수 있다.

브랜드 이미지는 다소 양호한 것으로 조사업체들은 인식하고 있었다. 그러나 인지도 면에서 아직 취약한 양상을 보이고 있는데, 특히 중소기업의 인지도가 대기업에 비해 낮게 나타났다.

〈표 2-2〉 조사 업체의 브랜드 형태와 이미지

	종합 (N=458)	중소기업 (N=259)	대기업 (N=187)
브랜드 형태			
한글 발음 브랜드	34.6%	37.1%	30.6%
영어 발음 브랜드	64.1	62.1	67.7
기타	1.3	0.9	1.7
브랜드 이미지			
인지도	4.75	4.55*	5.03
이미지	5.18	5.13	5.24
고객 만족도	5.19	5.18	5.20

주: 〈표 2-1〉의 주 참조

라. 가격 및 제품 경쟁력

수출 제품의 평균 가격을 선진국=100으로 기준할 때, 83으로 개도국 제품 가격과 선진국 제품 가격의 중간 수준을 이루고 있는 것으로 나타났다. 그러나 품질 수준은, 선진국=100, 개도국=0으로 기준 할 때, 86수준으로 선진국 제품에 근접한 수준을 보였다. 여기서 주목할 만한 점은 중소기업들이 가격과 품질 면에서 대기업보다 상당히 낮게 나타났다는 점이다.

제품 경쟁력 면에서, 조사 업체들이 비교적 불량률 축소 및 제품 다양화에 다소 노력하는 것을 나타났다. 그러나 신제품 개발 및 디자인 면에서는 아직 선진국 제품에 비해 상당히 낙후된 것으로 조사되었다.

〈표 2-3〉 조사 업체의 가격·제품경쟁력

	종합 (N=458)	중소기업 (N=259)	대기업 (N=187)
가격 및 품질 수준			
평균가격(선진국=100)	82.6	80.2*	85.9
개도국 제품의 가격	65.3	62.7*	69.0
품질수준(선진국=100)	85.6	83.8*	88.1
제품 경쟁력			
제품 다양화	5.02	4.94	5.14
신제품 개발 빈도	4.64	4.52*	4.82
제품디자인	4.84	4.76	4.96
제품불량률	5.19	5.17	5.22

주: 〈표 2-1〉의 주 참조

마. 마케팅 노력

마케팅 활동 면에서, 조사 업체는 매출의 약 4.5%를 판매촉진비를 사용하고 있는 것으로 나타났다. 그러나 제품 현지화 노력은 2.2정도로 중간 수준 (3)보다 낮으며, 정기적으로 시장 조사를 하는 업체의 비율이 51%에 그치며, 37%의 조사 업체만이 시장 조사 전담 요원을 보유하고 있는 것으로 나타났다. 이를 종합 할 때, 판매촉진을 제외하고는 제품 현지화 또는 시장 조사에 노력하는 정도는 상대적으로 낮은 것으로 평가되며, 이러한 추세는 중소기업에서 뚜렷이 나타나고 있다.

마케팅 믹스의 중요도에 관한 인식을 살펴보면, 제품력과 가격경쟁력을 중시하는 반면에, 촉진 활동이나 유통력에 대한 중시 정도는 상대적으로 떨어지는 것으로 나타났다. 이는 우리 기업들이 촉진이나 유통과 같은 종합적이고 통합적인 마케팅보다는 가격과 제품에 의존하는 단순한 마케팅 철학을 보여주는 것으로 해석될 수 있는 듯하다.

〈표 2-4〉 조사 업체의 주요 마케팅 노력

	종합 (N=458)	중소기업 (N=259)	대기업 (N=187)
마케팅 활동			
판매 촉진비(매출%)	4.47%	5.11*%	3.64%
제품 현지화[2)]	2.20	2.24	2.17
정기적으로 시장조사를 하는 업체의 비율	51.1%	49.0%	52.9%
시장조사 전담요원을 보유하고 있는 업체의 비율	36.9%	35.7%	39.0%
마케팅 믹스의 중요도			
제품력 중시정도	6.42	6.38	6.49
가격력 중시정도	6.36	6.34	6.38
촉진활동 중시정도	4.53	4.58	4.47
유통력 중시정도	4.95	4.95	4.90

주: 1) 〈표 2-1〉의 주 참조
2) 5점 척도, 나머지는 모두 7점 척도

바. 마케팅 인프라

마케팅 인프라에 관한 투자를 살펴보면, 외국어 구사 능력을 보유한 인력에 관한 투자는 비교적 이루어지는 것으로 나타났고, 특히 유통상의 확보 및 관계 개발에 상당히 노력하는 것으로 조사되었다. 그러나 우리 기업들이 아직 해외마케팅 전문인력이나 외국어 인력 확보에는 매우 적극적이지는 않는 것으로 나타났다.

〈표 2-5〉 조사 업체의 마케팅 인프라 확보 정도

	종합 (N=458)	중소기업 (N=259)	대기업 (N=187)
해외마케팅 전문인력	4.23	4.17	4.32
외국어 인력	4.86	4.82	4.90
외국인 인력	4.58	4.58	4.56
중앙집권화	5.11	4.99	5.32
유통상의 우수성	4.95	4.81	5.14
유통상과의 관계	5.35	5.39	5.29
해외 의견 존중 정도	5.13	5.11	5.12
해외 판매 법인의 수(개)	1.09	0.70*	1.58

주: 〈표 2-1〉의 주 참조

3. 고유 브랜드 수출 비중

고유 브랜드 수출 성과를 결정하는 요인을 분석하기 위해서 고유 브랜드 수출 비중을 파악할 필요가 있다. 현재 우리나라에서는 고유 브랜드 수출액을 측정할 수 있는 집계수단이 존재하지 않는다. 따라서 고유 브랜드 수출 비중을 설문조사를 통해서 간접적으로 측정할 수밖에 없다.

전체 비중

〈표 3-1〉에서 보듯이, 조사업체의 고유 브랜드 수출 전체 비중은 대략 60% 수준으로 나타났다. 그러나 실제 수치는 이보다 낮을 것으로 추정된다. 왜냐하면, 본 연구에서는 수출 상위 2000개 업체만 대상으로 조사하였기 때문이다.

고유 브랜드 수출 비중은 중간재가 78.5%이고, 최종재는 42.1%로 조사되었다. 여기서 유의할 점은 협의의 뜻에서 고유 브랜드 수출 비중을 나타낼 때는 최종재 비율을 사용해야 한다는 점이다. 이 경우에는 고유 브랜드 비중은 42.1%로 집계되어야 한다. 그러나 포철의 철강 제품과 같은 우리 기업의 이름으로 수출하는 중간재

〈표 3-1〉 고유 브랜드 수출 비중

종합	최종재	중간재
59.0 %	42.1 %	78.5 %

를 고유 브랜드 수출로 간주할 경우, 고유 브랜드 수출 비중은 59.0%로 보아야 할 것이다.

지역별 비중

고유 브랜드 비중을 지역별로 살펴보면, 서울 · 경기권 업체가 지방 업체보다 고유 브랜드 비중이 높은 것으로 나타났다. 이는 지방업체들이 상대적으로 규모가 작기 때문인데 기본적으로 중소 기업들이 고유 브랜드 수출에 따른 초기 고정 투자에 따른 부담으로 인해 고유 브랜드 비중이 낮은 것으로 해석된다. 기업 규모별 비중을 살펴보면, 대기업이 66.4%로 중소기업 53.6%보다 높은 것으로 집계되었다.

〈표 3-2〉 지역별 고유 브랜드 수출 비중

	종합*	최종재
서울·경기	60.8 %	42.6 %
지방	47.5	38.7

* 최종재와 중간재를 포함한 수치임

업종별 비중

고유 브랜드 비중을 업종별로 살펴보면, 비금속 · 금속, 화학 · 고무, 자동차, 조립 금속 · 기계 등의 업종은 고유 브랜드 비중이 높은 반면에, 봉제의복 · 가죽 · 신발, 가구 및 기타 제품 등의 업종은 그 비중이 낮은 것으로 나타났다. 이는 중간재 성격을 띤 업종은 비교적 고유 브랜드 비중이 높기 때문에 나타난 현상으로 보인다. 이러한 차이는 추후에 논의될 것과 같이 업종별 고유 브랜드 육성 방안이 마련되어야 함을 강력히 시사하고 있다.

〈표 3-3〉 업종별 고유 브랜드 수출 비중

	종합	최종재
음·식료품(15)	64.0 %	56.0 %
섬유제품(17)	76.2	72.5
봉제의복, 가죽, 신발 등(18, 19)	11.6	4.2
펄프, 종이(21)	64.4	40.0
화학, 고무제품(24, 25)	75.7	56.1
비금속, 금속(26,27)	87.4	82.9
조립금속, 기계(28, 29)	69.3	70.9
전자부품, 통신장비(32)	61.1	50.0
자동차(34)	71.2	70.4
가구 및 기타 제품(36)	39.6	39.6
기타	63.0	61.0

주: 괄호안의 수치는 SIC 산업분류임.

수출 지역별 비중

수출 지역별로 고유 브랜드 비중을 살펴보면, 선진국 지역이 개도국 지역보다 비중이 훨씬 낮은 것으로 나타났다. 선진국 중 북미 지역의 비중이 41.6%으로 타 지역보다 낮으며, 중국은 92.9%로 대부분의 수출 제품이 고유 브랜드 수출되고 있는 것으로 조사되었다. 이는 2가지로 해석될 수 있는 듯하다. 첫째, 우선 제품의 경쟁력이 상대적으로 선진국 시장에서 떨어지고 상대적으로 우리의 브랜드 이미지가 나쁨을 나타내준다. 둘째, 선진국 보다 개도국 시장에 수출되는 제품이 중간재적 성격이 강한 제품이 많기 때문으로 나타난 현상이다.

〈표 3-4〉 수출 지역별 고유 브랜드 수출 비중

	종합	최종재
북미	41.6 %	33.1 %
일본	50.4	29.3
서유럽	54.6	41.8
중국	92.9	89.2
동남아서남아	84.1	75.3
기타	69.2	52.0

경쟁국가별 비중

최대 경쟁 국가별로 고유 브랜드 비중을 살펴보면, 선진국 경합 제품의 고유 브랜드 비중이 개도국 경합 제품보다 상대적으로 높은 것으로 나타났다. 이는 선진국 경합 제품들은 대체로 제품이나 기술 경쟁력이 높은 반면에, 개도국 경합 제품은 주로 가격경쟁력에 의존하는 경향이 높기 때문으로 해석될 수 있다.

〈표 3-5〉 경쟁대상 국가별 고유 브랜드 수출 비중

	종합	최종재
중국	50.0 %	28.6 %
일본	67.7	57.4
미국·유럽	67.0	58.4
대만·홍콩	58.0	33.3
기타	53.2	41.4

4. 한국 수출업체의 브랜드 이미지를 결정하는 요인

앞에서 언급한 바와 같이 우리 수출 제품의 브랜드 이미지나 기업의 이미지를 결정하는 요인을 파악하기 위해서, 앞에서 검토한 다양한 마케팅 변수들을 검토하였다. 브랜드 이미지는 크게 브랜드 인지도, 브랜드에 대한 태도(협의의 뜻에서의 이미지)와 고객만족도를 평가하였다.

브랜드 이미지의 요인별로 주요 결정요인들을 살펴보면 다음과 같다.

브랜드 인지도와 결정요인

〈표 4-1〉에서 나타난 바와 같이 브랜드 인지도와 다양한 마케팅 요인간에 흥미로운 관계가 발견되었다.

수출 성과: 우선, 브랜드 인지도와 수출 성과의 관계를 살펴보면, 인지도가 높은 기업들이 낮은 기업보다 수출 성과가 다소 좋은 것으로 나타났다. 그러나 수익성을 제외하고는 그 관계가 통계적으로 유의하지는 않았다.

가격과 품질: 〈표 4-1〉에서 보듯이, 인지도가 높은 기업이 선진국 제품에 근접하는 가격 및 품질 수준을 가지고 있는 것으로 나타났다.

제품 경쟁력: 위에서 본 가격과 품질과 같이, 인지도가 높은 기업들의 제품경쟁력이 인지도가 낮은 기업보다 뛰어난 것으로 나타났다. 그러나 신제품 개발 빈도에서만 통계적으로 유의한 차이가 발견되었다.

마케팅 활동: 우선, 인지도가 높은 기업들은 대체로 현지 구매자의 기호와 취향에 부응하는 제품 현지화 정도가 높은 것으로 나타났다. 그러나 흥미로운 결과는 인지도가 높은 기업의 판매촉진비가 전체 매출의 4.11%로 인지도가 낮은 기업의 판매촉진비 5.32%보다 낮게 나타난 점이다. 비록 통계적으로는 유의하지 않았지만, 이는 인지도가 높으면 기업들은 오히려 판매촉진비를 절감할 수 있다는 것을 시사해준다. 적어도 판매촉진비 투자가 브랜드 인지도 향상에는 도움이 되지 않는다는 것을 의미한다.

마케팅 믹스의 중요도: 앞에서 우리 수출업체가 상대적으로 촉진 노력이나 유통력보다는 제품력이나 가격경쟁력에 의존한다는 점을 논의한 바가 있다. 마케팅 믹스의 중요도와 브랜드 인지도의 관계에서도 제품력과 가격경쟁력이 촉진노력이나 유통력보다 브랜드 인지도 향상에 도움이 된다는 점이 발견되었다.

마케팅 인프라: 브랜드 인지도가 높은 기업들이 마케팅 인프라면에서도 다른 특성을 보이고 있다. 〈표 4-1〉에서 보듯이, 인지도가 높은 기업들이 해외마케팅 전문인력, 우수 유통상 확보, 유통상의 관계와 해외 지사/법인과 해외 인력의 의견 존중 정도면에

서 높은 점수를 보이고 있다. 한편, 외국어인력, 외국인인력 및 중앙집권화면에서는 통계적으로 유의한 차이가 발견되지 않았다.

〈표 4-1〉 브랜드 인지도에 따른 마케팅 요인의 특성

	인지도가 높은 기업	중간	인지도가 낮은 기업	F값
수출성과				
평균매출성장률	5.12[1)]	4.93	5.05	1.906
수익성	4.43	4.24	3.93	6.487*
매출전망	4.13	3.96	3.86	1.459
가격 및 품질				
선진국과의 가격 차이(선진국=100)	15.6	17.8	20.0	3.721*
품질수준(선진국=100, 개도국=0)	89.2	82.3	82.6	8.249*
제품 경쟁력				
제품다양화	5.14	4.88	4.98	1.255
신제품 개발빈도	4.81	4.44	4.62	2.356**
제품디자인	5.05	4.73	4.64	3.939
제품 불량률	5.36	5.09	5.08	2.114
마케팅활동				
판매촉진비(매출%)	4.11%	4.33%	5.32%	1.304
제품현지화[2)]	3.97	3.56	3.77	4.777*
마케팅 믹스의 중요도				
제품력 중시정도	6.38	6.30	6.31	4.020*
가격력 중시정도	6.46	6.17	6.34	3.151*
촉진력 중시정도	4.65	4.50	4.38	1.105
유통력 중시정도	5.01	4.70	5.12	2.234
마케팅 인프라				
해외마케팅전문인력	4.37	3.93	4.26	3.441*
외국어 인력	4.99	4.77	4.72	1.377
외국인 인력	4.72	4.55	4.42	1.128
중앙집권화	5.26	4.99	5.02	1.142
유통상의 우수성	5.26	4.60	4.81	2.389**
유통상과의 관계	5.52	5.13	5.30	3.122*
해외 의견 존중 정도	5.38	4.65	5.22	7.708*

주: 1) 별도로 표시되지 않은 변수는 모두 7점 척도로 측정되었음.
2) 5점 척도
3) * 5%, ** 10% 유의도

시장조사 노력: 마지막으로, 브랜드 인지도와 시장조사 노력간의 관계를 살펴보았다. 〈표 4-2〉에서 보듯이 인지도가 높은 기업들이 낮은 기업보다 시장조사를 정기적으로 수행하는 것으로 나타났다. 이와 함께 〈표 4-3〉에서 나타났듯이 인지도가 높은 기업들이 시장조사 전담요원을 보유하고 있는 경향이 있는 것으로 발견되었다.

〈표 4-2〉 인지도와 시장조사 활동

시장조사 활동	인지도가 높은 기업	중간	인지도가 낮은 기업	계
정기적으로	114	62	53	229
필요시	69	56	59	184
거의 하지 않음	13	9	13	35
계	196	127	125	448

chi-square=8.468, df=4, p= .076

〈표 4-3〉 인지도와 시장조사 전담요원 유무

시장조사 전담요원	인지도가 높은 기업	중간	인지도가 낮은 기업	계
있음	88	40	39	167
없음	107	87	86	280
계	195	127	125	447

chi-square=8.921, df=2, p= .012

브랜드 이미지와 결정요인

위의 브랜드 인지도와 함께 구매자의 브랜드에 대한 태도 즉 협의의 뜻에서의 브랜드 이미지와 결정요인간의 관계를 분석하였다.

수출 성과: 우선, 브랜드 이미지와 수출 성과의 관계를 살펴보면, 이미지가 양호한 기업들이 낮은 기업보다 수출 성과가 다소 좋은 것으로 나타났다(〈표 4-4〉 참조). 특히, 매출 전망에서 이미지가 높은 기업의 성과가 두드러지게 나타났다.

가격과 품질: 인지도에서와 유사하게, 이미지가 양호한 기업이 선진국 제품에 근접하는 가격 및 품질 수준을 가지고 있는 것으로 나타났다. 이는 선진국 제품에 근접할 수 있는 제품 보유가 이미지 제고에 큰 영향을 미친다는 것을 강력히 해주는 결과이다.

제품경쟁력: 위에서 본 가격과 품질과 같이, 이미지가 양호한 기업들의 제품경쟁력이 이미지가 취약한 기업보다 뛰어난 것으로 나타났다. 이러한 경향은 제품 다양화, 신제품개발 빈도, 제품디자인 및 제품불량률 모든 면에서 발견되었다.

마케팅 활동: 우선, 이미지가 양호한 기업들은 대체로 제품 현지화 정도가 높은 것으로 나타났다. 그러나 이미지가 양호한 기업의 판매촉진비가 전체 매출의 4.37%로 이미지가 나쁜 기업의 판매촉진비 4.51%보다 낮게 나타났고, 적어도 통계적으로 차이가 유의하지 않는 것으로 분석되었다. 이러한 결과는 위의 인지도 분석에서와 동일한 것이다.

마케팅 믹스의 중요도: 마케팅 믹스의 중요도와 브랜드 이미지의 관계에서는 제품력과 촉진노력이 브랜드 이미지에 긍정적으로 작용하는 것으로 나타났고, 가격경쟁력과 유통력도 비록 강도는 떨어지나 중요한 것으로 분석되었다.

〈표 4-4〉 브랜드 태도에 따른 마케팅 요인의 특성

	브랜드 이미지가 좋은 기업	중간	브랜드 이미지가 나쁜 기업	F값
수출성과				
평균매출성장률	5.17	4.85	5.02	3.002**
수익성	4.36	4.20	4.05	2.564**
매출전망	4.17	3.94	3.78	3.082*
가격 및 품질				
선진국과의 가격 차이(선진국=100)	16.2	16.1	20.6	4.534*
품질수준(선진국=100, 개도국=0)	88.8	82.7	81.7	8.382*
제품 경쟁력				
제품다양화	5.19	5.05	4.69	4.860*
신제품 개발빈도	4.84	4.61	4.36	4.056*
제품디자인	5.12	4.83	4.41	11.013*
제품 불량률	5.52	4.99	4.81	13.136*
마케팅활동				
판매촉진비(매출%)	4.37%	4.51%	4.71%	.109
제품현지화2)	4.03	3.67	3.54	8.081*
마케팅 믹스의 중요도				
제품력 중시정도	5.59	5.43	5.15	9.266*
가격력 중시정도	5.45	5.21	5.28	2.857**
촉진력 중시정도	4.72	4.46	4.30	3.086*
유통력 중시정도	4.13	3.84	3.74	2.538**
마케팅 인프라				
해외마케팅전문인력	4.46	4.03	3.94	5.867*
외국어 인력	5.03	4.76	4.61	3.151*
외국인 인력	4.86	4.59	4.12	7.629*
중앙집권화	5.17	5.19	4.96	.665
유통상의 우수성	5.40	4.70	4.37	6.252*
유통상과의 관계	5.63	5.21	4.98	10.261*
해외 의견 존중 정도	5.39	4.90	4.89	5.051*

주: 1) 별도로 표시되지 않은 변수는 모두 7점 척도로 측정되었음.
2) 5점 척도
3) * 5%, ** 10% 유의도

마케팅 인프라: 브랜드 이미지가 양호한 기업들이 마케팅 인프라 면에서도 다른 특성을 보이고 있다. 〈표 4-4〉에서 보듯이, 이미지가 좋은 기업들의 중앙집권화를 제외한 모든 인프라 영역에서 양호한 것으로 나타났다. 이는 브랜드 이미지 제고를 위해서 다양한 마케팅 인프라 구축이 필요함을 강력히 시사하는 것이다.

시장조사 노력: 마지막으로, 브랜드 이미지와 시장조사 노력간의 관계를 살펴보았다. 〈표 4-5〉에서 보듯이, 이미지가 양호한 기업들이 낮은 기업보다 시장조사를 정기적으로 수행하는 것으

〈표 4-5〉 브랜드 이미지와 시장조사 활동

시장조사 활동	브랜드 이미지가 좋은 기업	중간	브랜드 이미지가 나쁜 기업	계
정기적으로	123	48	56	227
필요시	79	45	61	185
거의 하지 않음	12	7	16	35
계	214	100	133	447

chi-square=10.444, df=4, p= .034

〈표 4-6〉 브랜드와 시장조사 전담요원 유무

시장조사 전담요원	브랜드 이미지가 좋은 기업	중간	브랜드 이미지가 나쁜 기업	계
있음	97	28	41	166
없음	116	72	92	280
계	213	100	133	446

chi-square=12.274 df=2, p= .002

로 나타났다. 그러나 브랜드 이미지와 시장조사 전담요원 유무에는 통계적으로 유의한 관계가 발견되지 않았다.

고객만족도와 결정요인

마지막으로 고객의 브랜드에 대한 만족도와 결정요인간의 관계를 분석하였다.

수출 성과: 우선, 고객만족도와 수출 성과의 관계를 살펴보면, 고객만족도가 높은 기업들이 낮은 기업보다 수출 성과가 다소 좋은 것으로 나타났다(〈표 4-7〉 참조). 특히, 평균 매출신장율면에서 고객만족도가 높은 기업의 성과가 낮은 기업보다 양호한 것으로 발견되었다.

가격과 품질: 인지도와 브랜드 이미지에서와 유사하게, 고객만족도가 높은 기업이 선진국 제품에 근접하는 가격 및 품질 수준을 가지고 있는 것으로 나타났다. 이는 선진국 제품에 근접할 수 있는 제품 보유가 이미지 제고에 큰 영향을 미친다는 것을 강력히 해주는 결과로 앞의 결과와 일치되는 내용이다.

제품 경쟁력: 위에서 본 가격과 품질과 같이, 고객만족도가 기업들의 제품경쟁력이 이미지가 취약한 기업보다 뛰어난 것으로 나타났다. 이러한 경향은 제품 다양화, 신제품개발 빈도, 제품 디자인 및 제품불량률 모든 면에서 발견되었다.

마케팅 활동: 위에서 살펴본 브랜드 인지도와 이미지 분석에서와 같이 고객만족도가 높은 기업들은 대체로 제품 현지화 정도가 높은 것으로 나타났다. 그러나 고객만족도가 높은 기업의 판매촉진비는 고객만족도가 낮은 기업의 판매촉진비와 통계적으로 차이가 유의하지 않는 것으로 분석되었다. 이러한 결과는 위의 인지도 분석에서와 동일한 것이다.

마케팅 믹스의 중요도: 마케팅 믹스의 중요도와 고객만족도의 관계에서는 제품력과 촉진노력이 브랜드 이미지에 긍정적으로 작용하는 것으로 나타났고, 가격경쟁력과 유통력도 비록 강도는 떨어지나 중요한 것으로 분석되었다. 이는 브랜드 이미지 분석과 일치되는 결과이다.

마케팅 인프라: 고객만족도가 높은 기업들이 마케팅 인프라면에서도 다른 특성을 보이고 있다. 〈표 4-7〉에서 보듯이, 고객만족도가 높은 기업들은 모든 인프라 영역에서 양호한 것으로 나타났다. 이는 브랜드 이미지 제고를 위해서 다양한 마케팅 인프라 구축이 필요함을 강력히 시사하는 것으로 앞의 브랜드 이미지 분석과 맥락을 같이 하는 결과이다.

시장조사 노력: 마지막으로, 고객만족도와 시장조사 노력간의 관계를 살펴보았다. 〈표 4-8〉에서 보듯이, 고객만족도가 높은 기업들이 낮은 기업보다 시장조사를 정기적으로 수행하는 것으로 나타났다. 그러나 브랜드 이미지와 시장조사 전담요원 유무

〈표 4-7〉 고객만족도에 따른 마케팅 요인의 특성

	고객만족도가 높은 기업	중간	고객만족도가 낮은 기업	F값
수출성과				
평균매출성장률	4.13	4.00	3.83	3.110*
수익성	4.33	4.30	4.00	2.972**
매출전망	4.13	3.94	3.82	1.841
가격 및 품질				
선진국과의 가격 차이(선진국=100)	15.4	17.5	21.2	6.684*
품질수준(선진국=100, 개도국=0)	89.0	84.0	80.3	10.778*
제품 경쟁력				
제품다양화	5.23	5.02	4.62	6.961*
신제품 개발빈도	4.83	4.62	4.34	4.117*
제품디자인	5.11	4.76	4.45	9.331*
제품 불량률	5.57	4.94	4.73	18.097*
마케팅활동				
판매촉진비(매출%)	4.37%	4.37%	4.82%	.196
제품현지화[2)]	4.99	4.68	4.58	5.469*
마케팅 믹스의 중요도				
제품력 중시정도	5.58	5.37	5.17	8.032*
가격력 중시정도	5.44	5.19	5.30	2.883**
촉진력 중시정도	4.74	4.25	4.41	4.024*
유통력 중시정도	5.12	4.78	4.76	2.606**
마케팅 인프라				
해외마케팅전문인력	4.43	4.06	3.94	4.971*
외국어 인력	5.11	4.71	4.50	6.476*
외국인 인력	4.82	4.46	4.27	4.384*
중앙집권화	5.26	5.14	4.82	2.414**
유통상의 우수성	5.36	4.70	4.63	5.590*
유통상과의 관계	5.67	5.21	4.86	14.976*
해외 의견 존중 정도	5.39	4.99	4.78	5.825*

주: 1) 별도로 표시되지 않은 변수는 모두 7점 척도로 측정되었음.
2) 5점 척도
3) * 5%, ** 10% 유의도

에는 통계적으로 유의한 관계가 발견되지 않았다.

〈표 4-8〉 고객만족도와 시장조사 활동

시장조사 활동	고객만족도가 높은 기업	중간	고객만족도가 낮은 기업	계
정기적으로	122	55	50	227
필요시	80	45	59	184
거의 하지 않음	17	4	14	35
계	219	104	123	446

chi-square=10.327 df=4, p= .035

〈표 4-9〉 고객만족도와 시장조사 전담요원 유무

시장조사 전담요원	고객만족도가 높은 기업	중간	고객만족도가 낮은 기업	계
있음	89	38	39	166
없음	129	66	84	279
계	218	104	123	445

chi-square=2.829 df=2, p= .243

종합 평가

이상의 분석에서 발견된 결과는 〈표 4-10〉과 같이 정리할 수 있다.

첫째, 브랜드 이미지와 수출 성과를 살펴보면, 브랜드 이미지가 양호한 업체가 좋은 수출성과를 보이는 것으로 나타났다. 그러나 그 관계는 기대와 달리 매우 강하지는 않았다. 이는 지난 3년 간의 수출 성과가 브랜드 이미지가 가지는 장기적인 미래 효과를 측정하는 데에 한계가 있기 때문으로 해석할 수 있는 듯하다.

〈표 4-10〉 브랜드 이미지 결정요인 분석 결과 정리표 - F-test

	인지도	이미지	고객만족
평균성장률		△	○
수익성	○	△	△
매출전망		○	
품질수준	○	○	○
가격 vs 선진국	○	○	○
가격 vs 개도국			
제품다양화		○	○
신제품개발빈도	△	○	○
제품디자인	○	○	○
제품불량률		○	○
판매촉진비			
제품현지화	○	○	○
제품력	○	○	○
가격경쟁력	○	△	△
촉진노력		○	○
유통력		△	△
해외마케팅인력	○	○	○
외국어인력		○	○
외국인인력		○	○
중앙집권화			△
유통상의 우수성	△	○	○
유통상과의 관계	○	○	○
해외의견존중	○	○	○

○ 5% △ 10% 유의도

둘째, 한국 수출업체의 브랜드 이미지에 영향을 미치는 요인을 파악하기 위해 F-test를 수행하였다. 주요 결과를 살펴보면, 양호한 브랜드 이미지를 보유하고 있는 제품의 특성은 다음과 같다.

- 선진국 제품의 수준에 근접하는 품질 수준과 가격 수준을 보유하고 있는 제품
- 우수한 제품 디자인 및 신제품 개발 빈도 등 제품 경쟁력에 높은 제품
- 제품 현지화에 노력하는 정도가 높은 기업의 제품
- 타 마케팅 믹스 요인보다 제품력에 중시하는 기업의 제품
- 해외 마케팅 인력을 보유하고 있는 기업의 제품
- 우수 유통상을 보유하고 있거나, 유통상과의 관계가 양호한 기업의 제품

셋째, 브랜드 이미지와 시장 조사 활동과의 관계에서는 대체로 시장 조사를 정기적으로 수행하거나 시장 조사 전담 요원을 보유하는 기업의 브랜드 이미지가 대체로 양호한 것으로 나타났다.

5. 결론

이상에서 한국 2000대 수출업체 중 458개 업체를 대상으로 한 설문조사 결과를 소개하였다. 특히, 본 연구는 조사대상업체의 브랜드 세계화현황을 파악하고, 브랜드 세계화 성과에 영향을 미치는 요인들을 분석하고자 하였다. 분석 결과는 앞에서 언급된 바와 같이 크게 두 가지로 정리될 수 있다.

첫째, 우리 기업들이 개도국보다는 선진국에서, 대기업보다는 중소기업들이, 그리고 기술집약적 업종보다는 노동집약적 업종에서 브랜드 세계화 정도가 낮은 것으로 나타났다.

둘째, 기업의 브랜드 세계화 성과는 제품 및 디자인 경쟁력, 제품의 현지화, 독자적 유통력, 시장조사활동 및 마케팅 전문인력과 같은 해외마케팅 체제의 구비 정도와 밀접한 관계가 있는 것으로 나타났다.

이상의 결과를 바탕으로 우리 기업의 브랜드 세계화 전개 방향을 살펴보면 다음과 같다.

제품 개발에 노력해야 한다

우리 브랜드 세계화에 있어 가장 큰 애로 요인인 우리 브랜드의 취약한 이미지를 향상시키기 위해서는 양질의 제품을 고유 브랜드화하는 것이 절대 필요하다. 차별화가 결여된 진부한 제품으로서는 이미지 개선 효과를 크게 개선할 수 없을 것이다.

이를 위해서는 우선 현재 추진 중인 기술 개발 투자 노력을 고유 브랜드화로 연계시켜야 할 것이다. 이러한 연계가 없이는 우리의 기술 개발 투자가 저가 OEM에서 중가 OEM으로 전환시키는 효과 이상을 기대하기는 어렵다.

이상에서 제품 개발을 통한 이미지 개선 효과를 살펴보았는데, 이러한 효과를 극대화하기 위해서는 제품의 불량률도 선진국 수준으로 줄여야 한다. 왜냐하면 이미지를 개선하기 위해서는 품질 수준을 높이는 동시에 일관성 있는 품질 수준을 통해 소비자의 신뢰감을 획득해야 하기 때문이다. 제품 개발에 관련하여 제품의 다양화도 브랜드 세계화의 성공적 수행을 위해서 필요하다. 브랜드 정착을 위한 마케팅 기반을 구축하기 위해서는 상당 규모의 초기 고정 투자가 필요한데, 이러한 투자의 효율성을 높이기 위해서는 제품의 다양화가 필요한 것이다.

브랜드를 현지화해야 한다

앞에서 우리 기업들이 대체로 한글 발음식 기업명 브랜드에 의존하는 정도가 높은 편이다. 문제는 이러한 브랜드가 현지 소비자의 정서와 의미 면에서 잘 맞지 않는 경우가 많다는 것이다. 결국 성공적인 브랜드 세계화는 우리 기업과 제품이 현지 소비자 문화와 얼마나 동화하느냐에 달려 있는 것이다. 따라서 우리 기업들이 획일적 브랜드 형태에서 탈피하여 브랜드 형태를 다양화할 필요가 있다.

특히 한글 발음 상표명을 지양하고 영어 발음 또는 현지어 발음 상표명(예: LG, SK)을 활용하여야 하며, 기업명 상표명보다 제품의 특성과 현지 문화에 부합되는 제품 특유의 상표명 개발이 필요하다(예: 지펠, 휘센). 여기서 한글 발음 상표명의 한계점을 몇 가지 지적할 필요가 있다.

첫째, 한글 발음 상표명이 우선 소비자의 인지도면에서 불리하다. 생소한 철자로 된 이름은 소비자가 기억하기 어렵다는 것이 여러 연구에서 밝혀진 바가 있다.

둘째, 한글 발음 상표명의 의미와 이미지가 현지 특성에 부합되지 않는 경우가 많다.

셋째, 상표명이 현지화 또는 국제화되면 해당 제품의 한국산 사실이 노출되지 않아 한국 제품의 나쁜 이미지가 제품 평가에 미치는 영향을 줄일 수 있다. 일본의 경우에 제품 이미지가 나빴던 지난 10~20년 전에 상표명의 영어화가 크게 이루어졌던 점에 비추어 우리 상표명의 발음도 국제화가 이루어져야 할 것이다.

최근 긍정적인 면은 많은 기업들이 기업명과 브랜드명을 한글 발음에서 탈피하는 경우가 많이 생기고 있다는 점이다.

독자적 유통력을 확보해야 한다

고유 브랜드 판매시 빈번하게 발생하는 문제는 유통상의 비협조적인 태도이다. 따라서 안정적 판매 기반을 구축하기 위해서 독자적인 유통망을 확보해야 할 것이다. 즉, 수입상을 통한 간접 수출에서 직접 수출 방식으로, 그리고 중간도매상을 통한 간접 유통에서 직접 유통 방식으로의 전환이 필요하다.

독자적 유통망은 안정적 판매 기반뿐만 아니라 현지 시장을 경험할 수 있는 교육의 창구로서의 장점도 있다. 일본 기업이 구미 기업에 비해 유통 부문의 투자가 많은 편인데, 이는 일본 기업이 수요의 안정적 확보뿐만 아니라 시장조사 및 시장 경험의 습득을 위한 것이라는 것이 일반적인 설명이다. 필자의 일본 기업과의 면담과 주관적 판단에 의하면 제품 개발과 함께 유통 부문의 투자가 일본 기업의 브랜드 세계화에 가장 크게 공헌한 요인으로 평가되고 있다.

해외 마케팅 체제를 구축하여야 한다

현재 우리 기업의 해외 마케팅에 대한 투자는 전반적으로 미흡하며, 대부분의 투자가 장기적 시장 기반의 확립보다는 단기적 영업 실적 관리를 위한 투자임을 부인할 수 없다. 이러한 투자로서는 해외 마케팅을 효율적으로 수행할 수 없으며, 특히 우리 제품을 현지 소비자 문화와 동화시키는 데에 한계가 있다.

따라서 장기적인 시장 기반의 확립을 위한 해외 마케팅 체제를 구축하기 위해서는 단기적이고 중개 역할에 의한 기존의 '종합상사적인 마케팅'에서 장기적이고 고객 창조를 목적으로 하는 '메이커적 마케팅'으로의 체제 전환이 시급하다. 이를 위해서 가장 시급한 과제는 마케팅 조직을 '본사 중심'에서 '현지 중심'으로 전환시키는 것이다. 이와 함께 마케팅 정보 체제와 마케팅 인력의 선진화 및 현지화도 필요할 것으로 평가된다.

구체적인 개선 내용을 살펴보면 다음과 같다.

- 경영진의 시장조사 관여 정도 확대
- 시장조사 및 고객 관리를 위한 투자 확대
- 마케팅 운영의 효율성에 대한 평가 강화
- 마케팅 전문 인력 확보
- 마케팅 인력의 국제화 및 현지화
- 인력 평가 제도의 개선
- 해외 체류 기간의 연장
- 조직 문화의 국제화

참고 문헌

1. 국내문헌

마케팅 커뮤니케이션 연구회 (1992), 『브랜드 자산의 전략적 관리』, 나남출판.

산업자원부 (2000), 「디자인 산업의 정책방향과 실천과제」, 디자인산업정책 간담회 자료, 3월 23일.

안상호, 한상만, 전성률 (1999), 『전략적 브랜드 관리: 이론과 응용』, 학현사.

한충민 (1994), "한국의 대외이미지와 경제적 파급효과," 『경제연구』, 제15권, 제1호, 한양대학교 경제연구소, 251-274.

______ (1996), "한국기업의 브랜드 국제화에 관한 탐색적 연구: 고유 브랜드 전략의 특성을 중심으로," 『경영학연구』, 제25권, 제2호, 333-353.

2. 해외문헌

_____ and Erich Joachimsthaler (2000), *Brand Leadership*, The Free Press.

Argenti, Paul A. (1994), *Corporate Communication*, IRWIN Inc.

Han, C. Min (1989), "Country Image: Halo or Summary Construct?," *Journal of Marketing Research*, Vol. 26, 222-9.

______(1990), "Testing the Role of Country Image in Consumer Choice Behaviour," *European journal of Marketing*, Vol. 24, No. 6, 24-40.

Fomburn, Charles J. (1996), *Reputation: Realizing Value From the Corporate Image*, Harvard Business School Press.

Harvard Business Review (1999), *Brand Management*, Harvard Business Review.

Interbrand (1999), *Co-Branding: The Science of Alliance*, St. Martin's Press.

Morley, Michael (1998), *How to Manage Your Global Reputation: a*

Guide to the Dynamics of International Public Relations, New York University Press.

Paul, Temporal (2000), *Branding in Asia: The Creation, Development, and Management of Asian Brands for the Global Market*, John Wiley & Sons Pte Ltd.

Ries, Laura and Al Ries (2000), *The 11 Immutable Laws of Internet Branding*, Harper Business.

제3부

특별주제 1
중소기업의 공동 브랜드 전략

특별주제 2
브랜드 세계화 결정요인에 관한 실증적 분석

특별주제 3
아시아 기업의 브랜드 세계화 사례

특별주제 4
브랜드 세계화 역량 평가
–한국과 독일 자동차 업체 역량 비교

1. 일본 기업의 브랜드 세계화 전략

일본 기업의 브랜드 전략의 주요 특성

일본 기업들은 70년대부터 시작하여 세계 브랜드를 개발하기 위하여 남 다른 노력을 기울려 왔다. 그 결과, Sony, Panasonic, Honda, Canon, Kao 등 여러 브랜드들이 세계의 파워 브랜드로 성장하게 되었다. 따라서 일본 기업은 어떠한 전략으로 이러한 성공을 이룩할 수 있었는가는 우리 기업에 주는 시사점이 매우 크다고 할 수 있다.

일본 기업의 브랜드 전략은 서구 기업과 사뭇 다른 점이 많다. 첫째는 일본 기업이 이미지 개발에 매우 집착해 왔다는 점이고, 둘째는 일본 기업의 브랜드 아이덴디티 전략이 시장의 고객을 겨냥한 점은 서구 기업과 다른 바가 없으나, 내부의 조직과 직원을 겨냥하여 왔다는 점이 특이하다고 할 수 있다. 마지막으로, 일본 기업은 우리 기업과 비슷하게 기업 브랜드 개발에 주력하여 왔다는 점이 지적될 수 있다.

가. 일본 기업의 마케팅 전략과 이미지 개발의 중요성

일본 기업은 제품을 팔기에 앞서 기업과 브랜드 이미지 개발에 우선하여 왔다. 이는 단기적인 영업보다는 장기적인 시장 기반을 구축하는데 주안점을 두었고, 이를 위해서는 소비자에게 신뢰를 주는 이미지를 개발하지 않고서 불가능하다는 사실을 누구보다 잘 알고 있었기 때문이다.

일본 기업의 이미지 개발 전략의 구체적인 내용을 살펴보면 몇 가지 특징이 발견된다. 우선, 가장 두드러진 특징은 일본 기업이 "진취적이고 혁신적"이라는 이미지를 개발하기 위해 노력했다는 점이다. 특히, 기술적 우수성, 참신성과 창의성을 강조하였다. 따라서 경쟁 기업을 모방하는 제품이나 이미지는 소비자로부터 큰 호응을 받지 못했다.

예를 들면, 일본의 Kao사는 우리나라 CJ 또는 LG생활건강에 해당하는 비내구 소비재를 판매하는 기업인데, 기술적으로 우수하고 혁신적인 제품만을 판매하는 집착을 보여왔다. Kao사는 심지어는 기존 사업영역에서 벗어나는 플로피 디스켓에까지 Kao 브랜드를 부착하여 판매하여 왔다. 외견상으로는 비누나 치약을 판매하는 기업이 컴퓨터 관련 제품을 판매한다는 것이 소비자로부터 좋은 반응을 얻기가 어려운 것으로 보일 수 있다. 그러나 이 전략은 예상과 달리 소비자 인식에는 어려움이 없었던 것으로 나타났다. 그 이유는 Kao사의 기술적 우수성과 혁신성 이미지가 소비자의 마음속에 굳게 자리잡고 있어서, Kao가 판매하는 모든 제품도 제품 종류와 상관없이 기술적으로 우수할 것이라고 인식되었기 때문이었다.

일본 기업이 개발하고자 하는 이미지의 두 번째의 특징은 「최고 기업」임을 강조하는 데에서 찾을 수 있다. 일본 기업들은 자신이 대기업이고 성공 기업으로 자부심을 가지고 있다는 점을 유난히 홍보하는 특징을 보이고 있다. 이는 일본 소비자들은 대체로 성공적이고 잘 알려진 기업의 제품을 선호하는 특성도 크게 작용한 것으로 보아야 할 것이다.

세 번째는 일본 기업이 사회적으로 「선량한 시민(good citizenship)」이라는 점을 부각시키고 있다는 점이다. 특히, 환경 보호에 앞장서고 예술과 사회 사업에 적극 공헌하는 기업이라는 점을 홍보하여 왔다. 예를 들면, Hitachi는 엄청난 비용을 지불하고 Fortune지에 8쪽에 걸쳐 환경 보호에 앞장서고 있다는 점을 광고한 바가 있다.

때에 따라 일본 기업의 광고는 제품과 전혀 상관이 없는 이슈를 다룬 적이 있다. 예를 들면, Mazda는 Time지에 10쪽 광고를 통해 삶의 의미에 관한 에세이 작가와 철학자의 글을 게재한 적도 있다. Mazda는 이를 통해 Mazda가 단순히 자동차를 판매하는 기업이 아니고 인간과 삶에 관하여 관심과 열정을 가진 기업임을 알리고 싶어한 것이다. 이러한 노력이 기업과 고객의 인간적인 고리를 엮어주는 데에 도움을 줄 것이라고 믿었던 것이다.

나. 일본 기업의 브랜드 아이덴디티의 특성

일본 기업은 외부 시장과 고객과 함께 내부 직원을 겨냥하여 브랜드 아이덴디티를 개발하는 경우도 쉽게 찾아 볼 수 있다. 일본 기업은 서구 기업과는 달리 기업 내부 직원을 대상으로 기업이 추구하는 전략과 목표를 브랜드 아이덴디티 개발을 통해 알리고자 하여왔다. 이는 일본 기업이 직원들이 기업에 대해 자부심을 느끼고 기업의 목표를 위해 공동으로 노력하자는 점을 강조하기 위해서였던 것이다. 따라서 기업 광고의 상당 부분은 직원을 겨냥한 경우가 많다.

일본 기업은 때에 따라 기업 아이덴디티(CI) 프로그램을 통해 직원의 사기 진작과 생산성 향상을 시도하는 경우도 있다. 예를 들면, Asahi의 경우에는 1985년 새로운 CI를 통해 로고를 바꾸고 침체된 조직 분위기를 쇄신한 적이 있다. Asahi는 새로운 CI를 통해 Asahi Dry라는 최대 히트 상품을 출시할 수 있었던 것이었다. 이는 한국 기업과 매우 유사한 점이기도 하다.

다. 기업 브랜드의 중요성

일본 기업들은 개별 제품 브랜드보다는 기업 브랜드를 사용하는 경향이 매우 높다. Mitsubishi의 경우에는 수 만개가 넘은 제품에 기업 이름을 붙이며, Sony, Honda, Canon, Toshiba도 매우 유사한 브랜드 전략을 사용하고 있다.

일본 기업이 기업 브랜드를 선호하는 이유는 자신이 수많은 제품을 생산하는 대기업으로 모든 분야에서 최고를 지향한다는 기업 이미지만 구축되면 소비자들이 기업의 모든 제품을 신뢰한다고 믿기 때문이다. 이는 "제품을 팔기에 앞서 기업을 팔고, 이미지를 구축하겠다"는 전략으로 뒤에서 언급될 대우 전자의 「탱크주의」와 매우 유사한 전략이다.

사례: Hello Kitty

Hello Kitty는 하나의 버튼 모양의 코, 두 개의 검은색의 작은 눈, 여섯 개의 수염, 그리고 머리에 꽃과 리본을 단 친절하고 귀여워 보이는 작은 고양이의 만화 캐릭터에 근거한 아이디어이다. Hello Kitty는 입이 없는데 이는 구매자를 위한 감정적 연상의 주요 원천을 의미하는 것으로, 그 까닭은 구매자들이 Hello Kitty에게 많은 상이한 다른 감정을 주입할 수 있기 때문이다. Kitty 인형의 주인과 고양이는 함께 행복하거나 슬프거나 사색적이거나 혹은 그들이 공유하기를 원하는 다른 감정이 될 수 있을 것이다. Hello Kitty는 실제로 30대지만 영속적 젊음을 갖는다.

Hello Kitty의 주요 고객은 예상대로 어린이다. 그러나 Sanrio는 주요 고객이 20년 이상 10대 여성으로 브랜드를 성공적으로 확장해 왔다고 말한다. Hello Kitty는 전 세계적인 인기에 힘입어 우상이 되어왔다. 최초 Hello Kitty를 구매했던 소녀들이 나이가 점점 들어가면서 그들은 과거를 생각하면서 성인이 되어서도 Hello Kitty를 구입한다. Hello Kitty 차 세트, 이동전화 케이스, 지우개, 모터사이클, 마우스 패드, 안경, 기타 제품들이 있다. 잠자리용으로 Hello Kitty 잠옷과 이불도 있다. 이 기업은 분명히 기존에 사용한 15,000여 개의 아이템 혹은 이미 유용한 제품들에 매달 추가적으로 600개 정도의 새로운 제품을 선보이고 있다. Hello Kitty는 아시아에서 선풍적인 인기를 얻게 되었고, 브라질과 독일에 자회사를 두고 있으며, 미국에 40여개의 매장을 갖고 있다.

Sanrio는 일본에서 Hello Kitty 카페를 운영하고 있으며, 프랜차이즈 테마 레스토랑을 시작하였고, Hello Kitty 카페는 1999년 후반 홍콩에서 시작하였으며 2000년 추가적인 사업이 지속되고 있는 Maxim's Cateres 회사이다. 서울과 대만에서의 프랜차이즈 사업도 병행되고 있다. 이 같은 브랜드 확장과는 별개로 Sanrio는 햄스터와 토끼를 포함한 새로운 만화 캐릭터를 도입하려고 한다. 재무적으로 Hello Kitty는 불황에도 불구하고 이익을 내는 현상을 보여주었다.

Hello Kitty 사례가 우리에게 시사해주는 것은 브랜드의 성공을 위해서 다양한 소비자의 기호 이해와 이를 바탕으로 하는 시장 세분화 전략과 디자인 개발이 매우 중요하다는 점이다. 이와 함께, Hello Kitty는 지속적인 브랜드 확장을 통한 Hello Kitty의 아이덴디티 강화 및 관리 면에서도 우리에게 시사하는 바가 많다.

2. 대만의 브랜드 세계화 사업

MIT 캠페인

대만 기업도 우리 기업과 같이 고유 브랜드를 통한 수출 확대를 추진하여 왔다. 구체적인 노력의 일환으로 대만 정부는 「Made-in-Taiwan」일명 MIT 캠페인을 펼치고 대만상품 이미지 전면제고 5개년 계획」을 수립하여 1990년부터 총 9억여 달러를 투입하였다.

대만의 노력에서 두드러지는 점은 민·관의 다양한 기관들이 긴밀한 공조체제를 통해 사업을 추진하였다는 점이다. 정부 부문에서의 대만 상품이미지 제고 사업의 주관 기관은 대만 경제부로서 전반적인 사업계획을 수립하고 관련 예산을 지원하여 왔다. 그리고 사업 집행은 우선 CETRA(대만 대외무역발전협회)에서 담당하고, 대만 生産力中心에서는 「MIT」업체를 선정하여 지원하여 왔다. 또한, 민간 기구로서 대만브랜드촉진협회인 「Brand International Promotion Association(BIPA)」는 브랜드 개발과 관련된 다양한 사업을 지원하여 왔다.

대만의 사례에서 흥미를 끄는 사업으로 「미니유럽」 프로그램을 들 수 있는데, 이 프로그램은 유럽 분위기가 나는 대만 상품과 브랜드를 개발하여 일본 시장을 침투하겠다는 전략이다. 구체적 내용은 아래에서 소개되어 있다.

〈그림〉 대만 상품이미지 제고 사업의 기구표

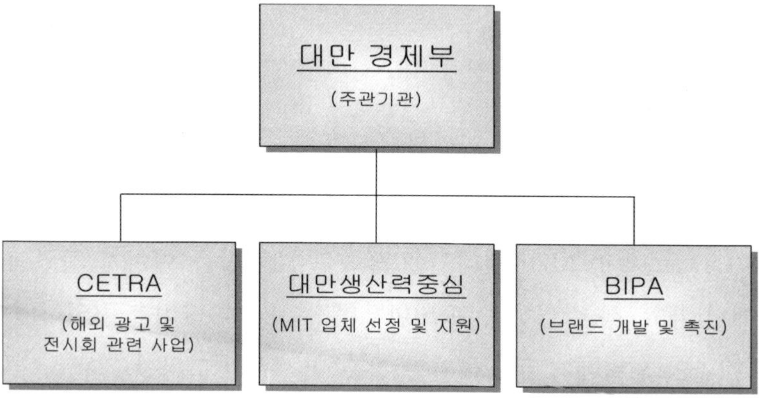

미니유럽 프로그램

대만 정부는 한국 등 여타 아시아국가들과 마찬가지로 對일 무역적자가 확대되는 양상을 보이자 이를 극복하기 위해 지난 1988년말 컨설팅회사로 유명한 일본 매킨지에 시장조사를 의뢰했다. 이때 나온 결과가 일본 소비자들은 유럽 브랜드에 대체로 좋은 감정을 갖고 있다는 것이었다. 일본시장을 파고들 만한 단서를 찾은 대만은「미니유럽」프로그램을 계획하기에 이르렀다.

「미니유럽」프로그램의 목표는 유럽의 유명 브랜드 업체와 협력하여 유럽 분위기가 나는 대만 브랜드를 개발하여 일본 시장을 공략하는 것이었다. 대만은 나아가 유럽에 디자인센터를 설립하는 등 디자인 기술의 향상에도 힘을 쏟았다.

1992년 11월 일본시장 개척단이 구성됐다. 개척단은 유럽의 얼굴로 가장된 각종 가방, 여성용 신발, 의류, 만년필, 볼펜 등을 카탈로그에 담아 일본을 방문하였다. 시장개척단은 기대하지 않았던 호응을 얻었다. 당초에는 일본 제조업체들의 반응만을 타진한다는 계획이었으나, 바로 현장에서 30만 달러에 달하는 판매계약을 올린 것이다. 다음해 대만은 곧바로 사무용가구업체로 구성된 일본 시장 개척단을 다시 파견하여 큰 성과를 거두었다. 이들 업체는 유럽의 10여개 사무용가구업체와 합작으로 브랜드와 디자인을 개발하였던 것이다.

1996년 5월까지 대만의 2백 23개 제조업체와 일본의 3백여 업체가 「미니유럽」 프로그램에 참여하고 있었다. 그러나 대만 경제부는 변화하는 일본 시장의 상황에 맞춰 「미니유럽」 프로그램을 다소 수정하였다. 이들은 일본 경제가 거품이 꺼지면서 소비 패턴도 브랜드 위주의 유럽 상품 구매에서 가격 위주의 실속으로 전환하고 있음을 감지하고, 할인판매점이나 양판점을 대상으로 한 제품을 중심으로 전략을 수정한 것이다.

한편 대만 정부는 일본인들의 유럽 브랜드 선호가 결국은 디자인의 힘에서 나오는 것이라고 판단하고, 유럽을 중심으로 디자인센터를 설립해 나갔다. 1992년초 독일의 뒤셀도르프를 시작으로, 파리, 밀라노, 런던 등 11개 지역에 臺北設計中心(디자인센터)이 세워졌다. 대만 정부는 1998년까지 「미니유럽」 프로그램에 의한 수출 증대 효과가 약 4천만 달러는 족히 될 것으로 내다보고 있다.

사례: Nautica

타이완 태생의 David Chu는 1983년 패션의류, 악세사리, 라이프스타일 제품 등을 생산하는 Nautica를 설립하였다. Nautica 제품은 현재 전세계 40개국 이상에서 팔리고 있다. CNBC 아시아 텔레비전 프로그램 'Managing Asia'의 인터뷰에서 Nautica의 브랜드를 세계적으로 만들기 위한 철학을 설명하기도 했다.

설립자 Chu는 성공적 브랜드 개발을 위해서 좋은 품질의 제품이 필수적이라고 강조하였다. Nautica 제품들은 국제적 브랜드로 성장하고자 하였고, 제품의 품질이 뛰어나고 또 일정함을 유지해야만 했다. 이것들이 소비자들의 신뢰를 얻게 한 요인들이었다.

Chu가 강조한 두 번째 요소는 제품 혁신이다. 혁신이 표준이 되는 패션 세계에서 이러한 제품 혁신은 중요하다. 하지만 다른 산업에서도 혁신은 큰 비중을 차지한다. Chu에 따르면 패션업은 진보적일 필요가 있지만 창조성은 통제되어야 한다고 하였다.

기업은 균형을 유지해야 하고 고객들로부터 받아들여야 할 것을 신중히 생각해 보아야만 한다. 패션 브랜드가 직면하고 있는 큰 딜레마는 패션 트렌드를 따라잡기 위해 어떻게 지속적으로 혁신할 수 있는가 하는 것이다. 또한 충성스러운 고객들에게 고전적 브랜드 스타일, 아이덴디티, 가치를 어떻게 심어줄 것인가 하는 것도 중요하다. 세계적으로 유명한 브랜드들도 제품 혁신에 신중해야만 한다. 원칙을 가지고 창조와 혁신의 균형을 맞추어야 한다.

Nautica를 국제적인 브랜드로 만들기 위해 국제적으로 어필할 수 있는 아이디어와 네임을 갖도록 할 필요성을 느꼈다. 브랜드는 눈에 띄면서 보유할 가치를 지니고, 구체적인 타겟 오디언스에게 특유의 포지셔닝을 가질 수 있어야만 한다. Nautica의 제품 포지셔닝은 적절한 가격에 적절한 품질인 제품 가치(value)이다. 또한 누가

Nautica의 고객층인지 확실히 아는 것도 중요한 점이다. Nautica는 고급 의류점이나 대중적 의류점에 오는 고객이 아니라 활동적인 라이프스타일을 가지고 스포츠웨어를 입는 사람들을 표적으로 하고 있다. 지난 15년간 35%의 성장에도 불구하고, 90년대 중반에는 여성 의류 브랜드 확장에서 기대에 못 미치는 결과를 낳았다. 기능, 패션, 라이프스타일을 포함하는 토털 컨셉을 맞추기가 쉽지 않았던 것이다.

Nautica를 국제적 브랜드로 육성하는 데에 있어 직면하는 또 다른 문제는 품질, 배송, 광고 등과 같은 요소들의 일관성을 유지하는 것이다. 제품의 확장이 생산 계약, 국제 라이센싱 운영과 같은 전략적 제휴를 필요로 하기 때문에 어려운 것이다. Nautica는 이러한 잠재적 문제들을 다음과 같이 해결하였다. 1) 신중한 파트너의 선택과 파트너와의 관계 개선, 2) 파트너와의 원활한 협력이 가능한 디자인 팀의 구성, 3) 협력 유통업체 감독, 4) 품질 관리, 5) 전세계적으로 이미지와 메시지의 일관성 유지를 위한 광고와 촉진의 통제.

위에서 나열된 5가지는 효과적인 브랜드 관리와 성공을 위해 필수적인 것이다. 경쟁우위와 브랜드 리더십을 유지하고자 하는 기업은 항상 이러한 점들을 유념해야 한다. 이러한 성공 요인들이 브랜드와 컨셉 사이의 일관성과 결합을 위해 꼭 필요한 것이다. 그 외 강력한 브랜드를 만드는 요소로는 품질, 혁신, 라이프스타일 관계를 강화시키는 것이 있다.

글로벌 또는 국제적인 브랜드를 만들기 위한 Chu의 마지막 충고는 '자신의 제품에 대해 비전과 열정을 가져라'라는 것이다. 대부분의 거대 브랜드들은 그 기업의 창업자의 글로벌 비전과 열정으로 오늘날의 위치에 오르게 된 것이다. 디즈니와 질레트가 이런 예에 속한다. 국제적 브랜드에서 글로벌 브랜드로 도약하기 위해 야망과 열정을 가지고 목표를 향해 나아가야 할 것이다.

사례: Acer Computer

Acer의 창업자 Stan Shih는 대만에서 국가적 영웅이다. Acer를 성공적인 국제적 브랜드로 키운 것이다. 컴퓨터 산업은 항상 IBM과 같은 거대 기업에 의해서 유지되어 온 세계에서 가장 경쟁적인 산업중의 하나이다. 그러면, 대만 기업들이 높이 평가되고, 때로는 경외적인 브랜드를 창조하면서 어떻게 세계 시장에서 세 번째로 큰 개인용 컴퓨터 제조업체가 될 수 있었을까? 아시아의 많은 국가들처럼 수준 이하의 제품이라고 연상하게 되는 "Made in Taiwan" 이미지로부터 벗어나기 위해서 어떻게 브랜드를 관리하였을까?

물론 그 대답은 강력한 브랜드 이미지의 신중한 구축이라 할 수 있다. 초창기부터, Shih는 이러한 것이 가장 큰 과제라는 것을 깨달았고, 또한 기존의 대만 제품들보다 high-end에 많은 제품을 포지셔닝 했다. 예를 들면, 일본 시장에 진입할 때, Shih는 낮은 가격의 제품과 관련된 낮은 품질의 이미지를 피하기 위해서 일본 제품과 비슷하게 그의 제품에 가격을 책정하였다. 이것이 Acer 브랜드 제품들이 이름이 없는 제품으로 분류되지 않도록 했던 노력의 시작이었다.

Acer 컴퓨터는 항상 연구개발에 많은 자금을 투자하였고, 이러한 측면에서 일본의 기술 기업들을 따르려고 하였다. Shih는 최첨단의 제품들을 디자인하고 생산하는데 있어 가치를 창조하는 기술혁신을 이용하고, 산업을 이끄는 "innovalue"의 가치를 믿고 있다. 개인용 컴퓨터를 미학적으로 즐거운 가정용 전자제품으로 포지셔닝 했던 것이 Shih의 기업이고, 이러한 철학은 새로운 기업의 사명을 나타내는 진술로 요약되어진다. "모든 사람들이 어느 곳에서나 즐거워하는 새로운 기술" 새로움은 새로운 것을 의미하는 것이 아니라 최고를 의미하는 것이다. 즉 모든 사람들에게 유용하고, 장기간의 제품 수명을 가지는 입증된 높은 가치, 낮은 위험 기술을 의미하는 것이다. 새로움은 또한 사용자 친화적이고, 합리적인 가격, 모든 사람들이 어느 곳에서나 즐길 수 있는 완숙한 기술에 근거한 혁신을 의미한다. Acer 컴퓨터는 이러한 가치와 철학을 바탕으로 한 혁신을 추구하여 왔다.

Acer 컴퓨터의 목적은 개인용 컴퓨터가 커뮤니케이션, 오락, 그리고 교육의 분야에서 매우 폭 넓게 이용하고 적용되는 소비자 전자제품이 되어야 한다고 믿는 것처럼, 매우 고객지향적 제품을 만드는 것이다. 그런 까닭에 Acer 컴퓨터는 개인용 컴퓨터뿐만 아니라 소비자의 전자제품에서도 전문가가 되어야 한다. Shih는 이것을 "기술 중심"에서 "소비자 중심"으로의 변환이라고 언급하였다. 컴퓨터 산업은 항상 사람보다는 오히려 제품을 강조하는 기술 중심이었다. Acer 컴퓨터는 "사람과 기술을 맺어주는 Acer"라는 새로운 슬로건이 표명하는 것처럼 소비자 중심적인 지적 자산과 서비스 기업이 되기 위해서 다시 포지셔닝 했다. Shih에게 지적 자산은 제품에 부가된 가치이다. Acer 컴퓨터는 제품의 유형적 특성인 노하우, 포장, 디자인, 접근 가능성, 편리성, 사용자 친화성, 그리고 틈새시장 공략의 해법에 근거하여 제품의 편익이나 가치에 대한 소비자의 인식을 강화함에 의해서 가치를 더하였다. 이것이 Acer 컴퓨터가 글로벌 브랜드로서 성장할 수 있도록 한 것이다. 이것은 사람들에게 그들의 일과 생활을 즐겁게 하는데 도움을 주기를 원하는 것이다.

Acer 컴퓨터는 글로벌 브랜드로서의 정체성을 심기 위해서 글로벌한 수단을 사용하고자 하였다. 그 방법으로 1998년 아시안게임을 후원한 것이었다. Acer의 기술은 제 13회 아시안게임 조직위원회에 의해 "완벽한 진행"을 받음에 의해서 인정받게 되었다. 그리고 그것은 Acer 컴퓨터가 국제적으로 더 많이 알려질 수 있는 계기가 되었다. Acer 컴퓨터가 기업에 대한 소비자가 좋은 인식을 갖게끔 하는 다른 방법은 세계적 기업들과의 제휴를 통해서이다. 이렇게 함에 의해서, Acer 컴퓨터는 "global brand, local touch"라는 전반적인 기업 철학을 이루었고, 또한 글로벌 브랜드가 될 수 있다는 자신감을 갖게 되었다.

그러나 Acer는 지역적 브랜드로부터 글로벌 브랜드가 되기 위한 도약을 하여야 한다. 비록 Acer가 IBM이나 다른 주요 컴퓨터 회사를 위한 컴퓨터를 제조하고 있지만, 적절한 신임을 얻지 못하고 있다. 1998년에 Acer는 PC 제조업자로서는 세계 3위로 평가되었지만, 브랜드 판매에 있어서는 단지 8위를 차지하였다. 그때 이후로, Acer의 발표에 따르면, 7위로 한 계단 상승하였다. 세계에서 가장 큰 단일 시장인 미국에서, 1998년 Acer의 시장점유율은 5% 이하였다.

Acer 컴퓨터는 세계 주요 제조업체, 지역 시장의 선두자에서 세계적 기업으로의 단계를 넘어야 한다. 그러한 결과가 단지 Stan Shih의 열정, 에너지, 야망에만 의존한다면, 그때의 결과는 뻔할 것이다. 결국 소비자, 기업과 구성원들 모두가 글로벌 브랜드로 만들어야 할 것이다. 따라서 이들 모두의 인식 변화와 노력이 지속되어야 할 것이다.

종합하면, Acer의 성공에는 무엇보다도 최고경영자의 비전과 리더십이 있었다. 이와 함께, Acer는 소비자의 기호를 이해하고 이에 맞는 저렴한 가격과 상대적으로 우수한 품질의 제품을 생산・판매한 것이다. 소비자 지향적 철학과 이에 따른 혁신이 Acer 성공의 견인차 역할을 한 것이다.

3. 기타 아시아 국가의 브랜드 세계화 사례

사례: 싱가포르 에어라인

Singapore Airlines(SIA)는 오랫동안 세계 최우량 항공사가 되고자 하는 야심을 가지고 꾸준히 노력하였고, 그 결과 세계에서 가장 좋은 항공사의 하나로 성장하였다. SIA는 1972년에 Malaysia-Singapore Airlines가 SIA와 Malaysia Airlines로 분리되면서 설립된 회사이다. SIA의 비전은 CEO Kong이 지적한 바와 같이 단지 국제 항공사로서가 아니라 글로벌 항공 관련 그룹을 만드는 것이라고 하였다. 그 일환으로 호주에서 두 번째로 큰 Ansett항공사의 주식 50%를 인수하여 SIA의 글로벌 비전을 구체화하였다.

SIA의 기업 사명은 항공 수송을 담당하고 항공 사업에 종사하는 것이었다. 또한 싱가포르 공화국 국기를 붙인 항공사로서 고객에게 합리적 가격에 최고의 서비스를 제공하여 수익을 내고자 하였다. SIA는 고객을 위해 '테크놀로지'와 '서비스'를 강조하고, 항공 여행을 위한 최고의 노선을 가진 SIA 브랜드를 지키고자 하였다.

안전한 비행을 원하는 고객들은 최신 기종을 보유한 항공사를 택하기를 원해 왔다. 이에 SIA는 항상 high-tech를 추구했고 최신 기종의 비행기를 보유했다. 또한 고객들은 예약, 체크인, 대기, 탑승, 수하물 보상 등에서도 좋은 서비스를 원했다. SIA는 보유 기종과 서비스 혁신을 모두를 최상으로 유지하고자 했으며, 그 결과 수많은 상을 받았다. 항공사의 핵심적 가치는 1) 탁월함의 추구, 2) 안전, 3) 고객 중시, 4) 직원들에 대한 관심, 5) 성실함, 6) 팀워크의 6가지이다.

SIA에서 중요시하는 서비스 가치의 특성은 1) 친절함-(도움이 되는, 승객의 요구에 적절히 대응하는, 인내심을 가진, 재치있는, 환대하는), 2) 따뜻함-(즐거운, 예의바른, 기운나게 하는), 3) 전문성-(지식을 가진, 자신감 있는, 효율적인, 잘 돌보는), 4) 사업성-(잘 적응하는, 미리 배우는, 지략을 지닌, 반응하는, 자발적인, 솔선수범하는), 5) 헌신성-(책임지는, 성실한)이었다.

브랜드 개성

SIA의 브랜드 개성은 '싱가포르 아가씨'의 인격화를 통해 구축되었다. 1973년에 만들어진 싱가포르 아가씨는 SIA 항공 사업의 소프트웨어라고 할 수 있다. 이러한 전략은 객실 승무원에게 일관된 개성을 유지하도록 상당 규모의 교육 훈련이 실시되었다. 이와 함께, 다년간 광고를 통해 이러한 개성 개발에 노력하기도 하였다.

이상과 같이 SIA가 우수 항공사로 성장할 수 있었던 것은 고객의 욕구를 제품 개발에 효율적으로 반영시킨 결과이다.-테크놀로지와 서비스. 가장 성능이 우수한 항공기에 우수 서비스라는 고급 항공사 이미지 개발에 성공한 것이다. SIA는 '싱가포르 아가씨'라는 서비스 심볼을 개발하고, 철저한 승무원 교육을 통해 이를 달성할 수 있었던 것이었다.

사례: Malaysian Mosaics

사람들이 세계적인 품질의 세라믹 타일을 머릿속에 떠올릴 때 이탈리아나 다른 유럽 국가의 타일을 떠올리게 된다. 그러나 아시아에 세계적으로 널리 알려진 브랜드가 있다. Malaysian Mosaics Berhad는 MML 브랜드를 세계적인 톱 브랜드로 성장시켰던 것이다. 말레이시아 뉴쿠알라룸푸르 국제공항에서부터 베트남 시티뱅크까지, 그리고 싱가포르 Mandarin 호텔부터 시드니 올림픽 주경기장에 이르기까지 Malaysian Mosaics의 제품이 널리 사용되고 있다.

최초의 말레이시아 산업용 타일 생산 기업인 Malaysian Mosaics는 지난 50년간의 기간 동안 우수한 품질로 인정받아 왔다. ISO 9002 기준과 수많은 세계 품질 규격에 합격하였다. 가장 최근의 5세대 타일인 자기 화강암 타일은 90년대 말에 출시되었는데, 외관이 자연산 돌처럼 보이는 제품이다. 이 자기 화강암 타일은 자연산 돌과 같은 성분을 포함하고 있고, 고도의 컴퓨터화된 제조 공정으로만 생산되는 것이다. 이런 제품은 하루 평균 12,000평방미터의 생산량을 가지는 미래형 공장에서 생산되고 있는데, 이 공장도 세계에서 가장 앞선 타일 제조 기술을 보유하고 있다.

그러나 품질 수준이 떨어질 것이라고 느끼는 아시아 원산지 효과를 어떻게 극복하고 국제적인 브랜드로 성장했는지, 그리고 B-to-B 제품에서 어떻게 브랜드 파워를 만들어냈는가에 대한 답은 타의 추종을 불허하는 품질과 서비스의 결합이라고 할 수 있다.

포지셔닝 전략

고급 타일 시장은 전통적으로 최고 품질의 화강암과 대리석 제품이 차지하고 있었다. 인조 제품인 MML 브랜드는 낮은 가격에다 화강암의 3배의 강도를 가지고 있는데, 여기에서 고객들 인식의 전환이 이루어졌다. Malaysian Mosaics의 제품 포지셔닝은 낮은 가격과 고품질이었는데, 고급 제품 시장에서는 이러한 저가-고품질의 패러독스가 받아들여지기 시작하였다.

제품 개발

Malaysian Mosaics의 브랜드 사명(mission)은 세계에서 가장 좋은 품질을 유지하기 위해 가장 좋은 장비와 기술을 보유하는 것이다. 표적 시장과 소비자를 철저히 분석하기 위해 광고와 촉진에 많은 돈을 쓰지 않고자 했다. Malaysian Mosaics는 건축가, 계약업자, 유통업자, 여론 형성자들과 협력을 통해 패션과 라이프스타일 경향을 파악하고 시장이 원하는 품질의 제품을 개발하여 왔다. 다양한 집단의 인식을 변화시키고 이들에게 제품 하자가 없음을 보여주기 위해 우수한 품질의 제품을 개발・생산하는 것이었다. 이런 전략은 일본 제품과 품질에 대해 강한 편견을 극복하기 위해 몇

십 년 전 사용했던 일본 기업의 전략이기도 했다. 품질 관리는 신중을 기하고 있고, 모든 최종 제품의 10%를 무작위로 추출해 검사하고 있다. 만약 어떤 샘플에서 하자가 발생하면 그 발생 라인 전체가 재조사되었다. Malaysian Mosaics의 자기 화강암 타일은 산화물, 오염물질, 추위에 손상되지 않고 순수한 색깔을 유지한다. 또한 유지가 쉽고 청소도 쉽다는 장점이 있다.

유통

유통은 수출업자들에게 가장 중요한 요소이고, Malaysian Mosaics는 우수한 유통상들을 확보하기 위해 많은 노력을 기울였다. 유통상들은 브랜드 인지도 제고와 양질의 제품을 알리기 위한 광고와 촉진을 위해 반드시 필요한 협력적 파트너로 인식하였기 때문이었다. 때에 따라, 유통상의 독자적인 브랜드 개발에 협력하기도 했다. 그러나 그러한 브랜드 MML보다 싼 가격으로 팔리지 못하도록 철저히 통제하기도 하였다. 이와 함께, Malaysian Mosaics는 유통상들에게 최고 수준의 서비스를 제공하고자 노력하였다. 예를 들면, JIT시스템 운영을 통해 유통상의 재고 및 물류비용 절감을 위해 노력하기도 했다.

연구 개발팀은 유통상들과 공동 제품 및 디자인 개발을 담당하였고, 마케팅팀은 정기적인 지원을 맡았다.

디자인과 제품 개발

Malaysian Mosaics는 끊임없이 새로운 디자인과 생산 방법을 연구하기 위한 R&D팀을 가동하였다. 자신들이 하는 사업이 타일 제조 사업이 아니라 고객 선호가 빠르게 바뀌는 패션과 라이프스타일 사업임을 인식하였다. 이러한 특성으로 인해 새로운 색상, 모양, 크기 등을 지속적으로 찾으려 하였다. Malaysian Mosaics의 디자인팀은 여러 국가에 디자인 연구소를 설립하고, 현지에서 적극적인 디자인 개발 및 현지화에 노력하였던 것이다. 이를 통해, MML이라는 master 브랜드 아래에, 다양한 타일 브랜드가 개발된 것이다.

브랜드 개성

MMS의 브랜드 개성은 1) 신뢰성, 2) 멋진 장식, 3) 야망, 4) 넉넉한 사업가, 5) 현대적인 시야, 6) 성공을 위한 관심으로 특징지워진다. Malaysian Mosaics는 처음에 지역 브랜드로 시작하였지만 90년대 말 기준으로 세계 50여개 국에 팔리는 브랜드가 되었다. Malaysian Mosaics의 야망은 100개 국가에서 꾸준한 매출을 올리는 글로벌 브랜드가 되는 것이다.

이상에서 보듯이 Malaysian Mosaics는 가격경쟁력을 바탕으로 다양한 디자인 개발을 통해 브랜드 세계화를 달성할 수 있었던 것이다. 특기할 만한 점은 R&D팀을 가동시키고 여러 국가에 디자인 연구소를 설립하여 고객에 밀착하는 디자인 개발에 노력한 점이다.

사례: Royal Selangor

Royal Selangor는 세계 시장에 성공적으로 진입한 말레이시아의 기업 브랜드이다. 1000여 개 이상의 제품을 가진 이 기업의 주요

ROYAL SELANGOR® 제품은 식탁용 술병, 술잔, 컵, 사진액자, 책상 악세사리와 같은 백랍으로 만든 장식용 가공품들이다.

백랍은 순수한 주석과 구리, 안티모니를 섞어 더 단단해진 금속 합금이다. Royal Selangor는 1885년 말레이시아에서 백랍 사업을 시작했고, 세계적인 백랍 생산업체로 전통을 자랑하고 있다. 작은 영세업체로 시작해서 지금은 세계에서 가장 큰 백랍 공장을 운영하고 있다.

초라한 출발이었지만 Royal Selangor의 제품은 20개국 이상의 Harrods of London, David Jones of Australia, Mitsukoshi of Japan, Illums Bolighus of Denmark, the Museum of Modern Art Gift Shop in New York과 같은 고급 상점에서 팔리고 있다. Royal Selangor는 싱가포르, 홍콩, 런던, 멜번과 같은 세계 주요 도시에 자체 소매점도 직접 설립하였다.

Royal Selangor 브랜드 플랫폼은 1) 백랍 장인정신의 계승, 2) 수공제품의 신뢰성, 3) 디자인의 혁신, 4) 제1의 백랍 기업의 리더쉽, 5) 국제적인 수상 경력에 의한 세계적인 디자인 등 5개 영역에 초점을 맞추고 있다. Royal Selangor의 슬로건은 '세계에 주는 말레이시아의 선물'로 사용해 왔다.

Royal Selangor의 브랜드가 직면해온 과제는 전통과 현대의 균형을 이루는 것이라고 할 수 있다. 섬세한 수공제품의 신뢰성을 갖고 있는 전통적 이미지를 유지하였지만, 바이어의 관심을 끌고 매출을 신장시키기 위해 신선함을 제품에 도입할 필요가 있었다. 이런 점을 잘 적용하기 위해 새로움과 전통을 혼합하여 제품을 정교하게 제조하였다.

혁신에 대한 성공은 1989년 덴마크 Formland 박람회의 Formland Prize와 1989년, 1991년 프랑크푸르트 국제 박람회의 Design Plus Award와 같은 권위적인 수상 경력으로 대변되고 있다. 현지와 국제 디자이너들의 팀은 새로운 제품 라인에 책임을 맡고 있다. 1997년 Gift of The Year Award를 수상한 William Morris 와인 악세사리와 같은 제품은 런던 Victoria and Albert Museum의 소장품으로도 추천되었다. 이와 같이, 고정 고객을 확보할 수 있었던 것이 품질의 중요성과 미의 추구 때문이라고 Royal Selangor는 말하고 있다.

1970년대 Royal Selangor는 사업을 18K 보석류(Selberan Jewellery), 925 파운드 은(Comyns Silver), 손으로 칠해 만든 자기 제품(Selcraft)으로 다각화하였다. 이러한 다각화를 통해 Selberan Jewellery를 만들었고, 높은 평판을 얻게 되었다. 또한 유럽 보석 세공인에 의해 훈련된 보석 학자, 디자이너, 장인들의 팀도 구성하였다. 아름다운 디자인으로 유명한 Selberan Jewellery는 20개 이상의 디자인상을 수상하였다. Silver item 관련 사업부는 1993년에 만들어졌고, 이와 유사하게 높은 기술을 보유한 공예가들이 만들 수 있는 Selcraft는 영국과 미국에서 더 유명한 자기 제품들을 제작한다.

전통, 신뢰성, 품질에 의해서 좋은 브랜드가 탄생하는 것이다. Royal Selangor는 제품에 혁신을 불어넣었고, 모기업 브랜드의 이점을 살리기 위해 개별 기업 브랜드 네임들을 유지하였다. 새로운 제품들은 아직 주 브랜드 라인만큼 성공하지는 못했지만, 아직 시기가 이르다고 판단하고 있다.

이상과 같이 Royal Selangor의 성공에는 여러 가지 요인이 작용한 듯하다. 첫째, 말레이시아의 원산지를 전통적 기술이라는 측면에서 유리하게 사용했다는 점이고 이와 함께, 성공적인 브랜드 아이덴디티 개발 즉 전통과 현대의 조합을 들 수 있다. 마지막으로 브랜드 이름에 Royal이라는 이름을 사용했다는 점도 수공제품이라는 이미지 구축에 도움을 준 듯하다.

사례: 호랑이 연고(Tiger Balm)

Tiger Balm은 순수한 아시아 브랜드로서 국제적인 인정을 받은 흥미로운 사례이다. 이것은 통증이나 다른 여러 가지 병의 치료를 필요로 하는 군사 지도자나 황제가 있는 중국 황실에 기원을 두고 개발되어 전해지는 약초 연고 치료제이다. Aw 가족은 이러한 제품과 브랜드를 개발한 사람들이다. 창시자인 Aw Chu Kin은 그의 지식을 아들인 Boon Par(순한 표범을 의미함)와 Boon Haw(순한 호랑이를 의미함)에게 전했다. 브랜드 네임에서 "Tiger"는 Boon Haw의 이름으로부터 따왔다. Boon Haw는 또한 이 제품의 선구자적인 마

케터였다. Haw Par라는 기업명은 두 형제의 마지막 이름을 따서 지었다. Tiger Balm은 싱가폴을 중심으로 1000만 달러 이상이 판매되는 국제적 브랜드이다. 기업의 규모가 커지면서 Haw Par와 Tiger Balm의 관리는 가족 중심에서 벗어나 기업화되었다. 그러나 제품의 포장에는 여전히 중국어와 영어로 그들의 이름과 함께, 두 형제의 오래된 재생 사진을 부착되어 있다.

Boon Haw에 의해 만들어진 역동적인 호랑이 로고는 글로벌 시장에서 성공적으로 높은 인지도와 기억력을 만들었고 이 브랜드의 트레이드마크가 되어왔다. 작은 육각형 병과 둥근 용기의 뚜껑으로 공인된 것으로 보이는 모조의 인쇄된 직인으로 구성된 포장은 제품을 너무도 독특하게 만들었고, 결과적으로 다른 국제적 경쟁자들로부터 쉽게 눈에 띄게 하였다. 그러나 이 브랜드는 대대로 전해오는 유산을 보유하는 한편 현대적으로 보이도록 관리하였다.

브랜드를 만들기 위해서는 기업은 좋은 품질의 제품을 가지고 있어야 한다는 것은 너무나 당연한 사실이다. Tiger Balm은 이러한 측면에서 좋게 평가받았다. 연고의 원래의 처방 비결은 서양과 중국의 의학이 첨가되어 강화되어졌다. 이 제품은 근육통이나 통증에 대하여 두통을 덜어주는 것으로 노소가 이용할 수 있는 다양한 사용의 포지셔닝과 응용력을 가지고 있다. 이것은 또한 운동선수들에 의해 약효가 인증되어 운동 부상의 치료제로서 포지셔닝 하였고, 결과적으로 더 넓은 소비자층을 확보

하게 되었다.

Tiger Balm은 아시아에서 크게 성공하게 되었고, 지금은 성공적으로 세계 70여 개 국가에서 판매되고 있다. 대중적 치료제로서 아시아에서 시작하여 명실상부한 국제적 브랜드로의 도약을 하게 된 것이다.

Tiger Balm의 성공 뒤에는 독특한 브랜드 기법과 기업의 각고의 노력이 있었다. 호랑이이라는 심볼, 독특한 포장, 전통적 한방이라는 브랜드 아이덴디티, 그리고 이에 부합하는 포지셔닝 전략이 있었던 것이다.

사례: Padini Holdings

PADINI

Padini Holdings는 이탈리아 기업처럼 보이지만, 실상은 말레이시아 기업으로 급속히 성장하는 기업이다. 1971년 Yong Pang Chaun에 의해 설립되었으며, 질 좋은 패션 제품의 본고장으로 인식되지 못하는 원산지 효과와 관련된 어려움을 극복하는데 도움을 줄 수 있도록 패션 업계에 적합한 이탈리아어의 발음과 유사한 브랜드네임을 사용하였다.

Padini Holding은 설립 이래로, 크게 성공하게 되었으며, 1998년에는 상장하게 되었다. Yong과 능력 있는 젊은 경영 팀은 그들의 사업과 브랜드에 열정을 갖고 있었으며, 이러한 모든 열정으로 유명한 국가적 브랜드를 얻게 되었다. Padini Holding의 성공 요인은 제품의 자기잠식화 함정에 빠지지 않고 젊은이들을 겨냥한 여러 가지 브랜드의 창조 및 경영에서의 기술이었다. 이는 또한 견실한 전략적 포지션을 근거로 하고 있다. 사업 철학은 모든 소비자들에게 알맞은 가격으로 글로벌 패션을 경험할 수 있는 좋은 기회를 제공하면서, 가격대비 가치와 즐거움의 독특한 조합을 제공하는 것이다.

브랜드 전략

이 회사의 첫 번째 브랜드는 기업 이름과 동일한 Padini를 사용하였지만 그 이후로 Padini Hoding은 기업 브랜드보다는 제품 브랜드에 더욱 치중하였다.

남성들을 겨냥한 최초의 브랜드인 Padini는 젊은 사업가들에게 전통적인 셔츠와 바지를 제공하였고, Padini Authentics는 동일한 세분시장에 캐주얼웨어를 제공하였다.

그후 Padini, Padini Authentics 브랜드는 현대적이고 유행을 타는 의류를 선호하는 젊은 감각과 패션에 민감한 남성과 여성을 타겟으로 확대되었다. 또한 이러한 브랜드는 아동용 라인도 구비하고 있었다.

Miki Kids는 어린이용의 화려한 의류를 제공하는 잘 확립된 브랜드이며, 이러한 제품라인은 Miki Mom으로 확대되어졌다.

Rope는 캐리어우먼을 위한 정장을 제공하는 브랜드이며, Vincci는 보완적인 신발이나 악세사리 제품의 브랜드이다.

P & Co는 Padini, Padini Authentics 브랜드보다 값싸고 더 캐주얼한 의류를 10대와 20대들에게 제공한다. 가장 최근의 추가된 브

랜드 PDI는 편리한 스타일과 기본적인 아이템, 저렴한 가격으로 더 넓은 소비자층을 표적으로 하고 있다.

이러한 시장 세분화는 신중하게 진행되어 왔다. 세계적인 패션 흐름의 경향을 고려하고, 경쟁자 제품을 분석하고, 제품 생산을 준비하면서, "기본적 스타일 선호" 고객의 종합적인 요구를 알기 위해서 소비자 연구를 수행한 후에, Padini Holding은 시장에서 틈새를 찾아서 적절하게 자사의 브랜드를 포지셔닝 하였다. 이와 같은 기업의 주요 시장의 명확한 정의는 오류를 최소화한다.

과감한 도전과 기업가 정신

그러나 패션사업을 근간으로 하는 사업에서 실수는 불가피한 부분이다. 경쟁적인 패션 시장에서 몇 개의 브랜드를 경영함에 있어서의 복잡성은 Padini Holding이 매년 10000개 이상의 생산라인을 도입하는 사실에서 명확해진다. 항상 성공하는 것은 아니므로, 제대로 작동하고 있는지, 혹은 감소하고 있는지, 아니면 팔리지 않고 있는 라인을 발견하기 위한 지속적인 자각이 필요하다. 이것은 시장에서의 신속한 대응이 성공의 열쇠라는 것을 의미하며, 기업 자원의 모든 것이 이러한 신속한 대응 및 지속적인 모니터링을 위해 지원된다. 물론 모든 제품이 크게 성공하는 것은 아니지만, 재빠르게 반응하는데 실패하는 것은 빠르게 움직이는 시장 흐름을 놓쳐버린다는 것을 의미한다. 이 같은 딜레마에 대한 해답은 Yong에게는 분명하다. 그는 "위험을 감수하거나 실수를 하고, 이것들로 인해 배울 준비가 되어 있지 않다면 패션 사업에서 어떤 성공의 가능성은 존재하지 않는다. 당신은 좋은 기회를 잡기 위해서는 모든 것을 수용하고 열려 있어야 한다."고 하였다.

국제화 노력

강력한 국제적 브랜드는 항상 국내 시장에서의 성공으로부터 시작된다. 그렇다면 Padini Holding의 미래는 어떻게 지켜질 것인가? 세계적인 브랜드 확립을 위해 Padini Holding의 계획은 무엇인가? 현명하게도, 그것은 우선적으로 가장 잠재력을 지닌 seed 브랜드를 지역적 브랜드로 만들어야 한다. 이러한 브랜드는 3~5년 이내에 국내 시장의 리더가 될 수 있으나, Padini Holding은 관련된 많은 어려움을 인식하고 있다.

주요 과제는 국제적 브랜드보다는 지역적 브랜드에 대한 현재 시장의 인식을 변화시키는 것이다. 그러나 Padini Holding의 경영팀은 장기적 견해를 확립하고, 패션 시장이 제조와 마케팅에서 더 개방적이고 경쟁이 치열하게 될 때, 모든 제품들이 비슷할 것이라는 것이 현재 패션시장의 추세가 될 것이라는 것을 인식하고 있다. 그리고 모든 것이 동등해질 때, 기업들은 브랜드 전쟁을 직면하게 될 것이다. 그땐 브랜드 이미지가 제품을 차별화 시키게 되는 것이다.

이러한 과제를 해결하기 위해, Padini Holding은 광고와 판촉에 지출을 늘리고, 지역 명소에 새로운 매장을 여는 등 브랜드에 더욱 더 많은 투자를 하기 시작했다. 이는 이전에 놓여 있던 다른 전략적 문제들에 대해 대응하기 위해서 준비되어졌다. 예를 들어, 머천다이징, 광고, 판매촉진 등은 더 정교화될 필요가 있으며, 제품의 질은 더 높은 기준에 도달해야 할 것이다. 유통 채널은 다시 구성되어야 할 것이다. 이는 요구된 스타일, 일치성, 적합성을 지닌 브랜드를 표현할 수 있는 소매점만이 제품을 취급하게 될 것이다. Yong과 그의 경영 팀은 이러한 것을 준비하였으며, 추가적으로 마인드 공유를 위해 시장 점유율을 희생하고 있다. 그들의 브랜드에 있어서의 정열과 믿음은 확고하다.

Padini의 성공 뒤에 있는 가장 중요한 요인은 브랜드에 대한 열정이었다. Yong과 젊은 경영진의 꾸준한 제품개발과 브랜드 개발 노력은 신앙에 가까운 것이었다. 이런 열정을 바탕으로 다양한 소비자의 기호를 반영한 제품다양화와 브랜드 확장이 가능하게 된 것이었다.

4. 브랜드 세계화 성공 요인 – 종합 평가

이상의 외국 브랜드 성공 사례를 통해 다양한 성공 요인들이 브랜드 세계화에 작용했음을 알 수 있다. 이들 요인들은 제 5장의 국내 사례 분석과 매우 유사한 특성을 가진 것으로, 크게 7개 요인들로 정리할 수 있다.

① 소비자의 브랜드에 대한 신뢰 및 신뢰 확보를 위한 경영진의 노력

〈표〉 해외 브랜드 사례의 성공 요인

	일본	대만	기타
소비자 신뢰 / 경영비전	Kao	Acer	-
제품 경쟁력	Hello Kitty	Nautica Acer	SIA
디자인	Hello Kitty	Nautica	Malaysian Mosaics Royal Selangor Padini
BI 디자인	Asahi Hello Kitty	Nautica	SIA Malaysian Mosaics Royal Selangor 호랑이 연고
효과적 마케팅	-	Nautica Acer	Malaysian Mosaics
브랜드 인프라	-	Acer	SIA Padini
정부의 지원	-	MIT 캠페인	-

② 높은 품질 수준이나 현지화를 통해 확보된 제품 경쟁력

③ 차별화된 디자인

④ 브랜드 컨셉 및 BI 관련 디자인, 심볼 및 캐릭터

⑤ 효과적 마케팅

⑥ 브랜드 마케팅 인프라

⑦ 정부의 지원

이상의 성공 요인들을 국가별 사례에 따라 정리하면 〈표〉와 같다. 〈표〉에서 보듯이 다양한 요인이 복합적으로 동시에 상호보완적으로 영향을 미친 것으로 평가된다.

제3부

특별주제 1
중소기업의 공동 브랜드 전략

특별주제 2
브랜드 세계화 결정요인에 관한 실증적 분석

특별주제 3
아시아 기업의 브랜드 세계화 사례

특별주제 4
브랜드 세계화 역량 평가
-한국과 독일 자동차 업체 역량 비교

앞에서 브랜드 세계화 역량의 의미와 내용에 관하여 살펴보았다. 위에서 논의된 내용을 바탕으로 특정 기업의 브랜드 세계화 역량을 평가할 수 있다. 따라서 여기서는 우리나라 자동차 업체의 역량을 독일 자동차 업체와 비교하여 기업의 브랜드 세계화 역량을 배양하기 위해 우리 업체들이 어떠한 노력을 경주해야 함에 관한 시사점을 도출할 수 있을 것이다.

본 평가에서는 우리나라 자동차 업체의 역량을 평가하기 위해서 본사의 수출 및 지원부서, 해외 판매법인 및 지역본부에 근무하는 74명 실무자를 대상으로 각자 근무 업체의 역량을 평가하게 하였다. 한편 독일 업체는 매출 80억불 이상의 6개 업체의 해외 영업 실무자를 대상으로 각자 회사를 평가하게 하였다. 그 결과가 아래에서 소개된다.

1. 의사결정의 집중화

우선 의사결정의 집중화 정도를 살펴보면 우리 기업이 독일 기업에 비해 중앙집권적 의사결정 즉, 현지 법인에 위임하는 것보다 본사 주도의 의사결정 형태를 보이는 것으로 나타났다. 특히 영업, 촉진, 고객서비스/지원, 시장조사 분야에서 현지 법인으로의 권한 위임이 특히 미흡한 것으로 나타났다.

그 외 특기할만한 점은 한국과 독일 기업 모두에서 브랜드명이나 신제품 출시 결정에 관하여서는 본사가 주도하고 있다는 점이다. 이는 자동차 산업 특성상 브랜드명과 신제품 출시와 같은 의사결정은 전략적으로 매우 중요하기 때문으로 보인다.

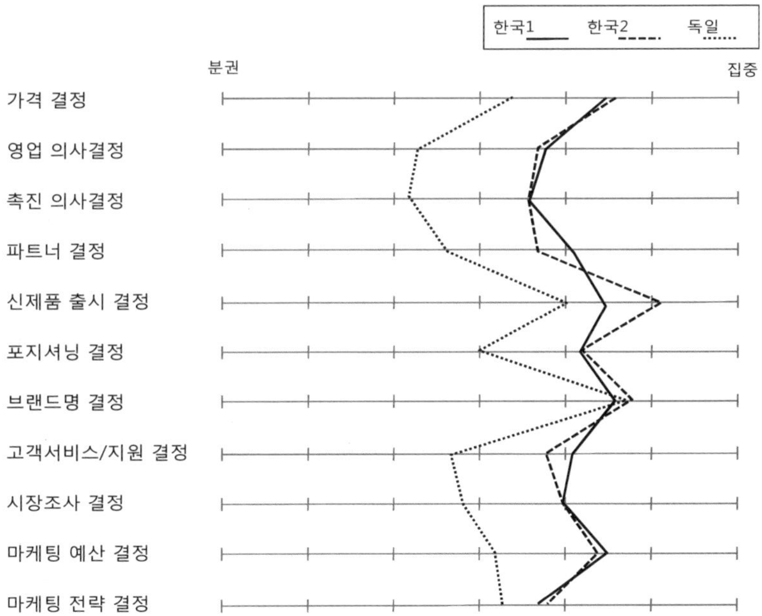

2. 글로벌 시장 지향성

글로벌 시장 지향성면에서 우리 기업들의 시장 지향적 활동을 활발히 전개하는 것으로 보인다. 고객만족 활동의 모니터링, 정기적인 조사 수행 및 측정 등의 영역에서 그러한 양상을 보이고 타 영역에서도 독일 기업과 비교하여도 뒤지지 않는 양상이다.

그러나 우리 기업들이 고객지향적인 철학이 독일 기업에 비해 상대적으로 부족한 것으로 판단된다. 고객 욕구에 대한 이해, 사업부 목표의 고객 지향성 등의 영역에서 이러한 차이가 발견된다. 즉 우리 기업이 시장 지향적 활동은 활발히 전개하나 철학적인 면에서는 고객 지향적이지 못한 것으로 평가될 수 있다.

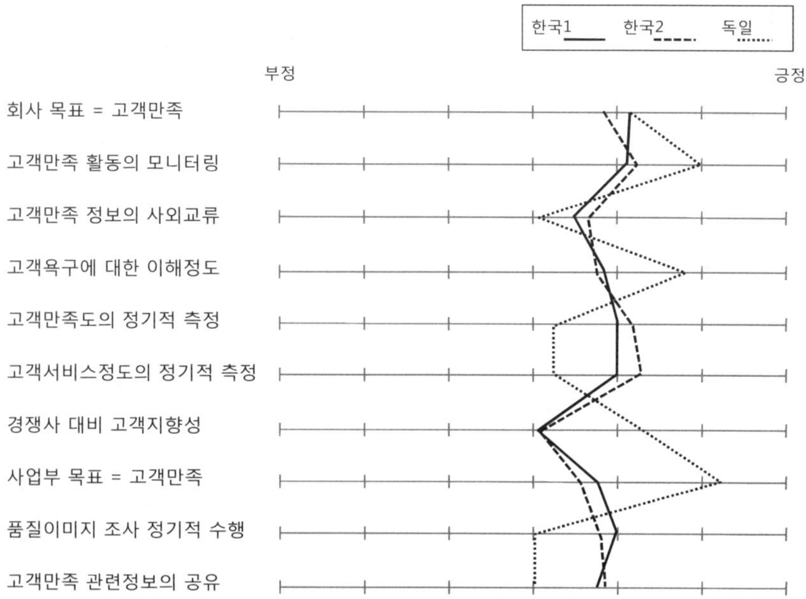

3. 글로벌 인적자원관리

한국 업체들을 독일 기업과 비교해보면, 한국 기업들이 본사 인력 중심의 인적자원 관리를 하고 있음을 알 수 있다. 즉 한국 기업은 외국인 인력보다 본사 모국 인력을 글로벌 인력으로 활용하고 있는 것이다. 한국 기업들에게는 상대적으로 외국 인력이 한국 인력보다 다소 불리하고, 외국인 인력에 대한 교육 프로그램이나 이문화에 대한 교육이 다소 부족한 것으로 조사되었다.

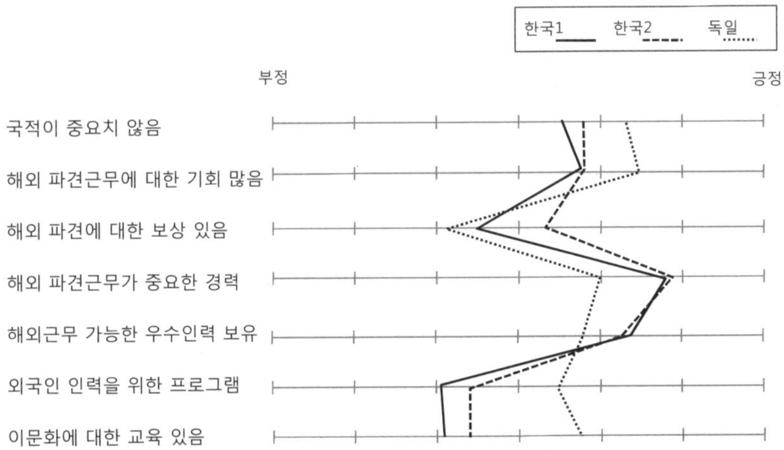

4. 현지 마케팅 역량

우리 기업들의 현지 시장에서의 마케팅 역량은 독일 기업에 비해 현저히 떨어지는 것으로 조사되었다. 특히 relationship, scanning 그리고 마케팅 믹스 역량에서 그러한 차이가 두드러졌다. 한편, flexibility 역량에는 큰 차이가 발견되지 않았다.

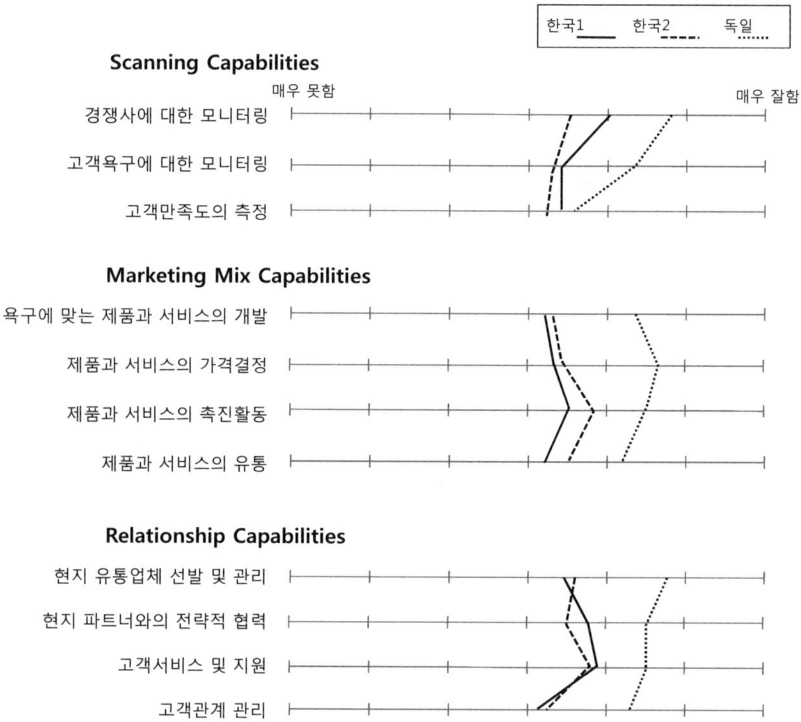

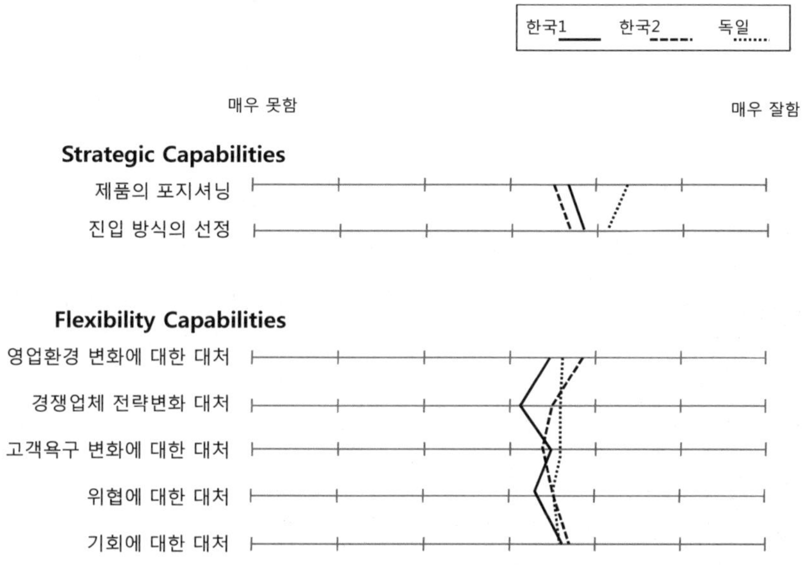
한국1
한국2
독일
매우 못함
매우 잘함
Strategic Capabilities
제품의 포지셔닝
진입 방식의 선정
Flexibility Capabilities
영업환경 변화에 대한 대처
경쟁업체 전략변화 대처
고객욕구 변화에 대한 대처
위협에 대한 대처
기회에 대한 대처

5. 글로벌 통합 역량

한국 기업의 글로벌 통합 역량도 현저히 떨어지는 것으로 나타났다. 이러한 현상은 특히 relationship, scanning 그리고 마케팅 믹스 역량에서 두드러져 있다. 전반적으로 한국 기업의 현지마케팅 역량과 비교하여 한국 기업의 글로벌 통합 역량은 현지마케팅 역량에 비해 상대적으로 부족한 것으로 보인다.

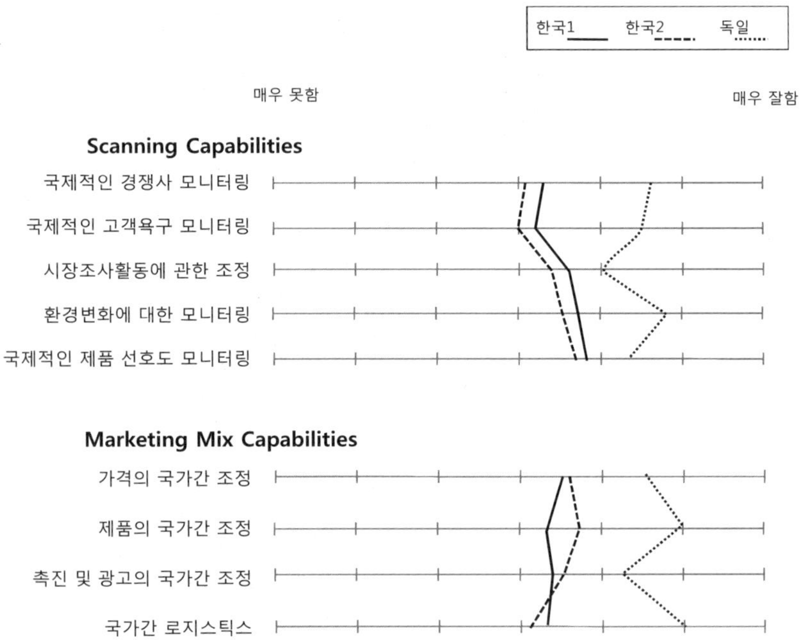

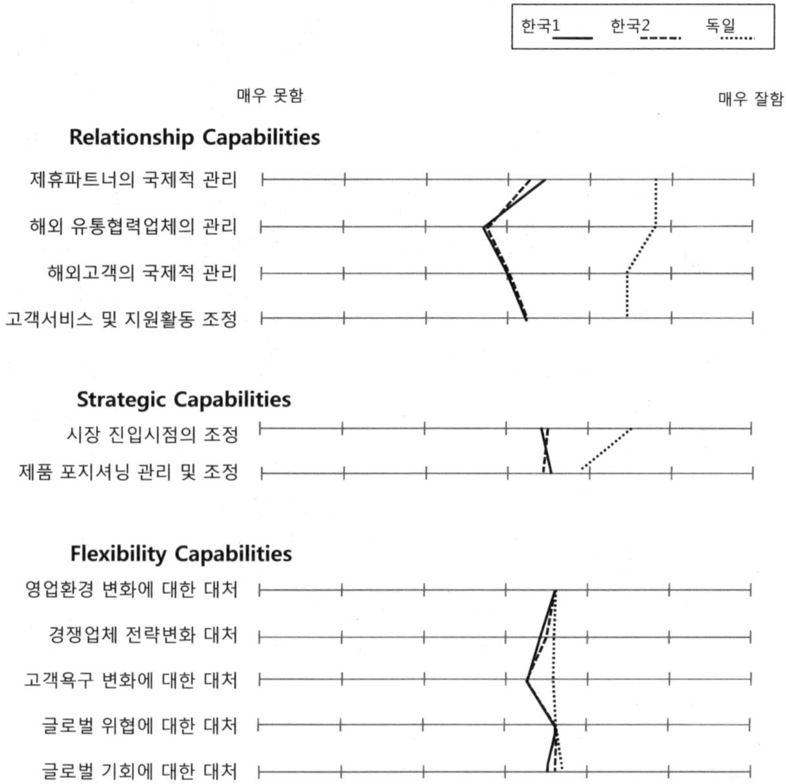
한국1
한국2
독일
매우 못함
매우 잘함
Relationship Capabilities
제휴파트너의 국제적 관리
해외 유통협력업체의 관리
해외고객의 국제적 관리
고객서비스 및 지원활동 조정
Strategic Capabilities
시장 진입시점의 조정
제품 포지셔닝 관리 및 조정
Flexibility Capabilities
영업환경 변화에 대한 대처
경쟁업체 전략변화 대처
고객욕구 변화에 대한 대처
글로벌 위협에 대한 대처
글로벌 기회에 대한 대처

6. 물리적 자산(Physical Asset)

한국 자동차업체의 물리적인 자산을 독일 기업과 비교해보면 몇 가지 차이가 발견된다. 첫째, 우리 제품들이 독일 제품에 비해 기술적 차별성 부족 이 부족하고, 둘째는 우리 생산시설이 유연성과 on-time delivery 역량이 미흡한 것으로 나타났다. 셋째는 우리 기업들이 독일 기업에 비해 글로벌 소싱 능력이 떨어지는 특성을 보였다. 한편 IT 시설 면에서는 큰 차이가 없었다. 종합해보면, 우리 기업의 물리적 자산은 대규모 생산 시설 중심의 역량을 가지고 있는 것으로 평가된다.

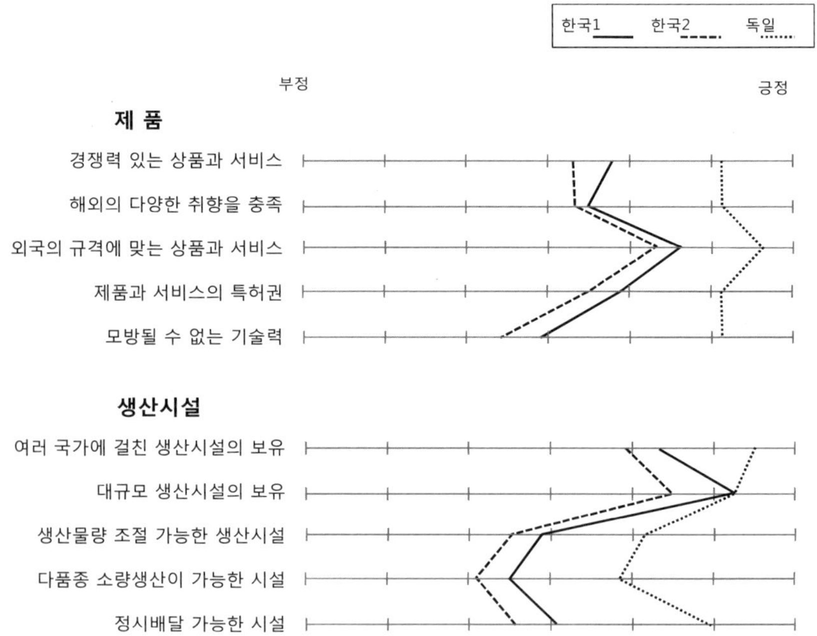

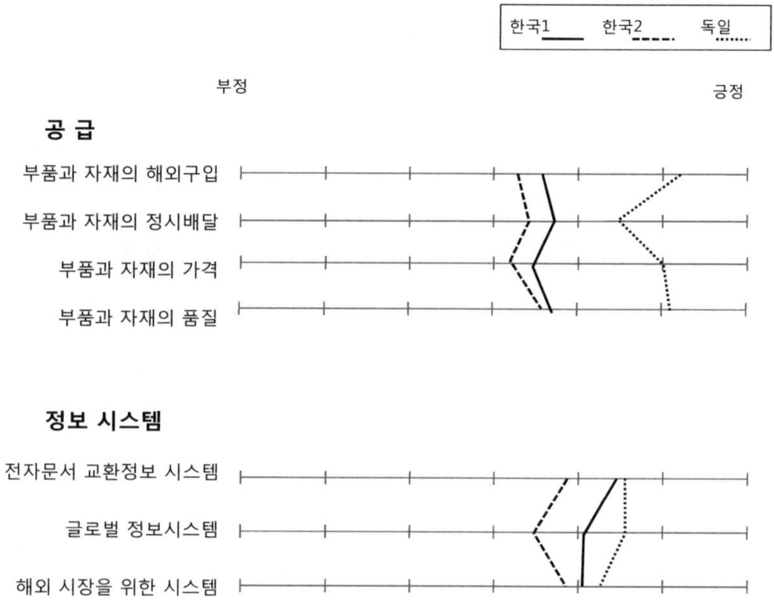
한국1 한국2 독일
부정
긍정
공 급
부품과 자재의 해외구입
부품과 자재의 정시배달
부품과 자재의 가격
부품과 자재의 품질
정보 시스템
전자문서 교환정보 시스템
글로벌 정보시스템
해외 시장을 위한 시스템

7. 시장 기반 자산

한국 자동차업체의 시장 기반 지산을 살펴보면, 우선 고객 관련 자산은 독일 기업에 비해 현저히 부족한 것으로 평가될 수 있다. 특히 브랜드, 고객 기반 및 충성도의 미흡 정도가 매우 큰 것으로 보인다. 또한 파트너 관련 자산면에서도 한국 기업이 떨어지는데, 특히 유통업체와의 관계 자산이 매우 부족한 것으로 나타났다. 한편 한국2 업체의 시장 기반 자산 미흡 정도가 훨씬 큰 것으로 평가된다.

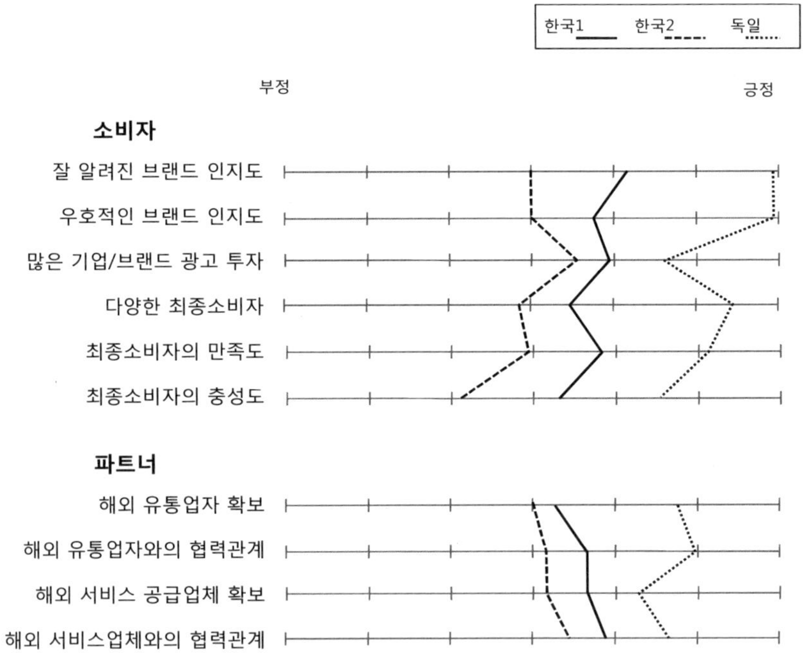

8. 인적 자산

마지막으로 한국 자동차업체의 인적 자산을 평가하면, 우선 글로벌 및 마케팅 전문 인력이 부족한 것으로 나타났다. 특히 외국국적 인력이 크게 미흡하였다. 한국2 업체의 경우 마케팅과 해외근무 인력이 상대적으로 부족한 것으로 보인다.

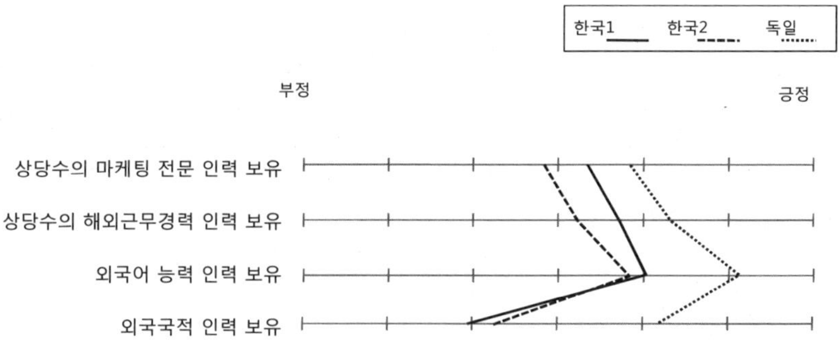

한국 자동차 업체의 브랜드 세계화 역량에 대한 종합 평가

위에서 수행한 한국 자동차업체의 브랜드 세계화 역량을 독일 자동차업체와 비교해보면 몇 가지 특성이 발견된다.

조직 역량 측면에서, 다음과 같은 차이가 발견되었다.

- 한국 기업의 주요 의사결정권에 대한 권한 위임이 미흡한 것으로 보인다. 특히 해외 영업, 서비스 및 시장 조사와 같은 전략적으로 현지에 위임되어도 무방한 사안도 본사에 의사결정권이 집중되어 있었다.
- 고객 지향적 조직 문화가 정착되어 있지 않음을 알 수 있다. 우리 기업이 시장 지향적 활동은 활발히 전개하고 있으나, 시장 지향적 철학이 미흡하였다.
- 글로벌 인적관리 측면에서 외국인 활용 정도가 미흡하였다.

마케팅 수행 능력 면에서 살펴보면,

- 현지 마케팅 및 글로벌 통합 역량이 모두 부족하였는데, 특히 글로벌 통합 역량의 미흡 정도가 상대적으로 높았다.
- 상대적으로 보아 한국 기업의 relationship 역량이 독일 기업에 비해 크게 미흡한 것으로 나타났다.

한국 기업이 브랜드 세계화를 위해 필요한 자산을 평가해보면,

- 한국 기업의 물리적 자산(physical assets)이 대규모 생산 시설 중심으로, 생산의 유연성과 글로벌 소싱 능력이 부족하였다.
- 시장 기반 자산도 크게 미흡하였는데, 특히 브랜드 자산 및 유통업체와의 관계 자산이 미흡한 것으로 나타났다.
- 인적 자산 면에서 한국 기업들에게는 전문성을 보유한 인력과 외국 국적 인력이 크게 부족하였다.

브랜드 세계화 역량 제고 방안

이상과 같은 평가는 조사 대상 업체인 우리 자동차업체에게 다음과 같은 시사점을 제시하는 것으로 보인다.

첫째, 우리 자동차업체들은 시장 지향적 조직으로 개편되어야 함을 알 수 있다. 본사에 집중되어 있는 권한 중 현지에 위임 가능한 권한은 현지에 위임시키는 노력이 필요하다. 그리고 단순히 시장 지향적 활동만 전개할 것이 아니고 고객 지향적 문화와 철학을 조직 전체에 스며들 수 있도록 노력하고, 인적 관리 면에서 외국 국적 인력 활용도 크게 제고시킬 필요가 있는 것으로 파악된다.

둘째, 한국 자동차업체들은 하드웨어적인 역량보다는 소프트웨어적 역량을 제고시켜야 하며, 이를 위한 교육 프로그램의 개발이 절실히 요청된다. 교육 프로그램에는 다음과 같은 역량 배양에 특별한 노력을 경주할 필요가 있다.

- 전문성과 글로벌 마인드의 제고
- 현지 마케팅 수행 능력의 배양과 동시에 국가간 조정 능력의 제고

- 유통업체, 서비스 및 전략적 파트너를 포함한 종합적인 고객 관리 역량의 배양
- 브랜드 관리 및 브랜드 마케팅 역량의 함양

한 충 민 韓充敏

한양대학교 경영대학 교수 (cmhlab@hanyang.ac.kr)

서울대학교 경영학학사
New York University 경영학석사
The University of Michigan 경영학박사

대통령 직속 국가브랜드위원회 민간위원 (현)
중소기업진흥공단 글로벌브랜드운영위원회 위원장 (현)
나고야상과대학, 하와이대학, 독일 만하임대학 객원 교수
제18대 한국국제경영학회 회장
KOTRA 비상임이사, 한국인삼공사, 대우증권 사외이사
삼성전자, 현대자동차 자문 교수
유엔공업개발기구(UNIDO) 및 국제협력단(KOICA) 수출진흥 자문관(나이지리아, 코스타리카, 몰디브, 파라과이 파견 근무)
산업연구원 부연구위원
미국 웨인주립대학 교수

저서 및 논문

국가이미지/브랜드, 글로벌마케팅, 기업의 글로벌화 관련 서적 및 논문 다수 발표.
Journal of Marketing Research, Journal of International Business Studies, Journal of Advertising Research, Journal of Business Research, European Journal of Marketing, Journal of International Marketing 등의 SSCI 국제 학술지에 논문 게재.